Fischer, Klawe, Thiesen (Hrsg.)
(Er-)Leben statt Reden

Dieter Fischer,
Willy Klawe,
Hans-Jürgen Thiesen (Hrsg.)

(Er-)Leben statt Reden

Erlebnispädagogik in der offenen Jugendarbeit

Juventa Verlag
Weinheim und München 1985

CIP-Kurztitelaufnahme der Deutschen Bibliothek

(Er-)Leben statt reden : Erlebnispädagogik in d. offenen Jugendarbeit / Dieter Fischer . . . (Hrsg.). – Weinheim ; München : Juventa-Verlag, 1985.
ISBN 3-7799-0574-4
NE: Fischer, Dieter [Hrsg.]; Leben statt reden

Die Fotos auf den Seiten 81, 83, 85, 96 stammen von Britta Koch, alle anderen von den jeweiligen Autoren der Beiträge.

ISBN 3 7799 0574 4

Umschlaggestaltung: Atelier Warminski, 6470 Büdingen 8
Titelfoto: Annette Janssen, Hamburg
Gesamtherstellung: Heidelberger Verlagsanstalt und Druckerei GmbH, 6900 Heidelberg
Printed in Germany

Inhalt

Einleitung

Die Jugendarbeit steckt in der Krise. Einerseits hat sich die Lebenssituation Jugendlicher durch ökonomische Krise, Wertewandel, Ausbildungsplatz- und Arbeitsplatzmangel verschärft, andererseits sind auch die Institutionen der Jugendarbeit und die in ihnen tätigen Pädagogen und Pädagoginnen von diesen Phänomenen betroffen. So stehen nur unzureichend ausgestattete Jugendhilfeeinrichtungen dem wachsenden Problemdruck Jugendlicher gegenüber, statt Hilfe kann oft nur mehr Kompensation geleistet werden.

Auch die inhaltlichen Probleme gegenwärtiger Jugendarbeit sind nach wie vor kaum bewältigt: den Arbeiterjugendlichen wurden in den Jugendheimen häufig Aktivitäten angeboten, die «verkopft» in dem Sinne sind, daß sie Erfahrungen über Sprache und Denken, kaum aber über konkretes sinnliches Erleben ermöglichen.

Mit dem vorliegenden Buch möchten wir, ausgehend von Erfahrungen mit erlebnispädagogischen Ansätzen über einige Jahre der Resignation in der gegenwärtigen Jugendarbeit entgegenwirken und Möglichkeiten einer Jugendarbeit aufzeigen, die konkretes Erleben gestattet und zugleich Perspektiven für die beteiligten Jugendlichen eröffnet ohne «Insel» oder «Spielwiese» zu sein.

Die geschilderten erlebnispädagogischen Ansätze und Projekte sind aus der offenen und halboffenen Jugendarbeit mit vorwiegend Arbeiterjugendlichen entstanden. Sie sind als *ein Teil* der freizeitpädagogischen Arbeit in die Gesamtkonzeption der offenen Jugendarbeit eingebunden.

Aus der Einsicht, daß über Sprache oder Medien vermittelte Erfahrungen immer wieder Distanzierungen zulassen und häufig zum Lebensalltag der Jugendlichen unvermittelt bleiben, wurden Projekte entwickelt, die in Form gemeinsamer Fahrten oder Lager die sinnliche Erfahrung von Abenteuer und Gemeinsamkeit einerseits aber auch von Verantwortung für die Konsequenzen eigenen Handelns andererseits ermöglichen. Dabei erschöpft sich unser Verständnis von Erlebnispädagogik nicht in der Durchführung spektakulärer interessanter Fahrten und Lager, sondern solche Aktivitäten haben durch Prinzipien wie Mitbestimmung der Jugendlichen über ein Jugendgruppenleiterprinzip, Projektarbeit usw. Ausgangspunkte in und Auswirkungen auf die alltägliche Jugendhausarbeit.

Erlebnispädagogische Arbeit, wie sie im Folgenden beschrieben wird, setzt im Freizeitbereich an und hat ihren Ausgangspunkt damit in einem Erfahrungsbereich der Jugendlichen, der nur einen Teil ihres Lebensalltags umfaßt. Angesichts wachsender Jugendarbeitslosigkeit und nur ungewisser Zukunftsperspektiven Jugendlicher ist uns wichtig, darauf hinzuweisen, daß wir mit unserer erlebnispädagogischen Arbeit Zukunftsängste und mangelnde Lebensperspektiven der Jugendlichen nicht zudecken wollen. Solidarische Erfahrungen im Rahmen erlebnispädagogischer Projekte können aber zu solidarischen Handlungsvollzügen auch in anderen Bereichen führen, können also ein Feld sein, in dem die Wahrnehmung und Vertretung eigener Interessen mit und gegenüber anderen erprobt wird. In diesem Sinne können wir die Interessen Jugendlicher parteilich stärken. Wir müssen uns aber auch klarmachen, daß Jugendarbeit die Strukturen des Ausbildungsplatz- und Arbeitsmarktes nicht verändern kann.

Uns geht es in diesem Buch nicht um die Beschreibung von «Idealprojekten», sondern in der Schilderung der täglichen Konflikte und Probleme solcher Arbeit um die Ermutigung, trotz dieser Probleme immer wieder kleine Versuche zu machen, um den Jugendlichen und uns selbst als Pädagogen immer neue Perspektiven des Alltags zu erschließen.

Aus diesem Grunde verstehen wir die einzelnen Beiträge als konkrete praxisbezogene Arbeitshilfe und haben versucht, in Stil und Aufmachung der Texte diesem auch Rechnung zu tragen.

Wir wenden uns mit diesem Buch an Mitarbeiter und Mitarbeiterinnen der Jugendarbeit in Jugendhäusern, Gemeinden, Verbänden aber auch an Lehrer und Lehrerinnen, die den traditionellen Rahmen von Klassenreisen neu nutzen wollen. Wir denken aber auch an Berufsanfänger/innen bzw. die Ausbildungsstätten, da es hier immer wieder an praktikablem Wissen für die Praxis mangelt.

Im *ersten Abschnitt* «Theorie – oder: »Warum wir Erlebnispädagogik für wichtig halten» werden erlebnispädagogische Ansätze in die gegenwärtige Landschaft von Jugendarbeit eingeordnet und einige übergreifende Aspekte praxisbezogen herausgearbeitet. Im ersten Beitrag geben wir ein Gespräch zwischen den drei Herausgebern wieder, in dem sozialwissenschaftliche Befunde zur gegenwärtigen Lebenssituation Jugendlicher mit den in der Praxis beobachtbaren Reaktionsformen von Jugendlichen und Jugendarbeitern in Beziehung gesetzt werden. Wir hoffen, durch diese lebendige Darstellungsform dem Praktiker eine Reihe von Assoziationsangeboten zu seiner eigenen Arbeit zu bieten. Ein kurzes Plädoyer (Zeltlager als Lebensgemeinschaft) führt dann ein in einige Erfahrungen mit Erlebnispädagogik, die die Vorteile dieses Ansatzes deutlich machen sollen. Weiter wird in diesem Abschnitt das ‹Jugendgruppenleiterprinzip› als Form der Mitwirkung Jugendlicher in der Jugendhausarbeit und seine besondere Bedeutung für Aktionen im Rahmen erlebnispädagogischer Arbeit dargestellt.

Die Beiträge des *zweiten Abschnitts* «Erfahrungsberichte – oder Wie funktioniert Erlebnispädagogik» schildern verschiedene Projekte aus der Sicht der beteiligten Jugendlichen und Pädagogen/innen. In der Auswahl der Beiträge haben wir uns bemüht, jeweils unterschiedliche Schwerpunkte herauszuarbeiten, so daß die Berichte zusammengenommen anhand praktischer Erfahrung die relevanten Aspekte erlebnispädagogischer Arbeit behandeln: Soziales Lernen und Konflikte, Gruppenprozesse, Vorbereitung und Planung, Aktivitäten vor Ort, thematische Arbeit im Rahmen von Ferienfahrten, Geschlechtsspezifische Perspektiven usw.

Wir hoffen, in den vorangegangenen Abschnitten ausreichend für erlebnispädagogische Arbeit motiviert zu haben, so daß wir für die eigene Praxis des Lesers und der Leserin im *dritten Abschnitt* ‹Planung / Vorbereitung / Tips› konkrete Arbeitshilfen geben möchten.

Hier werden behandelt

– die Vorbereitung der Jugendgruppenleiter/innen und Pädagogen und Pädagoginnen i. S. von Fortbildung und Einstimmung

- die finanzielle und materielle Absicherung von Freizeiten
- praktische Tips für Planung und Aktionen vor Ort, für das Leben in der Natur usw.
- Literaturhinweise.

Wir hoffen, mit Form und Inhalt des vorliegenden Buches wenigstens einigermaßen unser eigenes Ziel erreicht zu haben: in lesbarer, lebendiger Form Mut zu machen, gemeinsam mit Jugendlichen Erfahrungen zu machen.

Teil I
Theorie oder: Warum wir Erlebnispädagogik für wichtig halten

1. Zur gegenwärtigen Lebenssituation Jugendlicher

von Dieter Fischer, Willy Klawe, Hans-Jürgen Thiesen

Zur gegenwärtigen Lebenssituation Jugendlicher gibt es eine Vielzahl von Untersuchungen, von denen einige auch für die Praxis ganz brauchbar sind (1). Wir wollen an dieser Stelle nicht all das referieren, was anderswo schon nachzulesen ist, halten es aber für notwendig, diejenigen Alltagsbeobachtungen aus unserer Jugendarbeit aufzuzeigen, die für die Begründung und Entwicklung unserer erlebnispädagogischen Arbeit von Bedeutung sind. Wir haben dazu mehrere Stunden gemeinsam diskutiert und uns entschlossen, statt einer abgehobenen fachwissenschaftlichen Analyse Ausschnitte aus diesem Gespräch wiederzugeben.

Jugend in der ökonomischen Krise

W: Jugend ist immer 'ne schwierige Phase gewesen in allen möglichen Zeitepochen. Hier geht es nicht darum, die Schwierigkeiten, die Jugendliche heute haben, und die Pädagogen mit Jugendlichen haben, als ganz normales Phänomen abzutun mit: die werden sich schon die Hörner abstoßen, oder: die werden schon vernünftig werden. Sondern wir wollen zeigen, daß das Aufwachsen von Jugendlichen in der gegenwärtigen Situation durch gesellschaftliche Faktoren besonders erschwert ist. Wie sieht denn die gegenwärtige Situation aus? Da wäre erstens die *ökonomische Krise.*

D: Das ist keine vorübergehende Krise, sondern eine totale Umwandlung unseres Wirtschaftssystems und unserer

(1) Vgl. etwa: D. Baacke: Jugend zwischen Anarchismus und Apathie; in: W. v. Ilsemann (Hrsg.): Jugend zwischen Anpassung und Widerstand, Hamburg 1980, S. 105–120; W. Hornstein: Jugendprobleme, Jugendforschung und politisches Handeln, in: Aus Politik und Zeitgeschichte B 3/1982; ders: Unsere Jugend, Weinheim 1983; W. Klawe: Anpassen, aussteigen oder was sonst, in: Brusten/Malinowski: Jugend – ein soziales Problem?, Opladen 1983, Shell-Studie: Jugend 81, Hamburg 1981; Jugend im demokratischen Staat, Bonn 1983.

Gesellschaft. Die Arbeitslosigkeit ist keine konjunkturelle.

D: Unsere ganze Arbeitsethik ist in Frage gestellt: – sie gilt nur theoretisch.

Jugendliche sind davon ganz besonders betroffen, weil sie in der Schule noch auf das Arbeitsleben hin erzogen werden unter dem Gesichtspunkt dieser traditionellen Arbeitsethik. Wenn sie die Schule verlassen, stellen sie fest, die ist gar nicht mehr Realität. Realität ist Arbeitsplatzverlust bzw. gar keine Chance auf einen Arbeitsplatz. Realität ist, daß dies ganze Gerede von Berufswahl nicht realisierbar ist, usw.

Ja, und sie haben sich bemüht, diese Norm zu erreichen, die zu erfüllen. Und das Versprechen, das sie erhalten haben, das wird nicht eingelöst. Im Grunde genommen: Bemüh' Dich in der Schule, daß Du mitkommst und so, dann kriegst Du wenigstens noch 'ne Lehrstelle: Das ist nicht, alles nicht.

W: Das ist, denke ich, auch schon der Übergang zu dem nächsten Punkt: *Wertewandel.* Daraus ist im Grunde genommen auch erklärlich, daß die Elterngeneration noch ganz stark diese arbeitsethischen Werte, die für sie ja auch noch 'ne Gültigkeit haben, also Anerkennung durch Arbeit –, sehr stark vertritt, während Jugendliche eher sagen: Arbeit ist nicht das ganze Leben. Weil sie in der gegebenen Situation gar nichts anderes sagen können.

H: Und sie erleben auch, daß ihre Arbeitslosigkeit oder das Nicht-haben-von-Arbeit keine kurzfristige Sache ist, sondern eine existenziell bedrohende über 'ne lange Zeit hin. Und auf dieser Ebene passiert genau das Abblokken: eigentlich ist es ja auch scheißegal. Und sie sehen's auch, daß es vielen im Stadtteil genauso geht.

W: Ja – nur, das führt ja nicht dazu, daß die ja jetzt sagen: Arbeit für uns generell ist nicht mehr so wichtig. Sondern das sagen sie, um kurzfristig Diskriminierung abzublocken. Aber sie stehen ständig in dem Spannungsfeld, einerseits doch immer wieder zu erleben, daß Arbeit als Anforderung an sie gestellt wird, und wenn sie diese Anforderung nicht erfüllen, sie irgendwie diskriminiert werden. Es ist für sie letztlich doch noch ein Wert, weil sie natürlich am ganzen Konsum nur teilhaben können, wenn sie Kohle haben.

D: Ja, und der Wert des Menschen über Arbeit definiert wird.

H: Da spielen zwei Aspekte 'ne Rolle: das Ding, was zuhause läuft, und was sie auch durch die Gesellschaft und Medien vermittelt kriegen, ist eigentlich: Arbeitslosigkeit – Individualschuld, Ich – der Versager. Und auf der anderen Seite in der Auseinandersetzung mit dem Pädagogen oder auch mit den Instanzen dieser Gesellschaft, Behörde etc., ist es eigentlich immer schwerer, ihnen klar zu machen: wenn du jetzt noch Scheiß machst, versaust du dir deine Zukunft. Da sagen sie: Ja, welche Zukunft denn eigentlich. Und du als Pädagoge sabbelst da wie'n Weltmeister eigentlich rum, merkst aber, daß du da gegen Wände redest, weil das alles nicht mehr so überzeugend klingt. Die Situation ist für den Jugendlichen schon so beschissen, daß er nicht mehr weiß, was kann da eigentlich noch schlimmer werden. Zukunft spielt plötzlich keine Rolle mehr.

W: Da passiert dann auch der Bruch mit den Vorbildern. Während es früher für Jugendliche 'ne Chance oder ein Wunsch war, möglichst schnell einen Erwachsenenstatus zu kriegen und möglichst dann wie die Eltern auch über Geld zu verfügen und Anerkennung über Arbeit zu kriegen; jetzt ist das brüchig geworden, nicht mehr logisch und auch ein Stück verlogen – deshalb kann das auch nicht mehr Lebensziel oder Vorbild sein. Daraus entsteht im Grunde auch die Einstellung: bloß nicht so werden wie die Alten, bloß nicht Sklave seiner eigenen Arbeitszeit sein.

H: Aber das ist in sich auch für sie selber widersprüchlich. Ökonomisch abhängig vom Geld, können sie am Konsum nicht teilnehmen, können sie nicht mal in die Kneipe gehen, weil sie keine Kohle haben, auf der anderen Seite wollen sie aber nicht, was die Alten machen, und können es auch gar nicht. Das, denke ich, hängt ganz eng zusammen: das Wollen, aber auch nicht Können.

D: Aber sie wachsen auf in einer Gesellschaft, wo Konsum einen ganz hohen Stellenwert hat, wo du dir eigentlich nicht vorstellen kannst, ohne Geld deine Bedürfnisse zu befriedigen. Also wenn du ein Video reinziehen willst, brauchst du Kohle, wenn du in's Kino gehen willst, wenn du in die Kneipe gehen willst, usw.
Und dann kommt noch hinzu: Arbeit strukturiert im Grunde genommen deinen Tagesablauf. Also um sieben oder acht aufstehen, bis um fünf arbeiten. Und in dieser Zeit ist dein Leben ein bißchen vorprogrammiert. Und plötzlich bist du arbeitslos, hast den ganzen Tag für dich, und mit dieser Zeit mußt du erstmal klarkommen. Die Freunde sind entweder zur Schule, zur Arbeit oder machen irgendwas, was Geld kostet, das du nicht hast. (2)

W: Ich find's gefährlich, wenn wir das jetzt völlig konzentrieren auf Arbeitslosigkeit. Es geht nicht nur um die kleine Kerngruppe von arbeitslosen Jugendlichen. Wir wollen ja nicht Abenteuerpädagogik nur als 'ne Form von Jugendarbeit besonders für Knackis und arbeitslose Jugendliche entwickeln, sondern eigentlich für das Gros der Jugendlichen.

H: Da bestehen für mich Verbindungen. Die, die jetzt schon arbeitslos sind, und die, die in der Tretmühle drin sind, sind von diesem Wertwandel, von diesem Anders-miteinander-umgehen und erlebnis-miteinander-umgehen genauso betroffen.

D: Aber völlig unterschiedlich in den Schichten.

H: Ja, sicherlich unterschiedlich. Aber das, was du sagtest: die andern, die kommen ja auch noch dazu. Das wird ja fast zum Regelfall: Wer nicht besser als Realschule ist, der sieht überhaupt kein Land auf dem Arbeitsmarkt.

---

(2) vgl. hierzu auch: W. Klawe: Ich bin halt 'ne Niete, in: Unsere Jugend 7/1980 S. 290–297 und ders.: Jugendarbeitslosigkeit – Alltägliche Auswirkungen auf Jugendliche und ihre Eltern, in: Sozialpädagogische Blätter 6/1984 S. 165 ff.

D: Ich möchte nur deutlich machen, für welche Jugendlichen wir uns vordringlich einsetzen. Wen haben wir da in der offenen Jugendarbeit? Wer ist von dieser ökonomischen Krise besonders betroffen; und das sind Arbeiterjugendliche, also Hauptschüler, Sonderschüler, ein Teil von Realschülern vielleicht.

H: Erlebnispädagogik ist für alle interessant. Aber unser Schwerpunkt ist halt, unsere Arbeit speziell für Arbeiterjugendliche einzusetzen.

Stadtteil als Lebensraum

W: Viele Jugendliche, ich würde sagen immer mehr, können sich kommerzielle Freizeitaktivitäten nicht mehr leisten. Damit bekommt ihr Stadtteil als ihr unmittelbarer Lebensraum 'ne größere Bedeutung. Deshalb muß man sich angucken, wie sehen diese Stadtteile eigentlich aus. Wir haben – das wird auch in unseren Berichten deutlich – viel mit Jugendlichen aus Schlafstädten und Neubauvierteln zu tun. Das ist 'ne Umwelt, die ihnen eigentlich auch nichts bietet – außer viel Beton.

D: Also Stadtteil als Heimat: was bedeutet für einen Jugendlichen eigentlich der Stadtteil. Du sagst jetzt, das ist erlebnisarm, aber da passiert auch viel. Als die klein waren, gab es die Bandenkämpfe: die eine Straße gegen die andere Straße. Da haben die in den Kellern gesessen und haben gesoffen. Haben sich einen kleinen Keller eingerichtet. Da war der Nachbar, der sie immer geärgert hat oder den sie geärgert haben, der ihnen im Schneehaufen, weil sie da immer vom Garagendach gesprungen sind, Glasscherben reingepackt hat, wo sie dann raufgesprungen sind. Und dafür haben sie ihm dann das Fahrrad geklaut. Da sind schon ganz viele Erlebnisse.

D: Und da, wo heute ein Parkplatz ist, war früher mal ein Bach. Da haben sie gefischt mit 'nem Drahtkorb, mit 'nem alten Kartoffelkorb. Und so weiter. Solche Sachen –, da kannst du nicht sagen, Stadtteil ist erlebnisarm. Es fehlt nur so'n Stück von dem, was *wir* für wertvoll halten, also so'n Stück Natur, Natürlichkeit.

W: Früher gab's immer irgendwelche Nischen, in die sich Jugendliche zurückziehen konnten und ihr jugendgemäßes Leben mit ihren Erfahrungen machen konnten. Das wird immer schwieriger, weil die Umwelt immer mehr Bereiche kontrolliert, sei es durch geisterhafte Streetworker, die da 'rumrennen, Polizei oder sowas. Das ist eigentlich die perfekte Form der Kontrolle, negativ gesehen. Man kann's natürlich auch positiv sehen. Und wenn sie sich im Grunde genommen solche Freiräume schaffen für eigene Erfahrungen und Erlebnisse, führt das immer häufiger dann auch zu Übertritten. Ladendiebstähle, Sachbeschädigung von irgendwelchen Parkanlagen, in irgendwelchen Kellern ruhestörender Lärm usw. Das heißt, da eigentlich die Umwelt immer stärker in diese Bereiche hineinwächst, ist die Gefahr von abweichendem Verhalten und entsprechender gesellschaftlicher Reaktion größer. Das ist der eine Aspekt. Der andere Aspekt ist, und den finde ich nicht weniger problematisch, die Pädagogisierung öffentlicher Räume. Da, wo man früher die Jugendlichen hat machen lassen, kommt jetzt irgendein Pädagoge angelaufen und versucht, was für sie stellvertretend zu regeln.

D: Wenn du Jugendliche fragst, der wird nie sagen: ich finde meinen Stadtteil da beschissen. Sondern der wird sagen: hier wohne ich, hier lebe ich und hier fühle ich mich wohl.

W: Das war für mich ein ganz wichtiges Ergebnis. Wir haben mal 'ne Stadtrallye gemacht über Freizeitmöglichkeiten in Norderstedt (3). Und da war die Frage: was gefällt euch eigentlich an den Freizeitangeboten, oder was langt an Freizeitangeboten nicht in den Jugendheimen und so. Und da war eigentlich einhellige Antwort: «Nö, Jugendheime gibt's genug, und die Angebote sind eigentlich auch nicht schlecht. Die sind

(3) Willy Klawe: Rallye als Stadtteilerkundung – Politische Bildung im Nahbereich, in: Deutsche Jugend 9/1983, S. 420–425

zwar ein bißchen gleichförmig, aber was uns eigentlich interessiert, ist, Räumlichkeiten zu haben, nur Treffpunkte zu haben, wo wir für uns sind, und wo nicht irgendso'n Erwachsener ständig rumsülzt.» Und das finde ich eine ganz wichtige Aussage, das ist im Grunde genommen das vorrangige Bedürfnis. Bei Erwachsenen ist immer irgendwo das Bedürfnis, die Sache in der Hand zu behalten. Und das heißt im Grunde genommen, selbst bei den noch so wohlmeinenden Pädagogen: Jugendwelt aus der Sicht von Erwachsenen zu gestalten. Und das ist für mich dann auch ein ganz wichtiges Stichwort, da sind wir ja noch nicht, aber zu dem Stichwort: Jugendleiterprinzip. Zu sagen, im Grunde genommen müssen wir eigentlich an die Stelle 'was anderes setzen.

H: Befähigung zur Eigengestaltung, und auch: ihnen die Räume lassen, wo ohne ständig reinzurennen: läuft das auch oder nicht.

D: Sie haben im Grunde keine Rückzugsgebiete mehr.

H: Oder wenn sie was machen, fragen wir, was macht ihr denn. Und dann bewerten wir, ob das eigentlich aktiv genug ist oder inhaltlich gut genug ist. Und wenn sie nur rumsitzen, sagen wir: «Ihr sitzt da sowieso nur rum!» Das heißt also, daß dies einfache Treffen miteinander, zu sprechen, rumzusabbeln, das hat eigentlich für uns überhaupt keinen Wert. Sie müssen immer irgendwie 'ne intellektuelle oder zumindest so'n Aktivposten darstellen, daß sie akzeptiert werden.

Das Bedürfnis nach Überschaubarkeit

H: Wie sehen denn heute die Beziehungen untereinander aus? In der Schule bist du nicht mehr Fritz oder Emma, wenn du angesprochen wirst. Wer bist du eigentlich? Die kennen sich gar nicht mehr. Dieser ganze Beziehungsrahmen, der ist überhaupt nicht mehr vorhanden. Und diese Anonymität spiegelt sich dann auch in diesen Wohngegenden wider.

W: Also Anonymität als ein Stichwort in diesen verschiedenen Bereichen, wie du's gesagt hast. Ich finde aber auch einen anderen Aspekt wichtig, nämlich die Fragestellung: wieweit erlebe ich das, was um mich herum und mit mir geschieht als beeinflußbar oder fühle mich ausgeliefert. Und ich denke, Jugendliche machen häufig die Erfahrung: selbst wenn ich mich bemühe, z. B. 'n guten Schulabschluß bringe oder mich 25 × irgendwo bewerbe, passiert eigentlich nicht viel, verändert sich nicht viel. Das führt sehr stark dazu, daß vieles als schicksalhaft empfunden wird, als wenig durch eigene Aktivität beeinflußbar. Das heißt also, wir haben da einfache Weltbilder – ein so'n einfaches Weltbild ist so diese Aufteilung in Ihr-da-oben – Wir-hier-unten, und wir können gegen das, was die da oben machen, eigentlich wenig machen. Das wäre für mich ein ganz wichtiger Ansatz, da in Richtung Eigenaktivität 'was zu machen, zu sagen: Wir müssen gegensteuern und erreichen, daß Jugendliche sehen, daß sie mit eigenen Aktivitäten was ausrichten können in einem ganz konkreten Bereich. Daß sie einfach wieder ermutigt werden, aktiv zu sein.

D: Wir müssen ihnen wieder Gebiete eröffnen, wo ihnen deutlich wird, wir können was beeinflussen, wir können was mitgestalten.

H: Und im Zusammenhang mit dem Jugendgruppenleiterprinzip ist wichtig, drauf hinzuweisen: deine Ideen sind wichtig hier in diesem Kreis von 10–15 Leuten. Die haben hier irgendwo alle was zu sagen, und wenn wir anfangen, alles zu sammeln und damit was zu machen, dann kann auch was Dolles draus werden.

D: Wir haben bisher oft den Fehler gemacht, diesen einfachen Weltbildern, die z. B. die Rechten haben, eigentlich immer unsere differenzierten und komplizierten Weltbilder entgegenzustellen. Und die These jetzt ist doch eigentlich, daß wir sagen: Jugendliche haben keine Rückzugsgebiete. Wir eröffnen ihnen ein Rückzugsgebiet, nämlich unser Jugendhaus. Und wir sagen: in diesem Jugendhaus versuchen wir auch erstmal einfache Weltbilder zu schaffen, indem wir sagen: Das, was hier läuft, das kannst du mitgestalten. Da kannst du deine Bedürfnisse (4) einbringen, usw.

W: Es darf natürlich auch nicht 'ne Ersatzwelt sein. Es kann übergangsweise 'mal so'n Schonraum sein, wo sie 'was ausprobieren, aber es darf eigentlich nicht darauf beschränkt sein. Also mit anderen Worten: Jugendhaus oder irgendwelche Abenteuerfreizeiten dürfen nicht 'ne Insel im tosenden Weltmeer sein, wo die scheinbar ‹heile Welt› probieren, wo alles möglich ist, und wenn sie dann vors Haus gehen, kriegen sie einen mit'm Gummiknüppel vor die Nase.

Rechtsextreme Tendenzen und Subkultur

W: Vier Punkte zum Rechtsextremismus scheinen mir wichtig zu sein: einmal, daß relativ einfache Erklärungsmuster angeboten werden, die auch helfen, die eigene Situation zu erklären und auch ein Stück zu legitimieren. Zum 2. werden wieder Ideale angeboten, für die man eintreten kann: Ideen, für die man sich einsetzen kann, für die man aktiv 'was tun kann, also handlungsorientierte Punkte. Zum 3. werden Abenteuer zur Anregung als Gegensatz zur erlebnisarmen Umwelt angeboten. Und als 4. letztlich, daß eine soziale Einbindung erfolgt, sich wohlfühlen, geborgen in'ner Gruppe sein, angenommen sein. Und auch, das finde ich noch ganz wichtig, relativ griffige Kriterien zu haben, von denen ich weiß, daß, wenn ich sie erfülle, ich auch meine Position in der Gruppe sichern kann (5).

H: Was bei Rechtsextremismus auch noch reinkommt, ist, daß die ganz klar das Konkurrenzprinzip offenlegen. Da wirst du gelobt, wenn du eine besondere Leistung

---

(4) Zu Bedürfnissen von Jugendlichen und ihrer Bedeutung für die Jugendarbeit vgl. Diethelm Dann: Politische Jugendarbeit, München 1975; und ders.: Die Praxis bedürfnisorientierter Jugendarbeit, München 1980

(5) Zur Vertiefung dieser Problematik sei hingewiesen auf: Dingel/Sander/Stöss: Zu den Ursachen profaschistischen Protestverhaltens unter Jugendlichen, in Mat. z. polit. Bildung 4/1982, S. 49–56

hast. In der Schule gilt letztlich auch das Konkurrenzprinzip, aber das wird dort nicht offen verhandelt, um nicht das soziale Gefüge aufbrechen zu lassen.

W: Die andere Form, sich zu orientieren, ist, sich stärker auf Subkulturen hin zu orientieren. Und zwar heißt das für mich, die Jugendlichen orientieren sich stärker auf den Kontakt mit Gleichaltrigen. Einmal, weil sie den Erwachsenen weniger Glaubwürdigkeit zubilligen; zum 2., weil sie von den Erwachsenen stärker kontrolliert werden; und zum 3., weil sie im Grunde genommen auch so'n Gefühl haben, daß sie innerhalb des von Erwachsenen bestimmten Bereiches sich selber eigentlich nicht einbringen können. Das führt dazu, daß sie selektiven Umgang mit Erwachsenen pflegen, also nur noch da zu Erwachsenen Kontakt aufnehmen, wo es unbedingt notwendig ist, und wo's zur Erreichung bestimmter Ziele, sprich Schulleistung usw. erforderlich ist, oder um zu Hause die Stimmung nicht gar zu mies werden zu lassen. Aber es drängt sie eigentlich mehr in gleichaltrige Jugendgruppen. Und in den Jugendgruppen läuft es darauf hinaus, daß sie eine Zugehörigkeit haben, meistens durch einheitliche oder angenäherte Kleidung; auch so 'was wie 'ne Abgrenzung erfahren zu anderen Gruppen. Also das, was bei Rechtsextremismus und Ausländerfeindlichkeit sich da eben auf Minderheiten, auf Ausländer bezieht, bezieht sich dann bei den subkulturellen Gruppen auf die Abgrenzung der Gruppen untereinander und vermittelt dadurch natürlich auch ein starkes Gefühl von Zugehörigkeit, und vermittelt auch wieder ein starkes Gefühl von Erklärbarkeit von Prozessen, von Überschaubarkeit und von Status, Hierarchie.

H: Und von Sicherheit: ich gehör dazu, und das ist auch klar erkennbar. Deswegen auch so 'was wie Bandenbildung wie Teds, Rollers und was es da alles gibt.

D: Ich finde, da müssen wir unseren Standpunkt auch nochmal dazu sagen: lassen wir ihnen doch diese Möglichkeiten!

Parteilich sein und Orientierung bieten!

W: Unser Problem ist doch, daß wir manche Normen dieser Gruppen einfach auch selber nicht akzeptieren. Zum Beispiel die weitverbreitete Norm, daß der was in der Gruppe zählt, der körperlich gut drauf ist und dem anderen einen auf die Glocke haut. Dieses reine Stärkeprinzip. Oder wenn ich so an die Rolle der Mädchen in diesen Subkulturen denke . . . Also es gibt 'ne ganze Menge Punkte, an denen wir dann in unserem Selbstverständnis ungeheuer gefordert sind, und dadurch natürlich auch Überreaktionen kommen. Und ich denk', auch das ist wichtig zu sagen: o.k., ich akzeptiere diese Gruppen, und ich muß diese Gruppen auch so verstehen, daß sie eine Funktion haben; aber es ist auch wichtig zu gucken, an welchen Stellen komme ich eigentlich auch mit den Strukturen dieser Gruppen nicht klar. Und dann aber nicht den Fehler zu machen, diese Gruppen auflösen zu wollen oder einzelne aus der Gruppe herauslösen zu wollen, was ja oft 'ne pädagogische Strategie ist, sondern letztlich zu überlegen, kann ich nicht, wenn ich mit dieser Gruppe als Gruppe pädagogisch arbeite, sie also wirklich so bestehen lasse und ihnen – sprich Abenteuerfreizeit als eine Möglichkeit – alternative Erfahrungen ermögliche, schaffe ich es nicht auch auf die Art und Weise, ihnen auch alternative Normen in der Gruppe zu vermitteln. Was natürlich schon wieder, das muß man auf der anderen Seite sehen, 'ne Pädagogisierung ist.

Die Frage ist jetzt: wie also pädagogische Intention und Lebenswelt des Betroffenen auf einen Nenner zu bringen sind. Und Parteilichkeit kann weder bedeuten, alles mitzumachen, was die Jugendlichen sich zurechtgelegt haben, weil eben absehbar ist, daß manches ganz klar ins Abseits führt. Und auf der anderen Seite kann Parteilichkeit auch nicht bedeuten, nur den Pädagogen raushängen zu lassen.

D: Parteilichkeit heißt was anderes.

Also Parteilichkeit heißt, daß wir die Vorinformationen, die wir haben, denen auch zur Verfügung stellen.

Also wenn es darum geht, im Sozialamt Kohle zu kriegen, wenn es darum geht, sie bei der Polizei rauszuholen, wenn es darum geht, – und in diesem Zusammenhang meinst du ja auch – daß du irgendwo im Heim bist und der Heimleiter da die Jugendlichen anmacht. Dann soll er sich mit mir auseinandersetzen und nicht mit den Jugendlichen. Das heißt also, da stellen wir ihnen unsere Vorinformationen zur Verfügung, da stellen wir uns im Zweifelsfall auch auf ihre Seite. Da sagen wir, aber das muß dann auch stimmen im Handeln. Und das ist, glaube ich, das Wichtige. Das ist so die eine Geschichte. Das entbindet uns aber doch nicht, oder das verbietet uns doch nicht, unsere Meinung zu haben und unsere Werte, die haben wir ja sowieso. Die leben wir ja vor. Und damit können sie sich auseinandersetzen.

W: In dem Moment, wo zentrale, existenzielle Normen betroffen sind, da müssen wir eben Flagge zeigen. Genau das, was du sagst, da müssen wir Flagge zeigen. Und da ist dieser Anspruch von Nicht-Pädagogisieren, Jugendlichen auch ihren Raum lassen, da ist der eben durchbrochen. Dieses Spannungsverhältnis wollte ich nur aufzeigen. Daß das eben nicht sozusagen eine absolute Forderung ist, sondern daß die immer gebrochen ist durch Punkte, wo wir selber an existenzielle Grenzen stoßen mit unserem eigenen Normengefüge.

Rückzug oder Flucht?

D: Kommen wir doch mal auf diese *Ersatzwelten* und *Fluchttendenzen*. Also z. B. fällt mir ein: Video, Alkohol. Da gibt's ja verschiedene Reaktionsformen bei Jugendlichen, also z. B. so Schnüffeln, Alkohol, – Drogen ist so die eine, sich 'ne Ersatzwelt zu schaffen. Eß- und magersüchtig zu werden, ist 'ne andere Geschichte. Und mit Aggressionen klarzukommen, Aggressionen gegen Sachen ist 'ne Reaktionsform. Und Videokonsum ist ja nun ganz offensichtlich 'ne Ersatzwelt. Also das, finde ich, sollten wir auch ruhig benennen, was wir damit meinen.

W: Also ich denk', dazu gehört beispielsweise auch so diese Traumwelt Disco als Geschichte, so der King in der Disco zu sein, oder dieses Konzentrieren auf's Wochenende. Also am Wochenende die große Sau rauszulassen, und damit all den Frust zu kompensieren . . .

H: Bei Flucht oder Ersatzwelten fällt mir auch noch ein, wenn nun so Videos und Videospiele und solche Sachen genannt werden, empfinde ich's erstmal nicht so sehr als so'ne Art von Ersatzwelt. Bietet bestimmt auch Spannung und ein Stück weit Erlebnis. Bloß so problematisch wird das für mich, wenn das anfängt, 'ne Ausschließlichkeit zu kriegen.

W: Also, um nochmal dieses Wort ‹Ersatz› bei den Welten zu erklären: für mich heißt Ersatz eben, statt die Situation als veränderbar zu begreifen und was zur Veränderung der Situation zu tun, ziehe ich mich eigentlich in einen Teilbereich zurück, wo mich das alles nicht so anmacht, und fühl' mich da so ganz wohl. Das ist für mich so dieser Ersatz. Also ein Ersatz eigentlich für die produktive Auseinandersetzung mit den mich bedrohenden oder mich irgendwo betreffenden Umweltbedingungen und ökonomischen Bedingungen.

H: Ein Beispiel wäre für mich, wo's für mich 'ne Ersatzwelt wird, wo jemand eigentlich Lust hat, so Spannung oder irgendwie 'was Abenteuerliches zu erleben – jeder ist ja irgendwo ein verkappter Abenteurer, mehr oder weniger –, und dieses eigentlich nur noch dann auslebt, wenn er sich die Videos reinzieht, statt das also wirklich in Aktivitäten umzusetzen und auch selber einfach 'was zu machen, selber aktiv zu werden.

W: Also Resignation ist auch dieses Zurückziehen auf kleinbürgerliche Wunschvorstellungen. Also beispielsweise zu sagen: Ich mach' jetzt mit meiner Freundin die Kiste klar, und alles andere spielt eigentlich keine Rolle. So dieser ganze Rückzug in's Private, sich eigentlich aus allen Aktivitäten, z. B. Jugendhaus oder so, rauszuhalten.

Nachdem wir dieses Gespräch geführt haben, haben wir häufiger auch über unsere Situation nachgedacht. Dabei sind wir immer wieder auf Parallelitäten unseres Alltags zur Situation der Jugendlichen gestoßen, weil wir ebenso den Strukturen dieser Gesellschaft ausgesetzt sind wie sie:

- auch wir erfahren täglich unsere eigene Machtlosigkeit
- auch wir haben Ersatzwelten
- auch wir sind von der Arbeitslosigkeit bedroht
- auch unsere Identitätsfindung über Arbeit ist streckenweise blockiert.

Wir haben in unserem Gespräch festgestellt, daß wir immer wieder unsere eigene Lebenssituation und eigene Lebensgeschichte zu der der Jugendlichen in Beziehung setzen müssen, um näher an ihre Lebenswelt heranzukommen und dabei unsere eigenen ‹blinden Flecken› zu entdecken, zu akzeptieren und zu verändern.

2. Die gegenwärtige Krise in der offenen Jugendarbeit

von Willy Klawe, Dieter Fischer, Hans-Jürgen Thiesen

Dem wachsenden Problemdruck der Jugendlichen stehen Einrichtungen gegenüber, die ihrerseits nur unzureichend auf die krisenhafte Situation vorbereitet sind und selbst unter deren Auswirkungen zu leiden haben. Dies gilt zunächst für die allgemeine Situation der Jugendhilfe:

– Ökonomisch wirkt sich die Krise auf die finanzielle und personelle Ausstattung der Einrichtungen aus: In einer Zeit, in der die Probleme und Konflikte Jugendlicher zunehmen, werden personalintensive Beratungsangebote reduziert und immer mehr Problemgruppen ausgegrenzt.

– Inhaltlich entwickelt sich Jugendhilfe immer stärker zu einer Sozialhilfe mit kompensatorischen Maßnahmen, die die Folgen des Herausfallens großer Gruppen Jugendlicher, die durch Arbeitslosigkeit und Desintegration gefährdet sind, auffangen sollen. Dabei treten emanzipatorische Lernprozesse immer mehr in den Hintergrund; an die Stelle aktiver Gestaltung von Lernprozessen tritt die Reaktion auf soziale Notlagen im Sinne von Vorsorgung.

– Dabei ist Jugendhilfe durch die Definition immer neuer Problemgruppen und deren Ausgrenzung charakterisiert durch eine starke Spezialisierung der institutionellen Beratungs- und Hilfsangebote.

Im folgenden wollen wir auf diese Aspekte näher eingehen und dabei auch problematische Verarbeitungsformen von Jugendarbeitern aufzeigen.

Ökonomische Krise: Haushaltskürzungen, Personaleinsparungen und Legitimationsdruck

Die ökonomische Krise wirkt sich durch die Engpässe in den öffentlichen Haushalten unmittelbar auf die Einrichtungen der Jugendarbeit aus. Einschränkung der freiwilligen Leistungen, Einsparung bei Haushaltsmitteln, Nichtbesetzung oder Streichung von Planstellen wirken sich auf die Arbeitsmöglichkeiten in der offenen Jugendarbeit aus und zwingen den Jugendarbeiter neben erheblicher Mehrbelastung zu ständigen Auseinandersetzungen um die Sicherung der alltäglichen Arbeit. Die Reaktion der im Jugendhaus tätigen Mitarbeiter auf diese Situation ist unterschiedlich:

- Tiefe Frustration und Resignation führen bei vielen Mitarbeitern zur Entwicklung einer Jobmentalität. Sie trennen Arbeit und Freizeit strikt und entwickeln zu den Jugendlichen ein rein funktionales Verhältnis.
- Eine andere, ebenfalls resignative Reaktionsform ist die «Hausmeister»-Pädagogik: «An die Stelle von inhaltlich begründeter und praktisch erprobter Arbeit tritt ein – jedenfalls nach außen hin – vorzeigbares geordnetes Haus». (1)
- Ein Teil der Mitarbeiter schließlich zieht sich ganz aus dem Arbeitsfeld offene Jugendarbeit zurück, kündigt und steigt aus.

Alle drei Verhaltensvarianten wirken sich unmittelbar auf die Motivation der jugendlichen Besucher aus. Die eigenen Frustrationen und resignativen Grundtendenzen des Pädagogen übertragen sich auf die Jugendlichen und werden von ihnen als Legitimation für ihre eigene «Null-Bock»-Haltung übernommen. Gleichzeitig fühlen sie sich nicht ernst genommen und reagieren verstärkt mit Randale und aggressivem Verhalten.

Gegenüber diesen eher von Resignation geprägten Reaktionen steht eine wachsende Zahl von Mitarbeitern, die durch aktive Öffentlichkeitsarbeit und die ständige Auseinandersetzung mit politischen Gremien den Bestand der Arbeit zu sichern versuchen.

Wie die Praxis zeigt, kann sich auch die aktive Auseinandersetzung um die materielle Sicherung der eigenen Arbeit zu problematischen Auswirkungen auf die offene Jugendarbeit führen. Vielfach sind die im Jugendhaus tätigen Pädagogen

---

(1) B. Hafeneger/E. Sander: Verarbeitungsstrategien von Mitarbeitern im Berufsalltag der offenen Jugendarbeit; in: Brockmann u. a.: Jahrbuch der Sozialarbeit 3, Reinbek 1979, S. 131

aufgrund der relativ dünnen Personaldecke überfordert, wenn sie den Anspruch erheben, in politischen Gremien der kommunalen Verwaltungen oder des eigenen Trägers ständig präsent zu sein. Häufig verselbständigen sich die jugendpolitischen Außenaktivitäten immer mehr gegenüber der täglichen Praxis der Jugendarbeit: Die unmittelbare Arbeit mit den Jugendlichen gerät dann nur noch zum Alibi für die jugendpolitischen Aktivitäten. Dieses Engagement bietet – so gesehen – auch Möglichkeiten der Flucht vor der Auseinandersetzung mit den Jugendlichen.

«Es kann nicht ‹objektiv› oder ‹politisch› notwendig und richtig sein, in der beschriebenen Art und Weise Jugendpolitik zu machen, wenn reihenweise Kollegen und Kolleginnen davon überfordert sind, sich aufreiben, mit ihrer Situation nicht klarkommen und letztlich verheizt werden; wenn einzelne Teams sich über diese Frage verstreiten, wenn darüber ganze Arbeitszusammenhänge . . . auseinanderbrechen.» (2)

Um an dieser Stelle nicht mißverstanden zu werden, möchten wir ganz deutlich sagen, daß wir die inhaltliche und institutionelle Absicherung der eigenen Arbeit durchaus für ein wichtiges und notwendiges Arbeitsfeld für Jugendarbeiter halten. Wir sind allerdings der Meinung, daß sie nicht zum Ersatz für die alltägliche Jugendarbeit werden darf. Dieser Gefahr entgegenzuwirken ist nur möglich,

- wenn die Jugendlichen in jugendpolitischen Aktivitäten einbezogen werden
- wenn die Teamarbeit unter den Mitarbeitern so gut funktioniert, daß Flucht- und Ablösungstendenzen frühzeitig thematisiert werden können,
- wenn eine stadtteilbezogene Kooperation mit anderen Jugendhilfeeinrichtungen den Legitimationsdruck für den einzelnen Mitarbeiter verringern kann.

---

(2) K. Homuth: Bin ich ein Flüchtling? Oder warum fortschrittliche Sozialarbeiter nicht soviel verdrängen sollten. In: Brockmann u. a.: Jahrbuch der Sozialarbeit 3, Reinbek 1979, S. 115

Inhaltliche Krise: der Jugendarbeiter als Sozialklempner

Im Zuge der sich verschärfenden sozialen Lage vieler Jugendlicher gerät Jugendarbeit immer stärker in die Rolle einer Sozialhilfe. Einerseits wird diese Erwartung von politischer Seite offiziell formuliert, zum anderen stellt sich durch die offene Struktur der Arbeit häufig «automatisch» eine Konfrontation mit benachteiligten Jugendlichen her. Für die Einrichtung und die Inhalte der offenen Jugendarbeit liegen darin verschiedene Gefahren.

Mit zunehmendem Status eines öffentlichen Erziehungs- und Versorgungsbetriebes verfestigt sich die Jugendarbeit institutionell und «desto schwieriger wird es für sie, «offene» pädagogische Bezüge zu den Jugendlichen herzustellen und «vorstrukturierte» Verhaltensräume in der Jugendarbeit zu akzeptieren.» (3)

Dabei ist vielfach eine Überschätzung der eigenen Einwirkungsmöglichkeiten zu beobachten. Jugendhilfe kann nicht die ökonomischen und politischen Ursachen und Bedingungen für die Probleme Jugendlicher verändern, sondern wird auf die Bewältigung ihrer Folgen angesetzt. Dies verleitet dazu, auffällige Verhaltensweisen Jugendlicher (Aussteigen, Arbeitslosigkeit, Schulversagen etc.) als Folge eines sozialen oder bildungsmäßigen Defizits des Betroffenen zu definieren und mit konzentrierter Einzelfallhilfe zu reagieren, die bei der derzeitigen Personalausstattung der Einrichtungen in den meisten Fällen kaum effizient geleistet werden kann. Da eine Kooperation mit anderen sozialen Diensten und Einrichtungen in der Regel kaum institutionalisiert ist, sind die Chancen des Mitarbeiters, ausgehend vom Arbeitsfeld Jugendarbeit nachhaltig zur Problembewältigung beizutragen, außerordentlich gering. Für Mitarbeiter und Jugendliche ist so der Mißerfolg vorprogrammiert: Der persönliche Einsatz hat nicht den gewünschten Erfolg gebracht, der Jugendliche verspürt keine wesentliche Änderung seiner Lage.

So wird Jugendarbeit sowohl von ihren «Abnehmern» als auch von der Öffentlichkeit an etwas gemessen, das sie strukturell gar nicht leisten kann.

---

(3) Lothar Böhnisch: Abhauen oder Bleiben, München 1981, S. 98

Für die offene Arbeit lassen sich darüber hinaus problematische Tendenzen der pädagogischen Konzeption festmachen. (4)

– Der Zwang, allen und allem gerecht zu werden, führt zu einer Vielfältigkeit und Gleichzeitigkeit von Anforderungen an den Pädagogen. Die Folge ist eine Oberflächlichkeit der Sozialbeziehungen in der Arbeit, vielfach begleitet von einer Forderung nach Gruppenarbeit, um die Strukturen halbwegs überschaubar zu halten.

– Konfrontiert mit einer «Null-Bock»-Mentalität vieler Jugendlicher beschränken sich Mitarbeiter häufig auf kompensatorische, freizeitorientierte Angebote. Vordergründige Bedürfnisse wie Disco, Flipper und Action geben die alleinige Orientierung für die Entwicklung pädagogischer Konzepte. Die Pädagogen resignieren; Einwirkungsmöglichkeiten werden aufgegeben, der Pädagoge zieht sich auf die Kontrolle des äußeren Arrangements zurück. Gleichzeitig verstärkt sich damit jedoch seine Unzufriedenheit mit der Kluft zwischen Anspruch und Wirklichkeit seiner pädagogischen Arbeit.

– Besonders die auffälligen und gelegentlich aggressiven Formen jugendlichen Widerstands, die ihren Ausdruck in Kleidung, Sprache und Verhalten finden, werden nur schwer akzeptiert. Erscheinungsformen jugendlicher Subkulturen und der Wunsch Jugendlicher nach nicht vorstrukturierten Freiräumen werden oftmals einer latenten pädagogischen Erwartungshaltung untergeordnet. Gelegentlich wird vordergründig auf Wünsche und Bedürfnisse jugendlicher Besucher eingegangen, um sie dann pädagogisch zu verkehren und eigenen Zielen unterzuordnen. Oder aber auffällige Jugendliche werden kurzerhand ausgegrenzt und als allzu problematische «Randgruppe» sich selbst überlassen. Beide Reaktionsformen führen dazu, daß die Mitarbeiter von den Jugendlichen als «typische Erwachsene» angesehen werden, denen man eher mit Skepsis und Zurückhaltung begegnet.

---

(4) Vgl. W. Klawe: Zur gegenwärtigen Krise der offenen Jugendarbeit, in: Deutsche Jugend 8/1982

Insgesamt stellt sich die Arbeitssituation in der offenen Arbeit einigermaßen paradox dar: Mitarbeiter, die ehrlich bemüht sind, ihre Arbeit an der Lebenssituation der Jugendlichen auszurichten, produzieren aufgrund des konzeptionellen Rahmens, in dem sie arbeiten, eher Unglaubwürdigkeit: Viele Jugendliche haben das Gefühl, im Freizeitheim werde über ihre Probleme bestenfalls geredet.

Für eine Neuorientierung der offenen Jugendarbeit

Wenn im folgenden Thesen für eine Neuorientierung der offenen Jugendarbeit vorgestellt werden, so sind diese natürlich stark geprägt von unseren eigenen Praxiserfahrungen. Diese Thesen sind auch nicht zu verstehen als «Rezepte» besserwissender Pädagogen: Zu häufig sind auch wir weit von ihrer Realisierung entfernt. Wir möchten damit aber *unsere* pädagogischen Intentionen andeuten. Die Frage, was er davon für sich übernehmen und vor allem bezogen auf seine Einrichtung und seine Jugendlichen realisieren kann, muß jeder für sich selbst entscheiden.

Alltagsorientierung

Ausgangspunkt für unsere Arbeit sind die Jugendlichen in ihrer konkreten Lebenssituation.

Wenn wir sie erreichen wollen, dürfen wir von ihnen keine *Vor*leistungen verlangen, sondern müssen uns auf ihre Form der Kontaktaufnahme einlassen. Daher bestimmt die soziale Situation der Jugendlichen und ihre Lebenswelt für uns auch entscheidend die Formen und die Ziele unserer Arbeit. Voraussetzung für eine solche Jugendarbeit ist eine Abkehr von dem Anspruch für alle und jeden Angebote machen zu wollen (müssen). Einrichtungen offener Jugendarbeit dürfen nicht kommunalpolitisches Alibi sein, an die alle die jugendlichen (Problem-)Gruppen verwiesen werden, die in anderen Institutionen keinen Platz finden. Offene Jugendarbeit, deren «Offenheit» sich darauf beschränkt, daß jeder kommen (und gehen) kann, kann schwerlich viel mehr tun, als sich auf relativ allgemeine und unverbindliche Freizeitangebote zu beschränken und ansonsten zu reagieren, statt pädagogisch zu agieren.

Unsere Aufgabe ist es, an die Bedürfnisse der Jugendlichen anzuknüpfen und uns als Erwachsene anzubieten, die sie ernst nehmen und mit denen sie sich im Positiven wie im Negativen auseinandersetzen können. Dabei stellen wir ihnen unsere Vorinformationen zur Verfügung, wenn es um Probleme in der Familie, auf dem Arbeits- bzw. Sozialamt, mit der Polizei oder anderen bürokratischen Institutionen geht, aber auch bei Fragen von Sexualität, Freundschaft und ähnlichem. Parteilich sein heißt in diesem Falle, daß wir die Jugendlichen ernst nehmen und uns im Zweifelsfall auf ihre Seite stellen.

«Der Alltag der Jugendarbeit muß stärker als bisher inhaltlich und organisatorisch so ausgerichtet werden, daß existenzielle und relevante Erfahrungen und Probleme von Jugendlichen im Mittelpunkt stehen. Erst dadurch, daß den jugendlichen Problemlösungs- und Geltungsbedürfnissen Realisierungs- und Darstellungsmöglichkeiten in sozial anerkannten Zusammenhängen angeboten und die Jugendlichen in ihren vielfältigen Orientierungsfragen nicht alleingelassen werden, läßt sich letztlich verhindern, daß sie Identifikation und Orientierung an «starken Männern» und Führungsfiguren suchen». (5)

Das bedeutet für uns als Jugendarbeiter auch, daß wir eine eindeutige Orientierung bieten, d. h. uns mit unseren Grenzen, Fähigkeiten, Ängsten und Betroffenheit deutlich einbringen und nicht nur «funktionierende Pädagogen» sind. Problemorientierte Arbeit erfordert auch spezielle methodische Überlegungen. Methoden und Arbeitsformen haben eine Selektionswirkung und müssen daher auf ihre Funktionalität für pädagogische Zielsetzung und Zielgruppe überprüft werden. So schließt z. B. die Beschränkung auf kontinuierliche zielgerichtete Gruppenarbeit Arbeiterjugendliche potentiell von der Teilnahme aus.

---

(5) B. Hafeneger/E. Sander: Verarbeitungsstrategien von Mitarbeitern im Berufsalltag der Offenen Jugendarbeit, in: Brockmann u. a.: Jahrbuch der Sozialarbeit 3, Reinbek 1979, S. 130 ff

Soll die Arbeit den Betroffenen nicht nur als «pädagogische Inszenierung» zur Befriedung erscheinen, sondern ihr Engagement und ihre aktive (und kritische) Auseinandersetzung fördern, muß sie für die Betroffenen «Gebrauchswert» haben, d. h. Lernprozesse oder -ergebnisse hervorbringen, die ihnen bei der Bewältigung ihrer Lebenssituation helfen. Unverbindliche Freizeitangebote, die vom Alltag lediglich ablenken sollen, werden ebensowenig akzeptiert wie das bloße Reden über die Situation ohne Folgen. Statt individueller Arbeit mit einzelnen Jugendlichen gilt es, Formen der Gruppenarbeit zu finden, die problemorientierte Arbeit möglich machen, gleichzeitig aber so offen angelegt sind, daß sie im Rahmen offener Arbeit jedem Jugendlichen den Zugang ermöglichen. Durch eine gemeinsame Thematisierung in der Gruppe wird das gesamte Erfahrungspotential der Jugendlichen nutzbar gemacht und ihnen gleichzeitg die Erfahrung solidarischen Handelns vermittelt. Dabei erscheint es wichtig, gewachsene Gruppierungen Jugendlicher zu berücksichtigen und eventuell zum Ausgangspunkt der Arbeit zu machen.

Problemorientierte Arbeit erfordert:

– Jugendliche zu ermutigen und zu animieren, ihre Probleme zu artikulieren und von Alltagskonflikten zu erzählen. Jugendliche haben in anderen Sozialisationsfeldern gelernt, daß ihre persönlichen Probleme nicht gefragt sind, daß sie als störend oder unwichtig angesehen werden. Von sich aus thematisieren sie Konflikte und Probleme daher selten, diese werden eher verdrängt; oder aber sie deuten diese in informellen Gesprächen oft nur vage und unverbindlich an, testen also gewissermaßen die Reaktion des Gesprächspartners, jederzeit bereit, ihren Gesprächsversuch abzubrechen, wenn der Zuhörer das Signal nicht erkennt oder nicht darauf eingeht.

– Der Jugendliche darf nicht die Erfahrung machen, daß seine Konflikte nicht ernst genommen werden. Aufgabe ist es daher, durch gemeinsames Erleben und Lernen (das überhaupt nichts mit thematischer Arbeit zu tun haben muß) zu einem angstfreien Erfahrungsraum beizutragen. (6)

---

(6) Vgl. W. Klawe, a.a.O., S. 353

Beziehungsarbeit

Neben einem konkreten Alltagsbezug muß Jugendarbeit eine klare und vertraute Beziehung zwischen Jugendarbeiter und Jugendlichem ermöglichen. In diesem Sinne ist Jugendarbeit auch *Beziehungsarbeit*.

Jugendarbeit in dem von uns verstandenen Sinne ist ohne *gegenseitiges* Vertrauen und persönlich-emotionalen Bezug nicht denkbar.

Überschaubarkeit und Nähe sind deshalb unverzichtbare Grundlagen unserer Arbeit.

Überschaubarkeit heißt,

- daß Jugendliche sich in Gruppen entfalten können, die sie sich selbst gewählt haben, und in denen sie sich sicher und geborgen fühlen (Cliquen, Mädchengruppen etc.)
- daß in *ihren* Räumen Regeln und Normen herrschen, die mit ihnen gemeinsam erarbeitet wurden, für sie überschaubar sind und Bedeutung haben,
- daß Entscheidungsprozesse transparent und nachvollziehbar sind,
- daß sie mitbestimmen und mitgestalten können,
- daß wir in unserem Reden und Handeln übereinstimmen.

Nähe entsteht nicht nur im Raum, den die Jugendlichen selber gestaltet haben, und mit dem sie sich identifizieren, sondern sie entsteht vor allem in Atmosphären, in denen Jugendarbeiter und Jugendliche sich nicht nur in einem pädagogischen Verhältnis, sondern als Menschen begegnen. Dies kann beim Bier, in der Mädchengruppe, beim Fußball- oder Tischtennisspielen oder am Clubabend sein. Am intensivsten entsteht Nähe jedoch auf Freizeiten, Wochenendseminaren u. ä., wo wir mit den Jugendlichen zusammenleben.

Tagesunternehmungen, Wochenendseminare, Wochenendfreizeiten und Sommerfreizeiten haben daher einen genauso hohen (oder höheren) Stellenwert wie unsere tagtägliche Anwesenheit in der Einrichtung.

Zur Nähe und Überschaubarkeit gehört es auch, daß die Anzahl der Jugendlichen für sie selbst und für die Hauptamtlichen überschaubar bleibt. Die Anzahl der Jugendlichen, die das Jugendhaus besuchen, kann daher kein Maßstab für die Qualität der Arbeit sein.

Stadtteilbezug

Es ist wenig sinnvoll, übergreifende Konzeptionen für Jugendheime einer Stadt oder eines Kreises zu entwickeln. Solche Konzeptionen bleiben notwendig abstrakt und damit ohne konkrete Auswirkungen für die praktische Arbeit. Statt dessen gilt es, aus einer Analyse des sozialen Umfeldes der Einrichtung stadtteilorientierte Schwerpunkte herauszuarbeiten, die eine Beschreibung einrichtungsspezifischer Zielgruppen einschließen. Das heißt, daß sich das Jugendhaus auf wenige Zielgruppen beschränkt, um deren Alltagsprobleme gezielter und effizienter bearbeiten zu können. Um Mißverständnisse zu vermeiden: damit soll weder den vielerorts zu beobachtenden kommunalpolitischen Bestrebungen das Wort geredet werden, die offene Arbeit in Freizeitheimen zugunsten von Jugendverbands- oder Jugendgruppenarbeit zu reduzieren; noch soll die zeitweilig zu beobachtende Tendenz von Pädagogen gefördert werden, sich auf bequeme und ausschließlich an eigenen Hobbys und Interessen orientierte Zielgruppenarbeit zu beschränken. Vielmehr muß die Zielgruppenauswahl aus der Analyse des sozialen Einzugsgebietes heraus legitimiert werden. Dies schließt auch ein, daß sich Mitarbeiter im Rahmen stadtteilbezogener Kooperation mit anderen Institutionen Gedanken darüber machen, wo die Jugendlichen ihren Platz haben, die aus der eigenen Arbeit ausgegrenzt wurden.

Damit ergibt sich eine enge Stadtteilorientierung als wichtige Voraussetzung für unsere Arbeit.

- Hier ist der alltägliche Lebensraum der Jugendlichen, in dem Alltagsprobleme entstehen, aber auch vielfältige Ressourcen ihrer Bewältigung liegen,
- hier ist die Möglichkeit ganzheitlicher Arbeit gegeben, die nicht nur den Freizeitbereich der Jugendlichen berück-

sichtigt, sondern auch Familiensituation, Nachbarschaft, Schule und ähnliches einbeziehen kann,

- hier ist schließlich auch die Chance enger Kooperation mit sozialen Einrichtungen und Diensten gegeben, die zur Entlastung der Freizeitheimarbeit beitragen kann.

«Sich gemeinsam wehren» muß ein zentrales Ziel unserer Jugendarbeit sein, wenn herrschende gesellschaftliche Kräfte die persönliche Entwicklung Jugendlicher einschränken und behindern. Das bedeutet auch, den resignativen Tendenzen bei Jugendlichen *und* Pädagogen gleichermaßen entgegenzuwirken und neue Perspektiven zu erschließen.

3. Erlebnispädagogik als Erfahrungsfeld für Jugendliche und Pädagogen

von Willy Klawe, Dieter Fischer, Hans-Jürgen Thiesen

Mit den folgenden Thesen möchten wir deutlich machen, welche Aspekte uns an erlebnispädagogischer Arbeit wichtig sind. Vieles, was hier vielleicht noch sehr theoretisch klingt, wird sicher deutlicher und mit Leben gefüllt, wenn die nachfolgenden Erfahrungsberichte gelesen werden. Wegen der unterschiedlichen Schwerpunktsetzung bei den jeweiligen Projektberichten war es uns jedoch wichtig, die gemeinsamen Elemente erlebnispädagogischer Arbeit voranzustellen.

1. Wir alle sind einer ständigen Reizüberflutung durch die vielfältigen Medien und Umweltreize der Industriegesellschaft ausgesetzt, die zunehmend an die Stelle unseres eigenen, unmittelbaren Erlebens treten. Auch für viele Jugendliche ist damit die Umwelt reizarm geworden. Sie erleben Reizarmut, weil sie vieles nicht mehr erleben und unmittelbar erfahren können. Ihre Sinne sind nur noch über den Kopf beansprucht, in der Wahrnehmung der über Medien *vermittelten* Erfahrungen. (1) An die Stelle eigenen Abenteuers tritt der Fernseh- oder Filmheld, der stellvertretend die Abenteuer durchlebt.

2. Gleichzeitig werden in Schule und Jugendarbeit die Erfahrungen und Fragen der Jugendlichen von der Wirklichkeit abgekoppelt. Statt konkrete Erfahrungen in den Mittelpunkt zu stellen, werden über Medien, Spiele, Gespräche Erfahrungen in Laborsituationen künstlich wiederhergestellt. So bleiben die Jugendlichen mit der Übertragung dieser Erfahrungen auf ihren Alltag allein.

3. Außerhalb von Schule und Jugendarbeit ist der Bewegungsspielraum für Jugendliche immer knapper geworden, «während gleichzeitig die Notwendigkeit solcher Verhaltensräume für die Alltagsbewältigung in den Erwartungen

---

(1) Vgl. ähnlich H. G. Ruhe: Alltag in der Jugendarbeit, München 1983

und Ansprüchen immer deutlicher zutage tritt.» (2) Jugendarbeit muß deshalb Erfahrungsräume anbieten, die *unmittelbare, alltagsrelevante* Erfahrungen mit Ernstcharakter ermöglichen.

Dieser Ernstcharakter zeigt sich auf drei Ebenen:

- die an den Jugendlichen gestellten Anforderungen sind real
- sie erfordern aufgrund der Situation Entscheidungshandeln und unmittelbares Umsetzen in Handlung
- sie bieten relativ wenig Möglichkeiten zu Flucht oder Distanzierung.

4. Erlebnispädagogische Aktivitäten ermöglichen ein besseres und nachhaltiges Verstehen von Gruppenkonflikten. Die gemeinsame Lebenssituation während einer Fahrt macht die Notwendigkeit von Konfliktregelungen in der Gruppe deutlich und erzeugt hohe Betroffenheit. Dies erleichtert die Bereitschaft zur Veränderung eigenen Verhaltens und schafft eine günstige Lernvoraussetzung für soziales Verhalten.

5. Jugendarbeit hat die Aufgabe, Erfahrungsräume anzubieten, die sich vom Alltag in Elternhaus, Schule und Beruf unterscheiden, ohne diesen auszuklammern. Dadurch können die eigenen Vorstellungen vom Leben befragt, die eigene Lebenspraxis in Frage gestellt, überarbeitet werden. Eine solche «Horizonterweiterung geschieht durch Konfrontation, durch Konflikt und Kontrast. Kontraste werden nicht allein dadurch geschaffen, daß Informationen vermittelt werden. Die werden nicht nur durch die Besprechung neuer Inhalte gegeben . . . Kontraste können dann erfahren werden, wenn man sich in fremde Lebensfelder hineinbegibt.» (3)

6. Erfahrungen, die man unmittelbar erlebt, auf die man sich einläßt, machen betroffen, rühren unmittelbar an. Etwas, was ich selbst erlebt und gefühlt, gesehen und gespürt habe, dem kann ich mich nicht entziehen. Jeder vermittelten Erfahrung aber, die ich über einen Film gesehen oder von der ich theoretisch etwas erfahren habe, kann ich mit

(2) L. Böhnisch: Abhauen oder Bleiben? München 1981 S. 98
(3) H. G. Ruhe: a. a. O. S. 67

Distanzierung ausweichen. Für erlebnispädagogische Arbeit bedeutet das in der Konsequenz, Jugendliche «in überschaubaren erfahrungs- und interaktionsintensiven Aufgabenbereichen arbeiten und kooperieren zu lassen und ihnen zu unmittelbaren authentischen Erfahrungen zu verhelfen, die im vollständig geregelten und ‹mediatisierten Alltag› immer weniger zu machen sind und zu einer Verkümmerung vitaler Möglichkeiten führen.» (4)

7. Für unser ganzheitliches Verständnis erlebnispädagogischer Arbeit spielt die Auseinandersetzung mit der eigenen Körperlichkeit, körperlicher Leistungsfähigkeit und körperlichen Grenzen eine wichtige Rolle. Der ideologische Mißbrauch von Körperschulung und Sport im Nationalsozialismus darf nicht dazu führen, daß körperliche Aktionsbedürfnisse von Jugendlichen tabuisiert und unter Hinweis auf die negative historische Besetzung ausgeklammert werde.

8. Erlebnispädagogik bietet die Chancen für

- selbstorganisiertes Zusammenleben in ungewohnter Umwelt
- exemplarische Auseinandersetzung mit nichtalltäglichen Lebensweisen
- Reflexion gewohnter, eingeschliffener Rollen und Verhaltensweisen.

Sie ist eingebettet in die pädagogische Alltagsarbeit, die ebenfalls erfahrungsintensive Aktivitäten und Elemente erlebnispädagogischer Arbeit enthalten kann.

9. Jugendliche haben das Bedürfnis, sich selbst zu spüren sich selbst in Grenzsituationen zu erfahren («über den eigenen Schatten zu springen»).

Erlebnispädagogische Ansätze bieten die Möglichkeit solcher Grenzerfahrungen, bei denen sie über ihren bisher erworbenen gewohnten Handlungs- und Erfahrungsrahmen hinausgehen können, gleichzeitig aber auch ihre Grenzen erfahren, ohne sich in lebensbedrohliche oder gesellschaftlich sanktionierte Situationen begeben zu müssen. Solche Erfahrungen bedeuten persönliches Wachstum. Erlebnis-

---

(4) R. Mantler/A. Schneider: Soziales Lernen und Aktion, in: Außerschulische Bildung 4/78 S. 87

pädagogik muß darauf achten, daß diese Grenzen individuell unterschiedlich wird.

10. Erlebnispädagogik orientiert sich dabei an folgenden didaktischen Prinzipien:

- *nicht reden, sondern handeln*
  dem Reden über Erfahrungen sollen unmittelbare Erfahrungen und persönliches Erleben entgegengesetzt werden
- *Mitgestaltung statt Konsum*
  die Jugendlichen werden aufgefordert, *aktiv* ihre Bedürfnisse umzusetzen
- *neue Beziehungsdefinition zwischen Jugendarbeiter und Jugendlichem*
  Erlebnispädagogik ermöglicht, ja fordert sogar eine neue Beziehung zwischen Pädagogen und Teilnehmer: der Pädagoge «als Mensch» in seiner Gesamtheit tritt im gemeinsamen Zusammenleben und Bewältigen der Situation an die Stelle des pädagogischen Funktionärs (5)
- *Kontrasterfahrung I: Neubestimmung des Verhältnisses von Arbeit und Freizeit*
  Im Gegensatz zum Alltag ermöglichen erlebnispädagogische Aktionen ganzheitliche Lebenserfahrungen.
- *Kontrasterfahrung II: Heraus der Betonwüste*
  Erlebnispädagogik eröffnet neue Umwelterfahrungen, indem sie unmittelbare sinnliche Erfahrungen mit Natur und Gruppe ermöglicht.

11. In Abgrenzung zu rechtsextremen Formen von Action und Abenteuer heißt es in unserer Arbeit

- kein Befehl-Gehorsam-Prinzip, sondern Mitwirkung durch Jugendgruppenleiterprinzip
- keine Entlassung aus der Verantwortung durch Hierarchie, sondern Lernen an den Konsequenzen eigenen Handelns
- keine einfachen Weltbilder aber kleine Schritte
- keine Mutproben und Wettkämpfe, sondern gemeinsame Bewältigung anstehender Aufgaben

---

(5) C. Jacob/W. Klawe: Zum Stellenwert der Freizeit in kurzzeitpädagogischen Prozessen, in: Außerschulische Bildung 4/1979

12. Erlebnispädagogik ist attraktiv, da sie ein breites Spektrum jugendlicher Bedürfnisse abdeckt. Sie kann der Fluktuation von Jugendlichen in der offenen Arbeit entgegenwirken.

4. Das Jugendgruppenleiterprinzip

von Dieter Fischer

Erlebnispädagogische Aktivitäten sind keine «Abenteuer», die Pädagogen für Jugendliche veranstalten. Sie bekommen ihr Leben und ihre Erlebnisqualität erst durch Mitwirkung und Verantwortlichkeit der Jugendlichen. Diese Mitwirkung muß zunächst in Alltagssituationen der Jugendarbeit gelernt werden.

Der folgende Beitrag zeigt Möglichkeiten der Mitwirkung und Selbstorganisation auf und beschreibt so eine wesentliche Grundlage erlebnispädagogischer Arbeit.
Der Beitrag versucht in der Betrachtung von negativen und positiven Aspekten eine atmosphärische Beschreibung einer Jugendarbeit, die auf die Mitwirkung der Jugendlichen aufgebaut ist.

Der Beitrag beschreibt Zustände, die dem Leser manchmal als Idealvorstellungen erscheinen mögen, die wir dennoch in der Praxis so erlebt haben, wenn auch nicht alle Voraussetzungen und «Erfolge» immer auf einmal zu erreichen sind und wir oft auch weit davon entfernt sind.

«Viel Beton ist zu sehen und nichts Grünes»
Besuch in einem Haus der Jugend

Wir stehen im Herzen eines Neubaugebietes. Um uns herum Hochhäuser, in denen vorwiegend kinderreiche Familien wohnen. Viel Beton ist zu sehen und wenig Grünes. Irgendwo haben wir gelesen, daß hier fast 20tausend Menschen wohnen. Das sind fast soviel Einwohner wie sie eine mittlere Kleinstadt hat. Wir stehen vor einem Gebäude in moderner Fertigbauweise. Daß sich hinter den Fassaden ein Haus befindet, das für die Jugend da sein soll, läßt sich auf den ersten Blick nicht vermuten. Es gleicht in seinem «Design» eher einer modernen Autobahngaststätte. Aber wir sind schon richtig hier. «HAUS DER JUGEND» so steht es mit großen Leuchtbuchstaben über dem Eingang. Neben der Eingangstür ist das Programm der nächsten Woche angeschlagen: Montag bis Freitag offener Betrieb

14.00–18.00 / 19.00–22.00 Uhr; dann ein paar Gruppen: Töpfern, Schach spielen, Gitarre, eine Fußballgruppe; am Mittwoch übt eine Musikband.

In der Eingangshalle stehen ein Kicker und ein Billardtisch. In der Mitte des Raumes ein paar Tische und Stühle. Am anderen Ende eine Theke, an der sich fünf Jugendliche breitmachen – dahinter ein junger Mann – der Erzieher, wie wir später erfahren.

In einem 2. großen Raum wird Tischtennis gespielt: Acht Jugendliche toben um den Tisch. Sie spielen ‹Runde›. In einem kleinen Vorraum sitzt eine Erzieherin. Sie gibt die Spiele und Tischtennisschläger aus. Wer sich was ausleiht, muß dies mit Datum und Unterschrift bestätigen: «Wir könnten sonst alle naslang was neues kaufen» sagt sie.

In einigen kleinen Räumen finden die Interessengruppen statt. Heute wäre eigentlich Töpfern dran, aber die Gruppe findet heute nicht statt. Die Gruppen werden von Honorarkräften geleitet, da kann es schon mal passieren, daß die eine oder andere Gruppe ausfällt. Die Hauptamtlichen selber würden keine Gruppen machen, da sie durch Verwaltungsarbeiten und vor allem durch den offenen Betrieb völlig ausgelastet sind, erklärt die Heimleiterin.

«Wir können die Jugendlichen einfach nicht motivieren»

Ob das die Jugendlichen aus der ausgefallenen Gruppe seien, die da vorne in der Halle an der Theke sitzen, wollen wir wissen? «Nein, das sind Jugendliche aus dem offenen Bereich. Die gehen nicht in die Interessengruppen, da können wir sie nicht zu motivieren; höchstens in die Fußballgruppe – da gehen sie ziemlich regelmäßig hin» erklärt uns die Heimleiterin. Die Mitglieder aus den Interessengruppen wiederum gehen nicht in den offenen Bereich. Das sind hauptsächlich Realschüler und Gymnasiasten, die mit den Hauptschülern, Lehrlingen und Arbeitslosen der offenen Jugendarbeit wenig anfangen können. Die wollen auch nichts miteinander zu tun haben. Wir fragen, ob denn hier in dem Neubaugebiet so viele Gymnasiasten und Realschüler wohnen. «Einige schon», sagt die Heimleiterin, «die meisten kommen aber von weiter her».

Ob sie viele arbeitslose Jugendliche haben, wollen wir wissen. «Die Arbeitslosigkeit ist echt ein Problem», klagt die Heimleiterin. «In unserer Schule hier um die Ecke haben in der letzten Abgangsklasse fünf Schüler eine Lehrstelle gekriegt. Fünf von dreißig! Wir wissen auch nicht, wo das noch enden soll – was wir mit den Jugendlichen machen sollen».

Wir gehen zurück in die Eingangshalle. Mittlerweile ist es etwas voller geworden. Sieben weitere Jungen und Mädchen sind eingetroffen. Einige spielen am Kicker. Andere toben um einen Tisch rum. Zwei Jungs haben ein Mädchen in die Ecke gedrängt und versuchen, an ihr rumzufummeln. Die Heimleiterin geht dazwischen: «Nun hört mal auf hier, sie ist doch kein Freiwild für euch! Nun hört schon endlich auf oder ihr fliegt hier raus.» Sie muß ihre Aufforderung ein zweites Mal wiederholen, weil die Jungs nicht aufhören. «Ist ja gut. Nun sieh das man mal nicht so verkniffen, Du bist ja nur neidisch». Murrend gehen sie zur Bar, wo der junge Erzieher ihnen eine Cola ausgibt. Ist das eigentlich jeden Tag so, daß die Jugendlichen hier nur so rumhängen oder Kicker spielen. Haben die keinen gemütlicheren Raum, fragen wir. «Sie haben gut reden», sagt die Heimleiterin. «Was meinen Sie, was wir schon alles angestellt haben, um die Jugendlichen zu motivieren, was Sinnvolles zu tun, aber die haben zu nichts Lust. Wenn man sie fragt, scheinen sie so, wie es ist, zufrieden zu sein. Und am Raum da kann man auch nicht so viel ändern, da gibt es jede Menge Behördenvorschriften, die beachtet werden müssen. So viel läßt sich da echt nicht machen» sagt sie resigniert. «Wir haben trotzdem versucht, einer Gruppe Jugendlicher einen Raum zu geben – das Resultat können Sie sich gern angucken». Wir gehen in den Keller. Hinter der Besenkammer eine Stahltür. «Ironheads» steht mit dicken roten Buchstaben darauf geschrieben. Ein Namenszug, dem wir auch schon oben im Flur begegnet sind. «Das ist der Name der Gruppe» erklärt die Heimleiterin. «Wissen Sie, so nach dem Vorbild der amerikanischen Gangs».

«Wir wissen echt nicht mehr, was wir mit den Jugendlichen machen sollen.»

Hinter der Tür das totale Chaos. Zerbrochene Bierflaschen, in der Ecke ein zerfetzter Stuhl, in der anderen Ecke ein umgekippter Tisch. Der Zementfußboden ist übersät mit hunderten von Kippen. Die Wände sind von oben bis unten mit Zeichnungen und Sprüchen vollgeschrieben. «Türken raus» und Hakenkreuze, Werner und nackte Frauen. «Tumor ist wenn man trotzdem lacht» und «Beton brennt nicht».

«Da sehen Sie, was sie mit ihrem Raum gemacht haben. Das bringt es auch nicht. Wir haben ihnen den Raum natürlich gesperrt. Wir wissen echt nicht mehr, was wir mit den Jugendlichen machen sollen. Man kann sie rausschmeißen, – aber ob das mehr bringt?»

Ortswechsel!
Es geht auch anders – das Jugendgruppenleiterprinzip

Ein anderer Stadtteil – ebenfalls sozialer Wohnungsbau. Am Rande der Siedlung steht das HAUS DER JUGEND. Die Bauweise wie gehabt, ein viereckiger Klotz in Fertigbauweise. Auf dem Freigelände steht ein großer Container. Auf seinen Wänden entsteht ein riesiges Wandgemälde: Ein Motorradfahrer donnert in einem Affenzahn den Highway runter. Vier Jugendliche sind dabei, dem Bild Farbe zu geben.

«Affengeil, was? Das haben wir gemacht! fehlt nur noch 'n bißchen Farbe, dann ist es ein korrektes Bild!» Ein etwa 15jähriger Junge zeigt stolz auf das halbfertige Gemälde.

Wir fragen nach dem Heimleiter. «Häh» die Jugendlichen blicken uns erstaunt an. «Ach so, er meint Kalle!» erklärt ein Mädchen. Wir gehen ins Haus. Auf der Treppe begegnen wir Manfred, einen der Erzieher. Neben ihm drei Jugendliche.

«Wenn ihr zu Kalle wollt – der hat gerade keine Zeit. Der bereitet gerade zusammen mit ein paar Jugendlichen Raum für unseren Elternabend am Wochenende vor». «Elternabend??» «Klar», sagt einer der Jugendlichen, «von unserer Sommerfahrt, wir haben einen Film gedreht, den wir zeigen wollen. Ihr könnt ja auch kommen, wenn ihr Lust habt!» sprach's, wetzte in's Büro und drückte uns eine Einladung in die Hand.

«Wenn ihr was wissen wollt, müßt ihr schon mit mir vorlieb nehmen» meint Manfred. «Ihr könnt ja schon mal die Anlage hochholen» sagt er zu den Jugendlichen und überläßt ihnen das Schlüsselbund. «Letzte Woche haben sie uns doch die Anlage geklaut, seitdem haben wir sie unten im Heizungskeller hinter einer Stahltür verschlossen», erklärt er.

«Das war sowieso ein Ding, sagt ich euch, da klauen sie uns einfach unsere Anlage. Wir war'n vielleicht sauer. Das ist aber auch 'ne Schweinerei, uns einfach zu beklauen». Manfred hat sich richtig in Rage geredet. Wir merken ihm seine Wut noch heute an. «Die beklauen ja nicht uns. Die beklauen ihre Kollegen. Disco hätten wir z. B. nicht mehr machen können.»

«Wenn es um den Stadtteil geht, sind die Jugendlichen doch viel kompetenter als wir.»

«Ohne die Mithilfe der Jugendlichen hätten wir die Anlage aber auch nicht wieder bekommen. Wir vergessen ja als Pädagogen leider viel zu oft, daß die Jugendlichen schließlich hier im Stadtteil groß geworden sind und jede Ecke und jeden Winkel kennen. Die haben mit ihren Kollegen schon als dreijährige Steppkes in der Sandkiste gespielt.»

Das hört sich jetzt ein bißchen blöd an, merk' ich, grad so, als wenn wir die Jugendlichen als Spione und Spitzel benutzen. So mein' ich es aber nicht. Was ich sagen will, ist dies: Als Leute, die hier im Stadtteil ihre Arbeit machen, brauchen wir lange, bis wir den Stadtteil sinnlich erfahren haben. Das ist aber notwendig, wenn wir eine Arbeit machen wollen, die am Stadtteil orientiert ist. Wir sollten in dieser Hinsicht mehr die Kompetenzen der Jugendlichen, die hier schließlich groß geworden sind, anerkennen. Die wissen oft viel besser als wir darüber Bescheid, was in den einzelnen

Familien los ist. Warum der Heinz neulich abgehauen ist. Und warum Marina nicht von zu Hause fort will, obwohl ihr Alter sie ständig schlägt usw. usf. «Sie wissen bloß oft nicht, wie sie dem einen oder der anderen helfen können», sagt Manfred. Hier wiederum müssen wir dann einspringen und unsere Vorinformationen, die wir ja schließlich haben, zur Verfügung stellen.

Haben wir das erst einmal erreicht, daß die Jugendlichen uns vertrauen und wir konkrete Hilfe anbieten können, haben wir schon sehr viel geschafft.

«Allerdings sind uns bei unseren Hilfsangeboten manchmal ganz schöne Grenzen gesetzt. Immer mehr Jugendliche werden straffällig. Genau wie bei unserem Anlagenklauer. Der ist schon seit einem Jahr arbeitslos, hat deshalb zu Hause unheimlich Zoff und keinen Pfennig auf der Naht. So wie ihm geht es vielen Jugendlichen hier. Die zunehmende Jugendarbeitslosigkeit macht uns wirklich große Sorgen. Was da noch auf uns zukommt . . .»

«Zusammenarbeit ist wichtig! Jugendarbeit wird in Zukunft nicht ohne sie auskommen.»

«Wir wissen da auch nicht so genau weiter. Aber wir haben im Stadtteil einen Arbeitskreis zusammen mit dem Baui und dem Jugendzentrum und der Kirchengemeinde, die auch offene Jugendarbeit macht». Das ist unheimlich wichtig und bringt eine ganze Menge. «Ich glaub' nicht, daß Jugendarbeit in Zukunft ohne eine solche Zusammenarbeit auskommen wird». Er erklärt uns, daß sie überlegen, ob sie nicht einen Teil der Honorargelder für eine Rechts- und Jobberatung, die dringend nötig wäre, ausgeben sollten. «Auch dies ist ein Ergebnis unserer Diskussionen in dem Arbeitskreis».

«Andere Überlegungen, wie wir dem Problem der Jugendarbeitslosigkeit begegnen könnten, sind alternative Betriebe, autonome Jugendwerkstätten, Sportvereine mit sozialpädagogischer Begleitung, Abenteuerpädagogik usw., aber wie gesagt: das ist noch alles nicht zu Ende gedacht. Aber da bleiben wir am Ball.» Mittlerweile sind wir oben angekommen. Wir gehen in den sog. Discoraum. Ein großer Saal. In einer Ecke steht eine Art Kabine. «Da sitzt der Discjockey drin, wenn wir Disco haben», erklärt Manfred. «Die Kabine haben zwei von unseren Jugendlichen gemauert. Genau so wie die Wände hier – er zeigt nicht ganz ohne Stolz auf die vertäfelten Wände – das haben alles Jugendliche gemacht». In der anderen Ecke stehen mehrere Jugendliche vor einer Theke (natürlich auch selbst gebaut). Dahinter zwei junge Männer.

«Wir arbeiten hier nach dem Jugendgruppenleiterprinzip»

«Sind das Kollegen von Dir?» wollen wir wissen. Manfred lacht: «Ne, das sind zwei von unseren Jugendgruppenleitern.» «Jugendgruppenleiter?» «Sind das sowas wie Interessengruppenleiter?»

Manfred schüttelt den Kopf. «Ne, das sind zwei völlig verschiedene Dinge», sagt er. «Wir arbeiten hier nach dem Jugendgruppenleiterprinzip.» Kannst Du mal erklären, was Du damit meinst? «Ja, was heißt das? Jugendgruppenleiterprinzip? Wie soll ich das so schnell erklären? Das ist gar nicht so einfach. Da verbirgt sich so vieles hinter. Wenn du so willst: das ist richtig eine Philosophie, eine Einstellung zur Jugendarbeit, die sich hinter diesem simplen Wort «Jugendgruppenleiterprinzip» verbirgt. Aber so in aller Kürze könnte man sagen, daß dies ein Denk- und Arbeitsansatz ist, der voraussetzt, daß du die Jugendlichen sehr ernst nimmst in dem, was sie sagen und wie sie leben. Sonst funktioniert es nämlich nicht. Daß du bei allem, was du im Jugendhaus tust, erst einmal überlegst, ob Jugendliche nicht daran beteiligt werden können – ob sie das nicht selber machen können. Und daß du weiter überlegst, wie du viele Gelegenheiten schaffst, in denen sie aktiv werden können – wo du sie mit in die Verantwortung nehmen kannst.

Daß du dafür sorgst, daß sie die dafür nötige Handlungskompetenz erwerben können – sowohl was die praktischen Fähigkeiten angeht, um eine bestimmte Aufgabe zu übernehmen als aber auch die Einstellung und inhaltliche Auseinandersetzung zu führen, die mit diesen Aufgaben verbunden ist.

Das bedeutet weiter, daß du das Bedürfnis nach Anerkennung und emotionaler Wärme abdeckst, mit anderen Worten: daß die Jugendgruppenleiter/innen selber in einer Gruppe sind, mit denen du als Pädagoge oder Pädagogin viel unternimmst.

Ich will das, was ich eben mehr abstrakt gesagt habe, gleich nochmal mit konkreten Beispielen veranschaulichen, doch vorher will ich nochmal sagen, was das Jugendgruppenleiterprinzip am allerwenigsten ist:

Es dient nicht dazu, hauptamtliche Pädagogen und Pädagoginnen durch Ehrenamtliche zu ersetzen, weil das billiger ist. Das muß ich hier in aller Deutlichkeit so sagen, weil dieser Gesichtspunkt von Laien – und ganz besonders von Laien, die mit dem Haushalt und mit Finanzen zu tun haben – überbewertet wird. Jugendarbeit mit Arbeiterjugendlichen wird ohne professionelle Pädagogen/innen nicht möglich sein. Warum das so ist, habe ich vorhin schon mal gesagt: Die Freizeitarbeit in einem Jugendhaus ist ohne eine begleitende Sozialarbeit nicht denkbar und auch nicht sinnvoll. Damit aber sind die Jugendlichen überfordert. Auch das Jugendgruppenleiterprinzip als pädagogischer Ansatz ist letztlich ohne hauptamtliche Mitarbeiter/innen nicht durchführbar, wie die Erfahrungen zeigen, die wir gerade hier in unserem Stadtteil gemacht haben, als die Stelle in dem Jugendzentrum 'ne Zeitlang nicht besetzt war. Spätestens nach einem halben Jahr lag dort die Arbeit, trotz intensiven Einsatzes der Jugendgruppenleiter und -leiterinnen, danieder.

Gut. Aber Schluß mit der Theorie. Ich kann das ganze Prinzip viel besser an Hand konkreter Beispiele erklären:

«Z. B. die beiden dort hinter der Bar: Die machen zusammen mit noch drei Jugendlichen dreimal die Woche den Club. Das machen sie völlig selbständig: Vom Getränkeverkauf über die Abrechnung bis zum Saubermachen. Das Programm stimmen wir grob im Jugendgruppenleitertreff ab. Die Feinheiten besprechen sie dann selbst oder mit einem von uns als Hilfestellung. Wir haben dadurch viel mehr Zeit für Einzelgespräche oder auch für Gruppen, die wir dann machen.

Oder ein weiteres Beispiel: unsere Sommerfahrten, die würden ohne Jugendgruppenleiter/innen überhaupt nicht laufen. Wir waren in den letzten Jahren immer mit 40 und mehr Jugendlichen unterwegs; das ist alleine gar nicht zu schaffen. So ist im ersten halben Jahr die Sommerfahrtsvorbereitung einer unserer Schwerpunkte in der Arbeit. Wir machen zusammen mit den Jugendgruppenleitern/innen zwei bis drei Seminare, auf denen wir absprechen, was auf der Fahrt laufen kann, wer was in der Vorbereitung übernimmt und welches Programm auf der Fahrt ablaufen soll und wer dafür verantwortlich ist.

Diese Seminararbeit und die Sommerfahrten sind für unsere Arbeit hier im Stadtteil unheimlich wichtig.

Auf den Seminaren passiert wirklich viel. Alle – einschließlich wir Mitarbeiter/innen – müssen uns mit grundsätzlichen Problemen, die so eine Fahrt aufwirft, auseinandersetzen. Wie das mit dem Alkohol ist. Ob Jungs und Mädchen gemeinsam in einem Zelt schlafen dürfen; wann wir wo die Lagerdisco machen wollen. Was in die Lagerordnung rein soll, wie wir Verstöße dagegen ahnden sollen, wer Essen macht, wer für die Fahrt einkauft usw. usw. Das könnt' ich noch ellenlang so fortführen», sagt Manfred.

«Jugendarbeit ist schließlich Beziehungsarbeit»

«Was meint ihr, wie das zusammenschweißt. Das ist auch eine Form von politischer Bildung. Und zwar eine unmittelbare. Solche Fahrt, die wirkt sich auch hier in der Einrichtung aus. Das Klima wird ganz anders. Die Jugendlichen begreifen das Haus der Jugend als ein Haus, das sie selber gestalten können. Nicht nur von den Räumlichkeiten her, wie ihr hier seht – Manfred zeigt auf den Disco-Raum – ne, sondern auch inhaltlich. Die Jugendlichen identifizieren sich wirklich mit dem Haus. Für sie ist das hier ein Stückchen Heimat geworden.» «Ich halte das für unheimlich wichtig. Jugendarbeit ist schließlich Beziehungsarbeit. Und diese

Beziehung besteht nicht nur zwischen uns als Mitarbeiter/innen und den Jugendlichen, sondern auch zu den Räumen hier. In Räumen, die eher einer Bahnhofshalle oder einer Autobahnraststätte gleichen, kannst du kaum mit Arbeiterjugendlichen arbeiten. Und wenn die Jugendlichen dann auch noch nicht mal etwas verändern dürfen . . .» Manfred macht eine wegwerfende Handbewegung – «Meine Güte, dann kannst du den ganzen Kram vergessen!» Wir wollen wissen, was die vorgesetzte Behörde denn zu solchen Dingen sagt. Wir hätten doch gerade in diesem Punkt immer wieder Klagen von Kollegen/innen aus anderen Häusern gehört.

«Ach, wißt ihr, wir haben natürlich auch unsere Probleme mit der Behörde. Wir haben jedoch einfach Tatsachen geschaffen, mit denen sie sich nachher abgefunden haben. Im Grunde genommen wissen die doch auch, daß es so, wie es ist, nicht weitergehen kann mit den Häusern der Jugend. Wenn du parteiliche Jugendarbeit machen willst, dann mußt du dich auch mal über die Kontrollettis in den Behördenetagen hinwegsetzen.

«Jugendgruppenleiterprinzip und Behördenhierarchie passen einfach nicht zusammen!»

«Das Jugendgruppenleiterprinzip ist mit der Hierarchie in den Häusern überhaupt nicht vereinbar.» «Bei uns ist sozusagen das oberste Entscheidungsorgan der Jugendgruppenleitertreff. Der findet einmal die Woche statt. Da haben alle, die bei uns in der Jugendarbeit aktiv sind, Sitz und Stimme. Beschlüsse, die dort gefaßt werden, müssen von allen verbindlich vertreten werden. Jetzt könnt ihr euch gut vorstellen, wie das mit Heimleiter und Untergebenen-Hierarchie aussieht. Das würde doch total zu einer Farce werden. Wie willst du da den Jugendlichen noch glaubwürdig etwas von Mitbestimmung und Mitverantwortung erzählen. Die lachen dich doch aus. Ne!» «Die Jugendlichen haben ein sehr feines Gespür dafür, ob etwas ehrlich gemeint ist oder nicht. Wie willst du Jugendlichen denn klarmachen, daß sie selber aktiv werden müssen und daß wir nur gemeinsam die

Jugendarbeit tragen, wenn letztendlich doch der Heimleiter entscheidet, was gemacht wird und was nicht.» «Formal haben wir natürlich auch einen Heimleiter, den Kalle», «aber die Entscheidungen treffen wir in unserem Team.» «Ohne demokratisches Team geht es nicht. Da kann jeder seine Meinung sagen, jede Stimme zählt da. Wir wissen auch alle über unsere Finanzen Bescheid und entscheiden auch über diese Dinge gemeinsam. Natürlich fetzen wir uns manchmal ganz schön» – «und auch der Informationsfluß klappt nicht immer so, wie es sollte. Aber das sind ganz normale Dinge in einem demokratischen Team.»

Das Jugendgruppenleiterprinzip bedeutet, daß du wirklich ein ganzes Stück deiner Macht abgeben mußt, sowohl als Heimleiter, aber auch als Mitarbeiter. Aber mal ganz ehrlich: Wer genießt heute in der offenen Jugendarbeit noch Autorität bei den Jugendlichen qua Amt. Wer das glaubt, macht sich doch was vor oder hat ein leeres Haus.

Ja, aber wozu arbeiten dann überhaupt noch professionelle Pädagogen und Pädagoginnen in so einem Laden, wenn das Jugendhaus doch in Selbstverwaltung läuft?

Selbstverwaltung, wie wir sie aus der Jugendzentrumsbewegung her kennen, die ja hauptsächlich von Mittelschichtsjugendlichen getragen wurde, und Jugendgruppenleiterprinzip sind zwei verschiedene Dinge.

Das Jugendgruppenleiterprinzip ist zwar ein Arbeitsansatz, der ein mehr oder weniger großes Quantum an Mitbestimmung und Mitverwaltung durch Jugendliche zuläßt, es ist aber nicht nur ein konkret politischer Ansatz, sondern auch ein pädagogisches Programm mit klaren Grenzen.

So gibt es Situationen, wo wir uns als hauptamtliche Mitarbeiter gegen Entscheidungen des JGL Treffs durchsetzen oder wo wir bestimmte Vorgaben machen. Das ist z. B. der Fall, wenn die Jugendlichen beschließen, einen Billardtisch für 3000 DM zu kaufen oder wenn sie jeden Tag Disco machen wollen. Aber das ist irgendwie anders, als wenn du das einfach als Amtsautorität verbietest. Du mußt dich viel mehr mit den Jugendlichen auseinandersetzen auch und vor allem inhaltlich. Wenn sie sich am Video-abend also die abartigsten Videos reinziehen wollen, dann müssen sie für diese Videos Stellung beziehen und du dagegen. Da gehen dann die eigentlichen Diskussionen los. Das ist ja ein großer Teil des Jugendgruppenleiterprinzips: nämlich die ernsthafte Auseinandersetzung mit Problemen, die die Jugendlichen direkt und in ihrer Funktion als Jugendgruppenleiter oder -leiterin betreffen, die aber darüber hinaus hochpolitische Themen sein können.

Eine reine Selbstverwaltung ist, glaube ich, in einem Haus der offenen Tür bzw. in der Arbeit mit Arbeiterjugendlichen auch deshalb nicht möglich, weil die Freizeitarbeit ja nur ein Teil der Gesamtarbeit des Hauses ist. Die Jugendlichen, die in die offene Arbeit kommen, bringen ja meist einen ganzen Sack voller Probleme mit: Sei es, daß sie arbeitslos sind und nicht wissen, wie sie zu Geld kommen sollen, oder daß sie von zu Hause rausgeflogen sind und nicht wissen, wo sie die nächste Nacht verbringen sollen. Oder sie sind ohne Führerschein gefahren, oder haben einen Automaten aufgebrochen usw. usf.

In diesen Fällen müssen wir ihnen doch unsere Vorinformationen und Kenntnisse zur Verfügung stellen.

Jugendgruppenleiter und -leiterinnen sind damit überfordert.

Zu einer offenen bzw. halboffenen Arbeit gehört nun mal beides: der Freizeitbereich und die Hilfestellung in konkreten Einzelfällen – das ist nicht voneinander zu trennen.

Das entscheidende am Jugendgruppenleiterprinzip ist ja aber nicht – wie schon gesagt – die Entlastung durch Ehrenamtliche, sondern daß du bei Jugendlichen die Einstellung ein bißchen förderst, daß sie sich einmischen müssen, wenn was für sie und in ihrem Interesse passieren soll.

Wir haben noch eine Frage zum Jugendgruppenleitertreff: «Du sprichst immer nur von Jugendgruppenleiterinnen und -leitern. Was ist aber mit den Interessengruppenleitern und -leiterinnen? Haben die dort nichts zu sagen? Und kannst du noch mal den Unterschied zwischen beiden erklären?»

Also, die letzte Frage zuerst: Interessengruppenleiter sind Honorarkräfte, die für ihren Job bezahlt bekommen; Jugendgruppenleiter und -leiterinnen sehen keine müde Mark.

Das Interessengruppenleitersystem treibt in manchen Häusern erstaunliche Blüten. Da leiten Jugendliche und Erwachsene, die sonst mit der Arbeit des Hauses nichts zu tun haben, einmal in der Woche Gruppen, zu denen Jugendliche kommen, die sonst auch nie in das Haus der Jugend gehen.

Angenommen werden diese Gruppen vorwiegend von Mittelschichtsjugendlichen, die eigentlich weniger ein zusätzliches Angebot brauchen, da sie eh schon sowas wie «Freizeitstreß» kennen. Mit unserer Auffassung einer ganzheitlichen und stadtteilorientierten Jugendarbeit hat diese Praxis nichts zu tun. Das heißt nun nicht, daß wir grundsätzlich gegen Interessengruppenleiter bzw. Honorarkräfte sind. Wir beschäftigen ja selber welche; und damit bin ich auch gleich bei deiner ersten Frage.

Natürlich haben bei uns alle, die aktiv in der Jugendarbeit mitmischen, Sitz und Stimme im Jugendgruppenleitertreff – auch die Interessengruppenleiter und -leiterinnen. Wir haben bloß gar nicht so viele Honorarkräfte. Wir finanzieren z. B. nur Leute, die auch sonst mit unserer Arbeit hier verbunden sind oder die Gruppen leiten, die weder wir noch die Jugendgruppenleiter und -leiterinnen machen können.

Z. B. habt ihr ja unten den Container gesehen, da ist eine Kfz-Werkstatt drin. Die hat ein arbeitsloser Kfz-Mechaniker hier aus dem Stadtteil zusammen mit ein paar älteren Jugendlichen aufgebaut. Da waren sie die letzten drei Monate fast jeden Tag am schuften. Das ist übrigens auch wichtig, daß solche Projekte schnell verwirklicht werden. Daß die Honorarkräfte nicht nur einmal in der Woche kommen, da verlieren unsere Jugendlichen dann schnell die Lust. Die wollen schnell was sehen – jetzt bringt er einer Gruppe von Jugendlichen die Grundbegriffe der Kfz-Mechanik bei.

«Mädchenarbeit ist sehr wichtig für uns»

«Jaa, was laufen sonst noch für Interessengruppen.» Wir haben da noch mehrere Sportgruppen, die von erfahrenen Trainern und Trainerinnen geleitet werden.

«Trainerinnen??» Wir fragen erstaunt nach. «Ja, wir haben hier einen Selbstverteidigungskurs und zwei andere Sportgruppen, in die nur Mädchen rein dürfen. Wir haben auch lange Zeit unsere zwei Mädchengruppen auf Honorarbasis laufen gehabt – als wir noch keine Kollegin im Team hatten.»

Offene Jugendarbeit war und ist auch heute noch überwiegend Jungsarbeit. Die Jungs bestimmen durch ihr Verhalten, was im Haus läuft – die männlichen Kollegen reagieren auf ihre Weise darauf. Die Mädchen tauchen mit ihren Bedürfnissen dabei nur am Rande auf.

Diesem Trend widersetzten sich die Kolleginnen – vor allem aus den kirchlichen Einrichtungen – hier aus dem Bezirk, und fingen an, für die Mädchen Raum in den Jugendeinrichtungen zu erkämpfen. Das hat auch bei uns im Team zu harten Auseinandersetzungen geführt – die auch noch lange nicht abgeschlossen sind. Dieses «Raum erkämpfen» ist durchaus wörtlich zu nehmen. Die Mädchen haben sich wirklich einen Raum hier im Jugendhaus erkämpft, in dem z. B. die Mädchengruppen, die von der Kollegin und den Jugendgruppenleiterinnen geleitet werden, stattfinden.

Das hat einen ganz schönen Aufstand bei den Jungs gegeben, als die Mädchen sich ihren Raum eingerichtet haben und dort ohne die Jungs tagen wollten. Eine Gruppe, die ohne sie lief, wo gab's denn so was. Wir waren und sind da als Kollegen ganz schön gefordert, daß Mädchenarbeit ihren Platz neben der Jungsarbeit gleichberechtigt behaupten kann. Aber auch inhaltlich müssen wir uns sehr viel stärker damit auseinandersetzen, wie wir nicht nur die Mädchenarbeit unterstützen, sondern auch wie wir eine bewußte Jungsarbeit angehen wollen. Was wir selber an Werten vermitteln durch unser Zusammensein als Männer und Frauen in unserem Team. Aber wir müssen da ran, damit die Mädchenarbeit wirklich das zweite Standbein – neben dem Jugendgruppenleiterprinzip – in der offenen und halboffenen Jugendarbeit wird.

«Wir müssen die Honorargelder flexibel einsetzen – orientiert an den Problemen des Stadtteils»

«Aber zurück zu den Interessengruppen. Wir wollen in Zukunft auch noch eine Job- und Sozialberatung über Honorargelder finanzieren, das hatte ich euch ja vorhin schon erzählt – meint Manfred –. Außerdem bräuchten wir dringend Jugendwohnungen hier im Stadtteil, – für vorübergehend obdachlos gewordene Jugendliche. Du siehst – sagt er –, das Interessengruppenleitergeld können wir dringend gebrauchen. Wobei wir darauf achten, daß die Interessengruppen möglichst von Leuten hier aus dem Stadtteil gemacht werden. Die kennen die Probleme hier besser und sie kennen die Jugendlichen und umgekehrt. Wir bemühen uns, daß das Geld im Stadtteil bleibt.»

Als letztes wollen wir von ihm noch wissen, wo sie denn die Jugendgruppenleiter/innen her bekommen. «Die fallen euch doch bestimmt nicht in den Schoß».

«Die Jugendgruppenleiter/innen fallen euch doch besimmt nicht in den Schoß»

«Ne, weiß Gott nicht. Das ist ein hartes Stück Arbeit. Viele unserer Besucher kommen nur hierher, wollen hier ihre Freizeit verbringen und in Ruhe ihr Bier trinken; das ist ja auch in Ordnung so», meint Manfred. «Doch einigen reicht das nicht – die wollen ein bißchen mehr machen, die engagieren sich vielleicht mal bei einer Feier oder haben Interesse am Jugendgruppenleitertreff. Das werden vielleicht mal unsere zukünftigen Jugendgruppenleiter/innen!

Aber bis dahin ist es dann noch ein langer Weg. Das Jugendgruppenleiterprinzip ist nämlich auch pädagogisches Programm. Wir kümmern uns besonders viel um sie. Wir machen mit ihnen Gruppen. Wobei es wichtig ist, daß wir persönlich die Gruppen leiten und nicht Interessengruppenleiter. Wie gesagt: Jugendarbeit ist Beziehungsarbeit! Eine ganz wichtige Rolle spielen auch unsere sog. Abenteuerfreizeiten. Wir fahren da meist mit dem Kanu einen Fluß runter. Ihr glaubt gar nicht, was auf solchen Fahrten alles an tollen

Gesprächen läuft. Solche Atmosphäre kriegst du in der Einrichtung nur selten hin. Da schnackst du über Gott und die Welt. Abends am Lagerfeuer werden die Gespräche manchmal richtig philosophisch – oder ganz praktisch. Neulich z. B. hat mich mal jemand gefragt, wie es denn so bei mir war, als ich das erste Mal mit einer Frau geschlafen habe. Da kannst du dich nicht so leicht hinter irgendeine Pädagogik verkriechen.»

«Erlebnispädagogik ist ein wichtiger Ansatz»

«Ich hab' die Erfahrung gemacht, daß man sich auf solchen Fahrten ganz anders als hier in der Einrichtung kennenlernt. Viel intensiver. Hier bist du doch irgendwie immer ein bißchen Schlüsselverwalter und Sheriff. Auch die Jugendlichen stehen hier viel stärker unter einem Gruppendruck. Neulich sagte einer – wir waren nur mit Jungs unterwegs – das ist eigentlich ganz dufte, mal ohne Mädchen, da kann ich mal ich selber sein und muß nicht immer den Affen raushängen lassen.»

Abenteuerfreizeiten sind nicht nur für die Jugendlichen ein Abenteuer, wo sie mal rauskönnen aus den Betonsilos. Er schüttelt den Kopf, «– Ne, auch für uns ist es ein Abenteuer, sich auf die Lebenswelt der Jugendlichen einzulassen – ohne den Rückhalt des Hauses.»

Solche Fahrten, auf denen sich Jugendliche und Pädagogen in ganz anderen Beziehungen kennenlernen, haben ihre Nachwirkungen auch im Haus. Da ist viel an Gemeinsamkeit entstanden, was als Klima noch nachwirkt.

«Solche Fahrten unternehmen wir übrigens auch regelmäßig mit dem Jugendleitertreff.»

Außerdem führen wir regelmäßig Seminare mit den Jugendgruppenleitern/innen durch. So ähnlich wie ich es euch vorhin von den Sommerfahrtvorbereitungsseminaren erzählt habe. Bloß zu Themen, die unser Zusammenleben im Haus oder im Stadtteil betreffen oder die Themen betreffen, die für Jugendliche angesagt sind, wie z. B. Jugendarbeitslosigkeit, Mädchenseminar, Jungsseminar oder ähnliches.

«Jugendarbeit muß Atmosphären schaffen».

«Ich bin der Meinung, daß Jugendarbeit zu einem großen Teil die Aufgabe hat, Atmosphären zu schaffen. Für mich ist es z. B. nicht gleichgültig, wie das Haus aussieht, oder ob man mal eben ein Mädchen im Vorbeigehen als «alte Votze» titulieren darf, oder ob man ungestraft Hitlers Geburtstag feiern kann, oder ob ruhig noch mal bei einer Schlägerei mit der Pieke nachgetreten werden darf. Hier müssen wir als Pädagogen/innen Stellung beziehen. Ich weiß, daß es heutzutage sehr viel schwieriger geworden ist, offene Jugendarbeit zu machen. Wir kämpfen da wirklich gegen ein gesellschaftliches Klima an, das unserer Arbeit nicht förderlich ist: indem man Randgruppen am liebsten nicht wahrhaben will, indem man sie am liebsten vergessen möchte. Gerade deshalb aber müssen wir versuchen, dem etwas Positives entgegenzusetzen. Im Rahmen unserer Möglichkeiten natürlich – setzt er einschränkend hinzu. Wir müssen ein Klima schaffen, in dem es eben nicht so einfach ist, frauenfeindliche Sprüche abzulassen, oder ein Nazilied zu gröhlen. Ein Klima, in dem Jugendliche Verantwortung und Demokratie ganz hautnah erleben können. Ein Klima, das sie sich selber schaffen, in dem sie sich zu Hause fühlen.»

«Jugendarbeit fordert uns als ganze Person»

«Ich weiß, daß das nicht einfach ist. Das fordert uns wirklich als ganze Person. Da müssen wir uns wirklich mit der Lebenswelt der Jugendlichen auseinandersetzen. Aber für mich ist das der einzige noch gangbare Weg. Was nützt es denn, wenn du Massenveranstaltungen mit vierhundert Jugendlichen machst, das hilft höchstens, daß die Besucherstatistik gut aussieht – aber den Jugendlichen selber bringt das nicht viel.

Was in den siebzigern vielleicht noch möglich war, unter dem Motto die Jugendlichen von der Straße weg in das Haus zu holen, reicht heute nicht mehr aus.

Heute ist mehr eine halboffene Jugendarbeit gefordert, wo persönliche Beziehungen zwischen Jugendlichen und Pädagogen/innen aufgebaut werden können.

Ich kann mir nicht vorstellen, daß man zu vierhundert Jugendlichen persönliche Beziehungen aufbauen kann. Ne, weiß Gott nicht, –

Damit wir uns nicht falsch verstehen: die Krise in der offenen Jugendarbeit, von der so oft geredet wird, ist ja eigentlich eine Krise unserer Gesellschaft, von der die Jugendarbeit gleich mehrfach betroffen ist:

Einmal dadurch, daß sich die soziale Situation der Jugendlichen drastisch verschlechtert hat. Davon sind auch wir im Jugendhaus ganz unmittelbar betroffen: Jugendarbeit ist schwerer geworden – sie ist nicht mehr so zu machen, wie in den siebziger Jahren. Zum zweiten dadurch, daß die finanzielle Ausstattung der Jugendeinrichtungen immer mieser wird. Jetzt, wo wir eigentlich mehr Geld und Personal bräuchten, um auf die Situation von unseren Jugendlichen reagieren zu können, läßt man uns – und letztlich ja die Jugendlichen – im Stich. Auf ihren Rücken werden die Sparmaßnahmen ausgetragen.

Zum dritten aber auch dadurch, daß wir selber neben der Sinnkrise, in der sich die Linken befinden, auch ganz schön ratlos sind, was wir konkret mit den Jugendlichen machen sollen.

Ich bild mir nun nicht ein, daß wir durch unsere Arbeit hier im Jugendhaus großartig gesellschaftlich 'was verändern können – das wäre unsinnig. Aber das kann mich doch nicht davon abbringen, auch in Zukunft noch ein bißchen was von dem, was mir wichtig und wertvoll ist, zu vermitteln. Und dabei haben solche Ansätze wie Jugendgruppenleiterprinzip, Mädchenarbeit und Erlebnispädagogik nach wie vor einen hohen Stellenwert.

5. Zeltlager ist Lebensgemeinschaft

Von Wolfgang Harm

Ein Zeltlager; Ist das die erlösende Perspektive aus der Krise, in der sich die Jugendarbeit vielfach befindet? Und wieso eigentlich Krise; Was soll man den Jugendlichen denn heute noch erzählen? . . . es ist doch wirklich alles beschissen!! Ja, ja, – No Future auch und erst recht bei den Sozialarbeitern. Das Titanic-Syndrom, dieser Kulturpessimismus hat auch uns erfaßt. Und nun? Gefahr erkannt, Gefahr gebannt fällt mir da ein; und damit komme ich wieder zum Thema: Was können wir heute im Freizeitbereich anbieten, um unsere Jungs und Mädchen noch zu erreichen.

Also: erst mal wieder den Kopf aus dem Sand herausbuddeln und bei aller (verständlichen) Pershing-Dioxin-Arbeitslos-Depression den Kopf und das Herz frei machen für einen positiven Untergrund, denn nur auf dem können die Früchte unserer pädagogischen Arbeit gedeihen.

Dabei wird Pädagogik (zu Recht!) immer mehr zu einer beziehungsmäßigen Angelegenheit zwischen Erziehern, Sozialarbeitern und ihren Jugendlichen. Die Frage rückt in den Vordergrund: «Mag ich den oder mögen wir uns überhaupt?» Wenn da kein «Ja» auf beiden Seiten ertönt, geht eh' nichts.

Zielvermittlung, Hauptanliegen von Pädagogik, funktioniert (Gott sei Dank!) immer weniger wie ein kalkulierbares Lernprogramm. Nach dem Motto: «Hört mal zu, ich hab' was zu sagen; denn ich hab' 'n paar schlaue Bücher gelesen,» läuft gar nichts mehr. Die Kids hör'n Dir zu, wenn Du's vielleicht gar nicht erwartest: abends am Lagerfeuer, auf 'ner Nachtwanderung oder nach'm zweiten Bier in der Kneipe.

Darum sind Ferienfahrten so wichtig; weil wir mit unseren Jugendlichen 14 Tage bzw. 3 Wochen lang Tag und Nacht zusammen sind. Was nicht heißt, daß man sich nicht auch hier hinter seiner Funktionärsrolle verstecken kann; eins muß ganz klar sein: erst muß die Pädagogik-Klient-Beziehung verschwinden, damit eine Mensch-Mensch-Beziehung entstehen kann.

Ein Zeltlager darf man nicht in dem Rahmen von 14 Tage Urlaubmachen gefaßt sehen; so eine Fahrt kann im positiven Fall eine Maßnahme sein, die über ein ganzes Jahr verschiedene Impulse in die Jugendarbeit trägt.

Ich schreibe hier weniger über mechanisch-organisatorische Abläufe, als vielmehr über die Lernaspekte und Beziehungsanteile, die diese implizieren. Was möchte ich dabei grundsätzlich bewirken? Meine Ziele in dieser Arbeit sind einfach zu umschreiben:

Jugendliche sollen mitmachen, mitbestimmen ... zumindest bei mir das Gefühl bekommen, daß sie nicht der «letzte Dreck» sind ... spüren, daß wir zusammen 'ne Menge bewegen können, wenn wir zusammenhalten ... sie sollen erleben, daß auch sie – die Schmuddelkinder – 'ne Menge Dinge sagen und tun, die ich im Gegensatz zu den pädagogischen und sonstigen Maßstäben der Mittelschicht positiv bewerte; indem ich mich freue, lache, insgeheim bewundere (weil sie vielleicht dies oder jenes besser können als ich ...) ... Ich will ihnen ihre Verhaltensdefizite nicht ankreiden, sondern *vorleben,* wie man etwas anders und besser machen kann und nicht ohne positives Beispiel fordern, daß sie sich verändern. Pädagogik reduziert sich für mich auf einfache Regeln menschlichen Lernens: Zuschauen, Nachahmen, Ausprobieren und auch Identifizieren.

Nehmen wir ein Beispiel: – Wir haben ein Ferienzeltlager mit 50 Jugendlichen in einem linken Pfadfindercamp in Dänemark gemacht. Da hatten wir ein Jungszelt, in dem hatten sich unsere «Knaller» eingenistet. Wir hatten so unsere Schwierigkeiten mit ihnen und mochten sie trotzdem. Na ja, so die üblichen Problemchen lagen an: Saufen, Randale, Leute dumm anmachen usw. Es war ziemlich klar, unsere Jungs hatten Langeweile. Gemeinsam mit den Pfadfindern haben wir's dann geschafft, sie – die zu Haus' Brüche machten, reichlich Saufereien veranstalteten, Prügeleien entfachten – für handwerkliche Arbeiten unter freiem Himmel zu begeistern. Da wurde aus Holzstämmen, Tauen, Nägeln u. ä. eine 5 m hohe Luftschaukel, ein schwimmfähiges Floß und mit Hilfe einer Plane eine Sauna (in Form einer Holzhütte, in der ein zuvor im Lagerfeuer erhitzter Stein Wasser zum Verdampfen brachte ...) gebaut. All diese

Geräte wurden dem übrigen Zeltlager mit Stolz vorgeführt und wirklich häufig genutzt. Unsere «Problemjugendlichen» waren dadurch plötzlich in eine «vorbildliche Rolle» geraten, da sie durch ihren Einsatz auch anderen Jugendlichen im Zeltlager Spaß und Vergnügen bereiteten.

Eine wichtige Erkenntnis dabei war, daß wir solche Ideen initiieren müssen und nicht darauf warten dürfen, daß sie ihre Freizeit sinnvoll gestalten können; denn das sollen sie schließlich bei uns lernen.

Ich halte es außerdem für bedeutsam, daß wir solche Aktivitäten anbieten, an denen wir selber auch Freude entwickeln können. Gemeinsamer Spaß ist ein äußerst verbindendes Element; ein perfekt funktionierender Freizeitpädagoge, der keine eigene emotionale Beteiligung erleben kann, wird diese Arbeit ausschließlich als Belastung und Streß erleben und nie das Gefühl haben können, daß der Arbeitscharakter von pädagogischem Tun und Handeln sich phasenweise verliert und von daher auch die Chance besteht, die Trennung von Arbeit und Freizeit partiell aufzuheben. Ich finde es völlig legitim, wenn wir dafür sorgen, daß auch wir in der Jugendarbeit ein Stück Geborgenheit und Wohlgefühl finden.

Wissenschaftlicher formuliert könnte man sagen: Jede Lernsituation, jede pädagogische Absicht, die einen nachhaltigen Erfolg haben soll, muß von einer emotionalen Wärme durchdrungen sein, damit dem Jugendlichen und mir überhaupt die Chance gegeben ist, wirklich miteinander in Beziehung zu treten.

Eine Ferienzeltlagergemeinde ist für einen kurzen Zeitraum eine *Lebensgemeinschaft.* Wir essen, trinken, schlafen, tanzen, spielen und diskutieren zusammen; wir haben Probleme, die wir nur gemeinsam lösen können; wir bauen ein großes Zelt auf: 8 Leute, 8 Zeltstangen, zwei stehen unter der Plane und zufrieden begucken wir uns das stehende Zelt, in dem wir 14 Tage leben werden. So etwas hat Sinn und schafft positiven Erfahrungsschatz.

Diese Lebensgemeinschaft verrichtet auch Arbeit, denn wir wollen keinen hotelmäßigen Service. Wir kochen, waschen ab, kaufen ein, bereiten Feten vor, organisieren sportliche Wettkämpfe, sammeln Holz für's Lagerfeuer, bauen Zelte auf und ab, beschaffen Trinkwasser, legen Stromleitungen, beseitigen Müll, reinigen Toiletten, installieren 'ne Musikanlage für die Lager-Disco, sammeln Papier und Kippen auf dem Platz ... all das machen alle für alle. Das schafft Solidarität, denn ohne funktioniert das nicht.

Wir schaffen Erfahrungen im Umgang mit Verantwortung. Unsere Jugendgruppenleiter sind Betreuer ihrer Gruppe. Sie übernehmen ein Stück Fürsorge sowohl im Bereich der Freizeitangebote als auch in der Funktion des Ansprechpartners für ihr Zelt. Wir, als Erzieher und Pädagogen, setzen uns mit unseren jugendlichen Mitarbeitern jeden Abend zusammen; hören uns ihre Sorgen an, planen den nächsten Tag, trinken Tee oder 'n Glas Wein. Wir klären die Frage der Nachtruhe, wir überlegen, was mit dem Stefan (Namen sind fiktiv) passieren soll, der im Supermarkt geklaut hat und damit unser Zeltlager gefährdet; wir überlegen, wer in die Disco geht und die Jungs und Mädchen unter 16 Jahren so gegen 23 Uhr rausholt und nach Hause bringt; wir denken uns tolle Sachen für das Bergfest aus, für den Tag, an dem die Hälfte der Zeit leider schon wieder rum ist. Wir nehmen Susanne in den Arm, die darüber weint, weil ihr Freund aus Hamburg noch nicht geschrieben hat; wir machen den Torsten an, weil er seinen feminin wirkenden Zeltgenossen immer «schwule Sau» nennt; wir sitzen bei Hans im Zelt, der schon wieder betrunken ist und darüber klagt, daß er ja das Saufen zu Hause bei seinen Eltern gelernt hat; wir reden mit Beate, die sich in einen Franzosen verliebt hat, über Verhütungsmöglichkeiten usw.

Viele weinen, auch wir bisweilen, wenn der Reisebus kommt, um uns nach Hause zu fahren. Wir sind uns alle sehr nahe gekommen. Wir haben eine emotionale Grundlage, die auch in der Einrichtung einiges aushält. Wir probieren neue Ideen, die spritziger fließen als jemals zuvor. Und wir bleiben zumindestens ein Stück Lebensgemeinschaft, die wir während der Ferienzeit schätzen gelernt haben. Wir haben ein Gefühl von Zusammengehörigkeit, welches es uns unmöglich macht, sie nicht an unseren wichtigen Entscheidungen innerhalb der Jugendarbeit maßgeblich zu beteiligen. Da gibt es kein Zurück und sie kommen von allein zu uns, weil sie inzwischen Vertrauen haben. Ich find' das schön.

Teil II
Erfahrungsberichte
oder:
Wie funktioniert Erlebnispädagogik?

6. Schlauchbootfahrten am Wochenende – Soziales Lernen und Konflikte

Von Marianne Ohmann, Horst Stig, Frank Ropers und Marlies Pasche

Bevor wir von unseren Erfahrungen mit Schlauchbootfahrten berichten, wollen wir einige Bemerkungen zum Begriff Abenteuerpädagogik vorweg setzen.

Unser Bericht erscheint hier als ein Beispiel von mehreren zum Thema Abenteuerpädagogik. Wir betrachten Abenteuerpädagogik nicht als eine spezielle Form von Pädagogik. Unsere Schlauchbootfahrten sind eine Form von Wochenendfahrten, die wiederum ein wichtiger Bestandteil unseres Gesamtkonzeptes sind. Dabei ist die Abenteuerlust der Jugendlichen (als auch der Pädagogen) ein Grund für die Attraktivität solcher Unternehmungen. Pädagogisch verhalten wir uns im Prinzip genau wie im Jugendhaus, d. h. es gelten dieselben Grundprinzipien wie in anderen Bereichen unserer Arbeit. Es ist auch nicht der Sinn der Sache, am Wochenende mit den Jugendlichen durch die Flußtäler zu fahren, weil dies den Bedürfnissen der Sozialarbeiter entspricht, und dieselben Jugendlichen dann in der Woche mit ihren Alltagsproblemen allein zu lassen, weil man Überstunden abbummeln muß. Die tagtägliche Arbeit mit den Jugendlichen darf durch solche Fahrten nicht vernachlässigt werden. Dies könnte geschehen, wenn der Begriff Abenteuerpädagogik falsch verstanden wird und sich verselbständigt.

Der Rahmen unserer Arbeit

Wir arbeiten in Hamburg Steilshoop, einem Hochhausneubaugebiet mit ca. 22 000 Einwohnern. Unser Team besteht aus zwei Pädagogen, die bei der Martin-Luther-King-Kirchengemeinde angestellt sind, und zwei Pädagogen, die ebenfalls hauptamtlich bei einem freien Träger, dem Verein für Jugendpflege Steilshoop e. V., arbeiten.

Die Jugendarbeit ist 1974 aus einem studentischen Projekt entstanden. In dieser personellen Zusammensetzung arbeiten wir jetzt seit 1981.

Wir betreuen Mädchen und Jungen – größtenteils Haupt- und Sonderschüler/innen – aus sozial schwachen Familien (sogenannte randständige Jugendliche) im Alter von 13 bis zur Zeit 23 Jahren. Hauptprobleme dieser Jugendlichen oder Heranwachsenden sind Schwierigkeiten/Benachteiligungen in der Schule, auf der Arbeitsstelle, mit den Eltern, mit dem Freund/Freundin, sowie Arbeitslosigkeit, Alkohol, Drogen und ‹Kriminalität›.

Unsere ‹Methoden› sind die sozialtherapeutische Gruppenarbeit, Einzelhilfe, Beratung, halboffene Arbeit und Streetwork. Mit den anderen Institutionen und Sozialarbeitern im Stadtteil besteht eine enge Zusammenarbeit.

Die Grundlage unseres Konzeptes bildet die Gruppenarbeit, d. h. jeweils 7 bis 8 Jugendliche und 2 Gruppenleiter/innen, die sich ca. 2 Jahre lang einmal wöchentlich treffen und ganz unterschiedliche Freizeitaktivitäten durchführen. Wir bieten keine gemischtgeschlechtlichen Gruppen an, da wir die Erfahrung gemacht haben, daß die Mädchen in solchen Situationen untergebuttert werden und sich nicht durchsetzen können. Wichtig ist uns für die Gruppenarbeit, daß die Jugendlichen soziale Verhaltensweisen lernen, Selbstbewußtsein entwickeln, eigene Interessen im persönlichen wie im politischen Bereich durchsetzen lernen, geschlechtsspezifische Rollenmuster durchschauen und daß eine Vertrauensbasis zwischen den Jugendlichen und uns entsteht, die dann auch intensive Einzelhilfe möglich macht.

Notwendiger Bestandteil der Gruppenarbeit sind die Wochenendfahrten (pro Gruppe 2–3 im Jahr). Die Fahrten setzen wir dabei nicht an den Anfang des Gruppenprozesses, da die Jugendlichen sich dann oft noch nicht auf die Nähe, die eine solche Unternehmung mit sich bringt, einlassen können. Die Fahrten verbessern und vertiefen die Beziehungen zwischen den Jugendlichen und uns. Sie fördern den Gruppenzusammenhalt und ermöglichen den Jugendlichen neue Lernerfahrungen.

Folgende Faktoren schaffen dafür günstige Voraussetzungen:

– räumlicher Abstand von Steilshoop
– Besonderheiten der jeweiligen Umgebung
– gemeinsames Leben (und Arbeiten)
– eine längere geschlossene Zeiteinheit

Diese Überlegungen gelten allgemein, sowohl für Fahrten in Häuser und Heime, als auch für Schlauchbootfahrten. Welche speziellen Lernerfahrungen letztere mit ihrem spezifischen Charakter für den Einzelnen und für die Gruppe ermöglichen, wollen wir beschreiben. Zunächst einen kurzen Abriß über den Verlauf einer Schlauchbootfahrt.

Schlauchbootfahrten

Während der letzten Gruppentreffen vor der Fahrt sprechen wir mit den Jugendlichen die Regelungen für das Wochenende ab.

Dabei gibt es feststehende Bedingungen:

– keine Waffen
  kein Dope
– bestimmte Alkoholgrenze
– kein Diebstahl
– keine Schlägerei
– Umweltschutz,

die die Jugendlichen akzeptieren müssen. Wenn diese Regeln nicht durchgehalten werden, besteht die Gefahr, daß wir die Fahrt abbrechen. Sonstige Absprachen werden gemeinsam getroffen, z. B. Essensplan, Abfahrtszeit, Musikfrage, Ausrüstung ...

Weiterer Verlauf:

Freitag nachmittag: Start in Steilshoop, Aufblasen und Beladen der Boote, kurze Strecke paddeln, Lager aufbauen, erstes Essen, Lagerfeuer und Klönschnack.

Samstag: Frühstück, Lager abbauen, paddeln (mit Essenspausen) bis zum nächsten Lagerplatz, der gegen Abend erreicht wird, Lager aufbauen, warme Mahlzeit, Lagerfeuer, evtl. Kneipe.

Sonntag: Frühstück, Lager abbauen, paddeln, Rückfahrt.

Kaum Konflikte mit der Außenwelt

Wichtig ist bei den Schlauchbootfahrten, daß wir Flüsse aussuchen, die durch einsame Landstriche fließen. Die Gruppe ist dann noch mehr unter sich als in einem Heim. Fremdeinflüsse durch Heimordnungen oder Nachbarn treten erst gar nicht auf. Fremden Menschen oder Gruppen begegnet man kaum oder wenn, dann nur für kurze Zeit. Damit sind Konflikte zwischen der Gruppe und der Außenwelt reduziert. Der/die Gruppenleiter/in kommt nicht so leicht in die kräfteverzehrende Position des Vermittlers. Er/sie kann die Probleme/Konflikte bearbeiten, die sich *innerhalb* der Gruppe ergeben.

Gruppenkonflikte müssen durchgestanden werden

Auf den Schlauchbootfahrten haben die Jugendlichen kaum Möglichkeiten, sich der Gruppe zu entziehen. Die Örtlichkeiten ändern sich ständig, bis zum nächsten Dorf, zur nächsten Kneipe oder zum Bahnhof ist es meistens zu weit und die Wege sind unbekannt. Weiterhin besteht die Gefahr, den räumlichen Anschluß zur Gruppe zu verlieren.

Dadurch ist die Struktur geschaffen, daß die Jugendlichen die auftretenden Konflikte bis zum Ende durchstehen müssen. Damit besteht einerseits die Möglichkeit, daß *neue Konfliktlösungserfahrungen* gemacht werden können. Alte Konfliktlösungsmodelle (z. B. a) der Stärkere setzt sich durch und hat dadurch recht oder b) ein Betroffener entzieht sich durch Flucht) funktionieren aufgrund des Eingreifens des GL nicht mehr. Vielmehr müssen sich die Jugendlichen intensiv sprachlich auseinandersetzen, um Kompromisse zu erreichen und um die Fahrt überhaupt durchführbar zu machen. Wenn die Gruppenaufgaben, wie z. B. Feuer machen, Essen kochen verweigert werden, gibt es einfach nichts zu essen. Während die Jugendlichen in Steilshoop einfach abhauen oder sich anderweitig etwas zu essen besorgen könnten, besteht hier diese Möglichkeit kaum. Das Essenkochen *muß* innerhalb der Gruppe geregelt werden. Bei solchen Konflikten ist natürlich immer der/die GL gefragt, damit die schwächeren Jugendlichen nicht untergehen und sich nicht Rollenstrukturen nach dem Muster Herr/Knecht verfestigen. Außerdem muß der/die GL diese Situation auch selbst durchhalten und darf z. B. nicht selbst mit dem Essen kochen anfangen.

Die Jugendlichen können sich nicht entziehen – das heißt andererseits – sie können erleben, daß sie auch *schwierige Situationen meistern* können. Während die Jugendlichen sonst eher Leistungen abwehren und immer schnell bereit sind, aufzugeben, müssen sie auf der Fahrt Durchhaltevermögen zeigen und können dadurch auch Erfolgserlebnisse für sich verbuchen.

Die Lebenssituation sanktioniert

Die Schlauchbootfahrten werden durch die jeweiligen Umstände geprägt (Strömung des Flusses, Regen, Hitze, Kälte . . .). Das heißt auch, daß bestimmte Handlungen notwendig sind und kein Freizeitprogramm darstellen, so wie in der Gruppenstunde zu Hause. So sanktioniert dann auch die Lebenssituation und nicht der/die GL, wenn notwendige Handlungen unterbleiben (was pädagogisch betrachtet für uns einer der wesentlichsten Aspekte von Schlauchbootfahrten überhaupt ist). Werden z. B. aus Faulheit die Zelte nicht aufgebaut und es fängt an zu regnen, wird man eben naß.

Die Fahrt hat einerseits durch die Übernachtungen am Flußufer durch unvorhergesehene Situationen und durch das Alleinsein in der Natur etwas Abenteuerhaftes. Dieser Marlboro-Touch fördert zunächst einmal die Motivation der Jugendlichen und erzeugt eine positive Grundstimmung. Andererseits erleben die Jugendlichen die größtenteils lustbetonte Fahrt durch verschiedene Anforderungen auch als ungeil, mühsam und arbeitsintensiv. Hier müssen die GL aufpassen. Sie müssen zwischen Überforderung und Verweigerung des Einzelnen unterscheiden. Bei der Verweigerung von Tätigkeiten muß sich der/die GL zurückhalten, um den o. g. Sanktionseffekt der Lebenssituation zur Geltung kommen zu lassen und damit Lernmöglichkeiten zu schaffen. Bei möglicher Überforderung muß der/die GL natürlich Hilfestellung geben, um die Jugendlichen nicht in ihren Frust hineinlaufen zu lassen. Denn Verhaltensänderungen werden meistens von negativen Gefühlen begleitet, doch nur ein im Rückblick insgesamt positives Erlebnis führt zum Transfer. Das Gesamtgefühl der Gruppe muß positiv bleiben.

Intensives Kennenlernen

Schlauchbootfahrten haben weiterhin den Vorteil, daß andere nicht alltägliche Aktivitäten gefordert werden.

Diese Tätigkeiten (z. B. Dreifuß bauen, Feuer anzünden, Boote flicken, Zelte aufbauen ...) fördern oft nicht bekannte Fähigkeiten (Ausdauer, Geschicklichkeit, Umsicht ...) bei einzelnen Jugendlichen zutage. Das heißt, die Gruppe kommt bei einer solchen Fahrt möglicherweise aus ihrer bisherigen Rollenstruktur heraus. Es sind Möglichkeiten zu einer neuen Selbstdarstellung gegeben (positiv wie negativ). So kann z. B. die Position des informellen Führers, der diese Position nur aufgrund seiner körperlichen Überlegenheit im Konflikt (Schlägerei) hat, relativiert werden. Währenddessen können Gruppenmitglieder mit einer schwächeren Position innerhalb der Gruppe an Bedeutung gewinnen. Somit besteht für die Gruppenmitglieder die Möglichkeit, sich gegenseitig anders wahrzunehmen.

Eine andere Form des Sich-Besser-Kennenlernens findet abends am Lagerfeuer statt. Aus welchen Gründen auch immer (vermutlich aufgrund der romantischen Atmosphäre und auf der Basis gemeinsamer Erlebnisse) – die Jugendlichen fangen an, von sich zu erzählen.

Die Natur erhalten lernen

Durch die Wochenendfahrten können die Jugendlichen, die in einer betonierten und mit übersichtlichen Grünanlagen versehenen Umwelt aufgewachsen sind, aus ihrem Stadtteil herausfahren. Als Nebeneffekt lernen sie manchmal einige Pflanzen und Tiere überhaupt erst kennen. Wichtig ist uns aber vor allem, daß die Jugendlichen lernen, die Natur so zu belassen, wie sie ist. Für das Feuer z. B. werden nur tote Bäume kleingehackt. Wird eine Coladose ins Wasser geworfen, obgleich wir einen Müllsack dabei haben, paddeln wir gegen die Strömung zurück (was eine Mordsarbeit ist), um diese Dose wieder ins Boot zu holen. Die Jugendlichen finden zwar die ‹unberührte› Natur schön und sind damit auch für vernünftiges Umweltverhalten motivierbar, verfallen aber trotzdem in ihr umweltzerstörerisches Wegwerfverhalten, das in der städtischen Umgebung ‹normal› ist. Es ist klar, daß die Jugendlichen diesen praktischen Umweltschutz nicht unbedingt praktizieren, wenn wir nicht dabei sind. Allerdings haben sie dann zumindest einen Denkanstoß bekommen, daß uns diese Sachen wichtig sind und wir sie auch gegen stärksten Protest durchsetzen.

Gruppenleiter/innen

Eine Voraussetzung für eine solche Fahrt besteht darin, daß der/die GL selbst Spaß an einer Schlauchbootfahrt hat. Er/Sie sollte Lust zum Paddeln, zum Campen, zum Improvisieren haben. Wenn nicht, wird diese Unlust – ob man will oder nicht – irgendwann durchbrechen und sich in einer miesen Grundstimmung oder in unnötigen Konflikten auswirken.

Andererseits muß man auch bereit sein, den Streß einer solchen Fahrt auf sich zu nehmen. D. h. fast dauernd für die Jugendlichen ansprechbar sein, Konflikte in der Gruppe pädagogisch nutzen und lösen und nicht etwa umgehen . . .

Der/Die GL hat während des Wochenendes die Möglichkeit, die einzelnen Jugendlichen und die Rollenstruktur in der Gruppe intensiv kennenzulernen. Außerdem ergeben sich auch oft Situationen für gute Einzelgespräche. Damit können wir die Jugendlichen mit ihren persönlichen Hintergründen besser verstehen und ihnen gezielter Hilfestellung geben. Außerdem verstärkt die Fahrt auch immer die Vertrauensgrundlage zwischen den Jugendlichen und den GL.

Andersrum lernen die Jugendlichen auch den/die GL besser kennen. Der/Die GL ist auf der Fahrt noch stärker gefordert und kann sich noch weniger zurückziehen. Der/Die GL hat nicht nur die Autorität durch die Rolle, sondern muß auch seine Autorität durch sein Verhalten beweisen (Durchhalten beim Paddeln, auch wenn's mühsam ist . . .). Gelingt dies nicht, ist das entsprechende Verhalten bei den Jugendlichen schon gar nicht zu erwarten.

Schlauchbootfahrten auch für Mädchen

Die Konzeption der Schlauchbootfahrten ist in einer Zeit entstanden, in der die Jugendarbeit in Steilshoop ausschließlich Arbeit mit Jungen war. Für die Mädchen gilt diese Konzeption nur bedingt. Zum einen ist die Attraktivität solcher Fahrten nur bei den jüngeren (bis ca. 15 Jahren), nicht dagegen bei den älteren Mädchen vorhanden. Hier spielen u. a. der geringere Aktivitätsdrang, Angst vor Insekten, mangelnde hygienische Möglichkeiten eine wesentliche Rolle. Zum anderen ist für die Mädchengruppen die Abgeschiedenheit von der Außenwelt nicht das wichtigste Kriterium. Entsprechend ihrer Sozialisation besteht bei den Mädchen (von einigen Ausnahmen abgesehen) weniger die Gefahr, daß sie sich in aggressiver Art mit Außenstehenden anlegen oder Sachen beschädigen . . .

Für die Schlauchbootfahrten mit Mädchen treten andere Lernmöglichkeiten in den Vordergrund. Die Mädchen können erfahren, daß sie Tätigkeiten erledigen und Fähigkeiten haben können, die sie sich nicht zugetraut hätten (z. B. Boote flicken, Lager aufbauen, Umgang mit Äxten, Sägen . . .), bzw. die ihnen gemäß den traditionellen Rollenbildern nie zugetraut wurden und die ihnen Spaß machen.

Sie haben auch die Möglichkeit, aus den alltäglichen Zwängen, die z. B. durch Schönheitsnormen gesetzt sind, auszubrechen. So schminken sie sich zwar jeden Morgen auch im tiefsten Dickicht, aber sie können es auch zulassen, mal im Fluß zu schwimmen und sich anschließend mit Schlamm zu bewerfen.

Ratschläge (Idealnormen)

Fluß

Bevor man zu einer Schlauchbootfahrt startet, sollten die Gruppenleiter den Fluß kennen bzw. einmal mit dem Auto abgefahren haben.

Es ist wichtig zu wissen:

- welche Flüsse überhaupt infrage kommen (sie dürfen nicht zu tief und gefährlich sein)
- wo man die Boote einsetzen kann
- wo Schwierigkeiten zu erwarten sind (*Wehre*, deren Befahren gefährlich ist; *natürliche Hindernisse*, z. B. umgestürzte Bäume, wo Boote aus dem Wasser gehoben werden müssen – häufiges Umtragen nervt!)
- wie weit Brücken voneinander entfernt sind
- wo Rastmöglichkeiten vorhanden sind
- wo Bademöglichkeiten vorhanden sind (keine gefährlichen Stellen, z. B. Strömungen)
- wo Lagerplätze sind
- wo Endpunkte der Fahrt sein können, d. h. kleine Brükken oder andere Stellen, die wenig belebt sind und Anfahrtsmöglichkeiten für den Bus haben.

Da wir mit zwei Booten fahren, entstehen zwei Bootsgruppen mit je einem Gruppenleiter. Dieses ist der Normalfall. Wenn aber ältere oder erfahrenere Jugendliche alleine in einem Boot fahren, ist unserer Erfahrung nach folgendes zu beachten:

- Das Gruppenleiterboot fährt als letztes
- es müssen markante Treffpunkte (Brücken) abgesprochen werden, wo das erste Boot auf das Gruppenleiterboot wartet. Dabei sollte der Zeitraum nicht zu groß sein.

- das für das Gruppenleben wichtige Material sollte im Gruppenleiterboot verstaut sein (dies gilt insbesondere für das Essen, aber auch für Alkohol).

Lagerplatz

Die Lagerplätze sollten:

- einsam sein
- vom Fluß gut erreichbar sein
- legal sein (was schwierig festzustellen ist)
- Feuerholz in der Nähe haben
- Raum für Bewegungsspiele haben
  in weiterer Entfernung 3–6 km sollte eine Kneipe sein.

Für den positiven Verlauf einer Fahrt sind geeignete Lagerplätze wichtig. Viele Uferbereiche der Flüsse sind absolut ungeeignet (Ackerbau, eingezäunte Grundstücke, Sumpf, Anglergebiete, Wald, Dörfer).

Da die Strömung vom Wasserstand abhängt und deswegen unterschiedlich sein kann, und auch das Durchhaltevermögen der verschiedenen Gruppen differiert, wäre es gut, mehrere Lagerplätze am Fluß zu kennen.

Material/Ausrüstung

Man sollte folgendes Material haben (bzw. sich rechtzeitig zusammenleihen, was erfahrungsgemäß aber immer schwierig und zeitaufwendig ist): Schlauchboote (Vorteile gegenüber Kanus: Schwimmwesten sind unnötig, die Boote können nicht untergehen, die Gruppe bleibt zusammen), Bus, Zelte, Schlafsäcke, Isomatten, Essenskiste, Ponchos, Kocher (wegen Waldbrandgefahr im Hochsommer), Gruppentöpfe. Schlafsäcke und Isomatten sind deshalb wichtig, da unsere Jugendlichen selten eine eigene Ausrüstung haben.

Obwohl im Vorbereitungstreffen darauf hingewiesen wurde, kommen meist einige Jugendliche mit wenig oder mit den falschen Kleidungsstücken. Das ist einmal darauf zurückzuführen, daß sie nur selten zweckmäßige Kleidung besitzen, zum anderen sich auch nicht vorstellen können, was angebracht wäre (2. Hose fehlt, falsche Schuhe, kein Pullover . . .). Der/Die GL sollte deswegen ein paar Kleidungsstücke und Ausrüstungsgegenstände mehr mitnehmen. Dabei kann es nicht darum gehen, die Jugendlichen überzuversorgen, sondern dann einzuspringen, bevor sich jemand eine Lungenentzündung holt, der zuvor samt Klamotten ins Wasser gefallen ist.

Es hat sich auch gezeigt, daß das Verantwortlichkeitsgefühl für Kollektivgegenstände geringer ist als für eigene Sachen. Deshalb sollten die Jugendlichen eigenes Besteck und Geschirr mitnehmen. Obwohl eine Verantwortlichkeit für Gruppenmaterial erstrebenswert wäre, haben wir dies bisher nie erreicht. Die Auseinandersetzung über verdrecktes oder verschwundenes Kollektivgeschirr wurde zeitweilig so bestimmend und verbreitete eine schlechte Stimmung, daß andere wichtige Aktivitäten, wie z. B. Klönen am Lagerfeuer, unmöglich wurden.

So empfiehlt es sich auch, weitere Ausrüstungsgegenstände wie z. B. Fotoapparat, Fernglas, Naturbuch, Taschenlampe, Streichhölzer . . . für den Gruppengebrauch mitzunehmen, aber in der eigenen Tasche zu verstauen.

7. Zusammen leben – zusammen lernen
Selbstorganisiertes Lernen als Abenteuer

Von Willy Klawe und Christina Lust

Der folgende Beitrag schildert den Verlauf eines Ferienseminars, das der Fachbereich Jugendbildung der Volkshochschule Norderstedt gemeinsam mit dem Fachbereich Jugendbildung der Volkshochschule Lübeck in Südschweden durchführte. Am Seminar nahmen je 8 Jugendliche aus Norderstedt und Lübeck sowie die beiden Autoren teil.

In Form und Inhalt unterscheidet sich dieser Beitrag ein wenig von den anderen dieses Buches:

- das hier beschriebene Projekt wurde nicht im Rahmen der offenen Jugendarbeit sondern mit Jugendlichen aus der offenen Jugendarbeit im Rahmen einer Bildungsinstitution durchgeführt. Wir möchten damit zeigen, daß auch im Rahmen von Jugendbildungsarbeit und Lernprozessen erlebnispädagogische Elemente sinnvoll und belebend eingebracht werden können.
- wir haben den Schwerpunkt unserer Darstellung der Beschreibung der Gruppen- und Lernprozesse während des Seminars gewidmet und dazu unser «pädagogisches Tagebuch» herangezogen, das wir während der achttägigen Fahrt geführt haben. In unseren Aufzeichnungen werden die Gruppenprozesse und unsere Überlegungen und Ängste gleichermaßen deutlich.
- in der Reflexion unseres damaligen Tagebuchs und der Verbindung mit dem Alltagskontext unserer Jugendarbeit sind uns Überlegungen wichtig geworden, die sich grundsätzlicher mit der Rolle des Pädagogen in erlebnispädagogischer Arbeit beschäftigen und über den Rahmen unserer Fahrt hinausgehen. Wir haben diese Reflexionen in das Tagebuch eingefügt.

Mit dieser Form der Darstellung möchten wir keine praktischen Rezepte vermitteln, sondern neben der Dokumentation unseres Seminars eher eine pädagogische Reflexion dokumentieren, die auch im Alltag immer ihren Stellenwert haben soll (sollte).

Wie es dazu kam . . .

Die Idee, ein Ferienseminar mit Selbstorganisation durchzuführen, ist aus unserer alltäglichen Bildungsarbeit entstanden. In unseren kurzzeitpädagogischen Wochenend- oder Wochenseminaren stellen wir zwar immer wieder fest, daß erheblich intensivere soziale Lernprozesse ablaufen als im schulischen Unterricht (vgl. Klawe 1979) aber wegen der überwiegend thematischen Orientierung dieser Seminare bleiben diese Gruppenprozesse weitgehend unreflektiert. Darüberhinaus finden Teilnehmerorientierung und Selbstorganisation ihre Grenze sehr schnell in den thematischen «Erfordernissen», die sich aus der Zielsetzung der Veranstaltung ergeben, sowie – jedenfalls häufig – in den örtlichen Rahmenbedingungen der jeweiligen Tagungsstätte mit ihren vorgeschriebenen Mahlzeiten usw.

Obwohl diese Grenzen immer wieder überdacht und erweitert werden können, bleibt häufig die Eigendynamik der Teilnehmer weitgehend ungenutzt für soziale Lernprozesse in der Gruppe. Daraus entstand unsere Idee, eine Lernsituation zu schaffen, die unseren Definitionsspielraum verringert, die Freiräume für die Teilnehmer aber wesentlich erweitert, um in einer reizvollen räumlichen Umgebung wirklich *das* zu lernen, wozu Interesse besteht, *auf eine Weise,* die selbstgewählt ist und Spaß macht.

Daneben sollte auch der gesamte Tagesablauf ganzheitlich von der Gruppe selbst organisiert, gestaltet, bewältigt *und* reflektiert werden.

Dies waren dann auch unsere Voraussetzungen an die Teilnehmer:

- die Bereitschaft, sich als Teil der Gruppe zu sehen und für die acht Tage auf die Gruppe einzulassen,
- die Bereitschaft, aktiv an der Gestaltung der Woche teilzunehmen,

- sowie die Bereitschaft, das eigene Verhalten gemeinsam zu reflektieren.

Welche Themen und Aktionen in welcher Form und welchem Rahmen behandelt werden, sollte jeweils gemeinsam festgelegt werden. Als Hilfen wurde dafür vorab festgelegt:

- daß von der Gruppe ein Gruppentagebuch geführt wird,
- daß jeweils abends eine gemeinsame Tageskritik vorgesehen und
- daß die Lernprozesse des Seminars am Ende in Form eines Produkts vorgestellt werden sollen.

Nachdem es uns über private Kontakte gelungen war, die Unterbringung in einer alten ehemaligen Schule in Ystad/Südschweden zu sichern, stand einer Ausschreibung nichts mehr im Wege.

Zusammen leben – zusammen lernen in Ystad – Südschweden vom 23.–30. 7. 1983

Vom 23.–30. Juli 1983 veranstaltet der Fachbereich Jugendbildung der Volkshochschule Norderstedt zusammen mit der Volkshochschule Lübeck ein Ferienseminar «Zusammen leben – zusammen lernen». In einer überschaubaren Gruppe von Jugendlichen zwischen 16 und 20 Jahren wollen wir dabei in ruhiger Atmosphäre

- unseren Alltag als Gruppe selbst regeln und gestalten
- Entscheidungen zusammen fällen und Konflikte gemeinsam lösen lernen,
- uns selbst im Kontakt mit anderen Jugendlichen erproben und erfahren
- über die Grenzen und Probleme unseres Alltags nachdenken
- verschiedene Lebensformen kennenlernen
- über Themen reden, die uns interessieren

– gemeinsam etwas erleben
– und viel Spaß dabei haben.

Das Seminar findet in der Nähe von Ystad/Südschweden in einer umgebauten alten Schule statt. Die Unterkunft ist einfach (z. T. in Mehrbettzimmern, z. T. in kleinen Zelten) aber damit sind auch unsere Möglichkeiten, selbst etwas zu entwickeln, groß. Wir kochen gemeinsam, Fahrräder stehen für Ausflüge zur Verfügung.

(Auszug aus der Seminareinladung)

Selbstorganisiertes Lernen als Abenteuer – ein Tagebuch

Start

Kam etwas aufgeregt und unruhig am Bahnhof an, 20 Minuten vor der verabredeten Zeit. Dachte, ich wäre allein da, aber alle waren schon da. Gute Stimmung unter den Leuten und das, obwohl es morgens um 4.00 Uhr ist. Die Begegnung mit der anderen Gruppe am Skandinavien-Kai ist ruhig. Zaghafte Wiedersehensfreude vom Vorbereitungstreffen, gemischt mit Skepsis: «Mit denen soll ich eine Woche aushalten?»

Wir entern das Schiff, alles ist voll – Liegestuhlkultur. Erste Reaktion: «Wie lange müssen wir es auf diesem Schiff aushalten?». Dann geht es doch ganz gut, einige sind an den Spielautomaten (die Jungen natürlich!), einige Mädchen haben sich zum Lesen zurückgezogen (erste Cliquenbildung, geht das gut?). Die Jungen sind enttäuscht, der Kontakt zu den Mädchen läuft nicht mehr so, wie es eigentlich noch beim Vorbereitungstreffen aussah. Trotzdem, verhaltene Erwartung. Mir macht es Spaß, auf dem Schiff mit einigen Leuten intensiver zu klönen. Sie als Personen mehr kennenzulernen. Ich hoffe, daß es in Schweden mit möglichst vielen klappt. Ich bin zur Zeit weniger in der Stimmung groß die Gruppenunterhaltung zu machen, als vielmehr in kleinen Gruppen zu arbeiten.

Bilder voneinander

Erlebnispädagogische Projekte ermöglichen gemeinsame Erfahrungen in bisher unbekannten Lernbereichen und Rollen. Jugendliche, die mich bisher nur als Pädagogen/Pädagogin in Bildungsseminaren kennen, stellen fest, daß auch der Alltag vom Abwaschen bis zum Duschen gemeinsam geteilt wird. So erfahren mich Jugendliche in neuen Rollensegmenten und ich erfahre Jugendliche in Lernbereichen, in die ich bisher keinen Einblick hatte. Die ganzheitliche gemeinsame Lebenssituation bei erlebnispädagogischer Arbeit ermöglicht so auch eine ganzheitliche Kenntnis voneinander und eine dadurch abgesicherte Beziehung zueinander. Uns hat diese Erfahrung nachdenklich gemacht. Wie oft beurteilen wir Menschen nach dem Eindruck, den wir nur in einer bestimmten Situation von ihnen haben. Wie oft übertragen wir Eindrücke, die wir nur in ganz kleinen Erfahrungsausschnitten voneinander haben, auf die andere Person. Für uns sollte die Möglichkeit erlebnispädagogischer Arbeit, d. h. des Zusammenlebens und Zusammenlernens, immer wieder eine Möglichkeit sein, uns von Vorstellungen, Bildern, die wir uns machen, zu warnen.

Diese Chance zu nutzen, erfordert unsere Offenheit uns selbst und den Jugendlichen gegenüber. Uns selbst gegenüber müssen wir vor Beginn einer Fahrt offen und ehrlich Rechenschaft ablegen über

- *die «professionellen» meist offenen Erwartungen, Motive, Hoffnungen und Ängste, die wir haben;*
- *die «persönlichen» meist versteckten Erwartungen, Motive, Hoffnungen und Ängste, die wir uns selbst gegenüber und anderen (den Jugendlichen) gegenüber kaum eingestehen (Was erwarte ich persönlich von den Jugendlichen, wie wünsche ich mir die Beziehung zu ihnen, wann fühle ich mich ernstgenommen, wie gut bin ich drauf usw.)*

Den Jugendlichen gegenüber müssen wir beide Erwartungsbündel deutlich machen, nur so haben sie eine Chance, sich dazu in Beziehung zu setzen und in eine Auseinandersetzung mit uns einzutreten.

Ankunft

Sehe das Haus zum ersten Mal. Einfach, aber mit guten Möglichkeiten. Was werden die Jugendlichen sagen: Nur zwei Zimmer, ein Raum mit zwölf Betten. Auf jeden Fall sollen die Jugendlichen erstmal draußen alles abladen, auch damit bei den Zimmern nicht das Faustrecht ausbricht. Nach Ankunft der Jugendlichen entsteht Unruhe. Sie wollen verständlicherweise sehen, wie es drinnen aussieht. Kurze Einführung vom Gastgeber, offen und herzlich. Dann die Zimmerbelegung. Natürlich: Die starke Jungenclique hat mal wieder vorgesorgt und schläft im Vierer-Zimmer, zusammen mit einem Mädchen. Bedenken? – Nein –, es geht hier um eigene Entscheidung und Verantwortung. Die übrigen Jugendlichen richten sich ein, fangen an, es gemütlich zu finden.

Erkundung

Wir beschließen, gemeinsam gleich an den Strand zu fahren, bis auf zwei Leute kommen alle mit. Es gibt kleine Streitereien um die besten Fahrräder. Alle finden die Landschaft toll, aber das Wasser (12 °) ist entschieden zu kalt. Nach Rückkehr in zwei Gruppen werden Grill und Tische draußen aufgebaut. Toll: Fast alle packen mit an.

Beim Essen werden unterschiedliche Standards im Sozialverhalten deutlich: Einige scheinen zu Hause nur bedient zu werden, tun sich schwer, mitanzufassen (tun es dann letztlich aber doch!). Andere sind von panischer Angst befallen, nicht genug zu essen zu kriegen: Nicht zufällig betreuen bestimmte Jugendliche immer wieder den Grill. Am Ende, gemütliche ruhige Stimmung im Schlafraum, ein bißchen Gitarre. Einige stöbern in der reichhaltigen Bibliothek des Hausherrn.

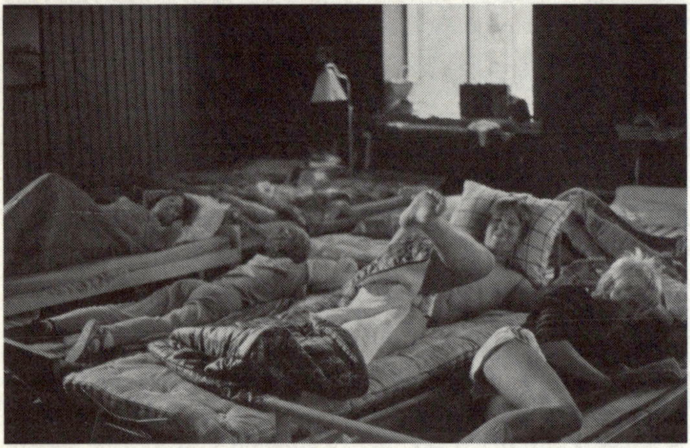

Anfangsphase

Die Voraussetzungen für diese Woche sind bei den einzelnen Teilnehmern sehr unterschiedlich. Jetzt in der Anfangsphase wird noch einiges (mit grummelndem Magen) hingenommen. Es kommt darauf an, möglichst schnell aus den Einzelpersonen und Cliquen eine Gruppe zu machen, die dann Konflikte auch trägt. Idee: Am nächsten Abend einige Spiele zum Kennenlernen zu machen, damit die Leute vertrauter werden. Vielleicht auch dann einige größere Kooperationsaktionen. Überraschend für mich ist, wie unkompliziert (noch?) alles läuft: Es finden sich schnell Leute für die Aufgaben, für das Tagebuch usw.

Zu Beginn einer Fahrt steht das Interesse der Jugendlichen im Vordergrund, sich gegenseitig kennenzuler-

nen. Zugleich wird – soweit nicht von außen oder durch Vorabsprachen festgelegt – unmerklich ein System von Gruppenregeln und Regeln des Umgangs miteinander festgelegt. Die Aufgabe des Pädagogen in dieser Phase ist, eine Beteiligung aller an diesem Prozeß des Aushandelns zu ermöglichen und Strukturen anzubieten, die dem «Recht des Stärkeren» entgegenwirken. Sonst kann es leicht passieren, daß einzelne oder eine kleine Clique frei nach dem alten Wildwestmotto «Er war einsam aber schneller» Strukturen schafft, die andere von weiteren Gruppenaktivitäten ausschließen.

2. Tag

Aufstehen

Am Morgen haben die beiden, die das Frühstück übernommen haben, verschlafen, andere springen spontan ein. Eine Minute nach neun können wir mit dem Frühstück beginnen. Manchen fällt es schwer, Rücksicht auf andere zu nehmen, die später kommen und auch noch essen wollen. Statt – wenn kein Kaffee mehr da ist – neuen Kaffee zu machen, wird dann lieber Tee getrunken usw. Der Einkaufsplan und

der Tagesverlauf wird nochmal abgestimmt. Eine Gruppe will eine Fahrradtour ausarbeiten, um das Gelände zu erkunden. Die anderen fahren zum Einkaufen. Beim Einkaufen stellen wir fest: Schweden ist irre teuer hier, werden wir mit dem Geld auskommen?

Während die eine Gruppe einkauft, macht die andere Gruppe einen Radausflug in die Stadt. Wir sehen uns verschiedene Sachen während der Durchfahrt an, haben aber keine Lust irgendwelche Sehenswürdigkeiten anzusehen. Die Suche nach einem kleinen Fischereihafen ist erfolglos, es existiert nur ein etwas ödes Industriegebiet mit Fährstationen. Der Ausflug ist noch keine rechte Gruppenaktion, einige Leute fahren zusammen, andere einzeln. Ich bin mir unsicher, inwieweit sich verschiedene einzelne bisher in der Gruppe wohlfühlen.

Fahrradtour

Kurz vor 12.00 Uhr kommen wir endlich los (wieder kurzer Streit: «Mein» Fahrrad). Die Landschaft ist toll und eindrucksvoll, geht aber bergauf – bergab. Einige fangen an zu stöhnen (aber nicht die auf den kleinen Rädern). Manche fahren wie Sau (nicht ungefährlich), endlich am See, kurz vorher fällt einer der Teilnehmer über die mitgenommenen Getränke her – Protest von allen Seiten. Wieder das Problem Sozialverhalten, wird hier aber von den Teilnehmern untereinander gut reguliert.

Am See angekommen, wird gleich gebadet oder gegessen, einige gehen nicht ins Wasser, sind ruhig (erschöpft oder genervt), andere haben Spaß, toben rum. Nach etwa einer Stunde verschwindet die Hälfte der Gruppe, natürlich mit den besten Rädern und unserem Flickzeug. Will zurück, (wir haben Durst!) und uns an der Ostsee wiedertreffen. Wir fahren wenig später die ausgearbeitete Route, häufiger Wechsel der Räder, gute Rücksichtnahme, auch nach mehrmaliger Panne. Große Hilfsbereitschaft. Schließlich hilft es nichts, wir müssen eine Stunde zu Fuß gehen, lassen die Jugendlichen zur Ostsee vorfahren. Die andere Gruppe treffen wir nicht. Einige sind echt sauer.

Zurückgekommen finden sich spontan Leute zum Feuermachen, Radreparieren, Kochen und Brotbacken. Alle sind beim Kochen engagiert dabei, es sind nur Jungen. Kommentar eines Jugendlichen: «Wenn mich meine Mutter so sehen würde, die würde aus dem Staunen nicht rauskommen.» Das Essen gelingt prima, alle sind zufrieden. Das Abwaschteam macht die Küche sauberer als vorher.

Tageskritik

Am Abend kommen wir, wie verabredet, zur Tageskritik zusammen. In der Kritik kommt der Tag ganz gut weg, angesprochen von den Teilnehmern wird die Teilung der Gruppe während der Fahrradtour, das Rauchen in den Schlafräumen (entgegen der Absprache) und die hügelige Landschaft. Die gemeinsame Planung wird nur angerissen, Vorschläge: Vormittags in kleinen Gruppen, nachmittags Geländespiel, abends thematische Arbeit.

Gruppenkonflikte

Die vielfältigen Gruppenprozesse und -konflikte während der Woche sind im wesentlichen von der Gruppe selbst thematisiert worden. Es bedurfte dazu nicht pädagogischer Appelle, sondern der Zwang zumFunk-

tionieren war auch ein Zwang für die einzelnen Jugendlichen, sich der Situation zu stellen und Stellung zu beziehen. So findet im Rahmen erlebnispädagogischer Arbeit soziales Lernen durch das Zusammenleben und daraus entstehende Verbindlichkeiten, nicht durch künstlich hergestellte (gruppendynamische) Übungssituationen statt. Pädagogen/-innen müssen hierfür allerdings Bedingungen schaffen, d. h.

- *gemeinsame Gruppentermine für solche Gespräche vorsehen*
- *eine entspannte Atmosphäre fördern, die jedem Jugendlichen ermöglicht, angstfrei seine Sichtweise einzubringen*
- *als Pädagoge ebenso – als gleichberechtigtes Gruppenmitglied – die eigene Sichtweise einzubringen und sich selbst zur Diskussion zu stellen.*

3. Tag

Stimmung

Das Wetter ist wieder gut, wir schaffen es heute mit Einsatz des gescheiterten Frühstücksteams von gestern, kurz nach 9.00 Uhr zu frühstücken. Nach dem Frühstück starten die kleinen Gruppen nach Ystadt zum Einkaufen und zur Behörde wegen des Angelscheins. Gegen 13.30 Uhr starten wir an den Strand, um das Geländespiel zu machen. Die anderen treffen wir nicht. Einige aus der Gruppe, und auch ich, sind frustriert darüber, daß es wieder die gleichen sind, die sich schon gestern abgesetzt haben. Nach einer Stunde Wartezeit beginnen wir mit dem Spiel. Erst einige Unsicherheiten: «Was soll das, wie läuft das?». Dann gelingt aber der Einstieg ganz gut. Mich erstaunt, was so alles rauskommt, was auch die «Stillen» einbringen. Eine Sequenz, wo es um die Eigenschaften der Gruppenmitglieder geht, wird erstaunlich offen bewältigt. Insgesamt habe ich das Gefühl, daß uns das Spiel etwas vertrauter gemacht hat. Die Auswertung geht dann etwas flöten, weil die anderen inzwischen da sind, und kaum einzubeziehen sind. Latent besteht auch einige Spannung zwischen den Gruppen, weil es so scheint, als haben sich die anderen um das Spiel gedrückt. Sie versuchen es mit einem «Angriff nach vorne». Ich ärgere mich, weil es wieder die gleichen sind, die diese Masche reiten. Ich bin gereizt und werde etwas lauter. Zu dem Ganzen konfrontieren sie uns auch noch damit, daß sie abends statt der Kleingruppenarbeit in die Disco wollen.

Abendessen

Nach dem Abendessen wird der Tag besprochen. Das Geländespiel fanden alle gut, die zweite Gruppe bedauert nicht dabeigewesen zu sein. Deren Abwesenheit wird auch bemängelt. Für den Abend wird folgende Einigung gefunden: Wir beschäftigen uns mit der Tondiaserie zum Thema «Frieden» und beginnen die für abends geplante Konstituierung der Gruppenarbeit erst morgen vormittag, so sind auch die Disco-Freunde befriedigt.

Beschlüsse und Entscheidungen

Wir haben bei uns festgestellt, daß wir stark mittelschicht-orientierte Sichtweisen von Gruppenprozessen und Gruppenentscheidungen haben. Diese drücken sich in der Tendenz aus, Gremien, wie einen Lagerrat, eine Vollversammlung u. ä. zu schaffen. Nach unseren Erfahrungen stellen solche Gremien häufig nur eine äußere Hülle dar, in denen sich die an unsere schichtspezifischen Entscheidungsmechanismen nicht gewohnte Jugendliche kaum einbringen können. Von diesen Jugendlichen werden die Entscheidungen auf ganz andere Weise getroffen: Durch Wegbleiben, Nebengespräche, Provokationen usw. Für uns stellt sich die Frage, mit welchem Recht wir unsere schichtspezifischen Mechanismen aufzwingen. Wir müssen lernen, die Aktivitäten der Jugendlichen zu verstehen, wie sie gemeint sind: Nicht als Störaktion, sondern als andere Form, Interessen und Entscheidungen mitzuteilen. Unsere Aufgabe ist es, die Lebenswelt der Jugendlichen mit ihrer inneren Logik ernst zu nehmen.

Diskussion

Vor Beginn der Diavorführung bin ich etwas genervt, durch Abwaschen usw. verschiebt sich der Beginn um 25 Minuten. Dann, um 21.15 Uhr, beginnt endlich die Vorführung. Die anschließende Diskussion ist erstaunlich intensiv und zeigt die Betroffenheit bei vielen in der Gruppe. Vielleicht ist es gelungen, für die morgige Gruppenarbeit zu motivieren. Der restliche Abend verläuft ruhig und harmonisch. Gespräche in kleinen Gruppen, einige sind in der Disco, andere wollen zum Nachtangeln. Ab 24.00 Uhr ist alles ruhig. Mich erstaunt die Offenheit von einigen Leuten, aber auch, wie sich mein Bild von ihnen ändert.

4. Tag

Das Frühstück ist inzwischen eingespielt und läuft wieder gut. Wir verabreden uns um 10.30 Uhr im Plenum, vorher werden Einkauf und Abwasch erledigt. Tatsächlich schaffen wir es, pünktlich mit der Arbeit anzufangen. Nach kurzer Einführung über das Ziel der Gruppenarbeit, nämlich:

- Erarbeitung des selbstgewählten Themas
- Vorstellung in der Gruppe am Freitagvormittag
- Erstellung von zwei bis drei Seiten für die Zeitung

erfolgt die Gruppeneinteilung. Es bilden sich insgesamt vier Gruppen:

- eine Arbeitsgruppe «Frieden»
- eine Arbeitsgruppe «Zukunft»
- eine Arbeitsgruppe «Wohn- und Lebensformen» (Stadt/Land)
- eine Arbeitsgruppe «Wohn- und Lebensformen» (Kleinfamilie oder Wohngemeinschaft).

Wir halten beide eine kontinuierliche Betreuung der Gruppen für sinnvoller und zugleich befriedigender für uns und übernehmen deshalb jeder zwei Gruppen, um sie zu beraten und bei der Arbeit mit den Materialien zu betreuen.

Die *Arbeitsgruppe «Frieden»* will zunächst für sich klären, was sie unter Frieden versteht und Fragen zur Aufrüstung entwickeln. Die Ergebnisse ermöglichen eine Gliederung in:

- Voraussetzungen für den Frieden,
- Wege dorthin,
- Ziele von Friedensbewegungen.

Die Gruppe formuliert als erstes Arbeitsergebnis ihre Definition von Frieden, die anderen Definitionen, z. B. denen der Politiker, gegenübergestellt werden sollen.

Die *Arbeitsgruppe «Zukunft»* hat, als ich in die Gruppe komme, bereits einen Plan entwickelt: Es sollen die Teilnehmer nach ihren Zukunftswünschen und Ängsten befragt und diese Ergebnisse wissenschaftlichen Prognosen gegenübergestellt werden. Ihre Angstphantasien wollen sie als Pantomime darstellen.

Die *Arbeitsgruppe «Wohnen (Stadt/Land)»* hat zunächst einige Ideen, wie sie an das Thema herangehen will. Es fällt dann aber etwas schwer klarzukriegen, welches Ziel eigentlich damit verfolgt werden soll. Unterschiedliche Interessen werden deutlich: Einige wollen das Leben in der Stadt mit dem auf dem Lande vergleichen, andere mehr den Schwerpunkt auf das «Wie» des Wohnens legen. Langsam schält sich eine Struktur heraus:

- Vergleich der Möglichkeiten Stadt/Land
- Interview mit unseren Gastgebern
- Eigene Lebens- und Wohnvorstellungen auf diesem Hintergrund.

Die Arbeitsgruppe *«Wohnen – Kleinfamilie/Wohngemeinschaft»* entscheidet sich, sich zunächst über die eigenen Erfahrungen mit der Kleinfamilie zu unterhalten. Im zweiten Schritt soll der Vergleich von Kleinfamilie und Wohngemeinschaft (was läuft dort gut, was weniger gut?) geleistet werden. Im dritten Schritt will die Gruppe erarbeiten, für welche Wohn- und Lebensformen sie sich entscheiden würde.

Strukturierung

Die beschriebenen Prozesse, während unseres Seminars «Zusammen leben – zusammen lernen», sind entstanden aus einer Mischung von Strukturangeboten durch uns und Selbstorganisationen durch die Gruppe. Wir haben die Erfahrung gemacht, daß strukturlose Situationen von den Jugendlichen nur mit Rückgriff auf bekannte Verhaltensmuster gefüllt werden können. D. h., daß ein völliger Verzicht auf Strukturvorgaben unsererseits keine wesentlichen neuen Erfahrungen außer der der Strukturlosigkeit ermöglicht. Für uns ist eine wichtige Erkenntnis, daß Herrschaftsfreiheit nicht gleichbedeutend ist mit einer Freiheit von Strukturen, sondern daß wir die Strukturen, die wir setzen, als Angebot verstehen sich einzubringen mit der Möglichkeit, diese Strukturen auch immer wieder zu verändern. Kontrasterfahrung im Hinblick auf Strukturen heißt für uns nicht Strukturfreiheit, dies wäre unrealistisch und nur scheinbar eine Offenheit, sondern Kontrasterfahrung heißt in diesem Zusammenhang für uns, den Jugendlichen die Erfahrung zu ermitteln, daß sie durch Auseinandersetzung mit vorfindbaren Strukturen, dadurch, daß sie sich ganz persönlich zu diesen Strukturen in Beziehung setzen müssen, prüfen, welche Elemente ihren Interessen entgegenstehen und welche nicht und versuchen, die sie behindernden Strukturmerkmale zu verändern. Nur so erreiche ich politisches Lernen, das auch eine Bedeutung für die Alltagsrealität der Jugendlichen hat. Strukturfreie Räume, die den Jugendlichen während einer Ferienfahrt oder eines Seminares Inseln der Freiheit bescheren, erzeugen bei Rückkehr in die Alltagsrealität nur Frust und sind kaum geeignet, konstruktive Handlungsmöglichkeiten zur Auseinandersetzung mit beherrschenden Strukturen zu ermöglichen.

Freizeitaktivitäten

Ab mittags sind dann Kleingruppenaktivitäten vorgesehen.

– Eine Fotoexkursion nach Ystad.

– Zum Strand fahren.
– Aquarell malen.

Schön finde ich, daß sich die Gruppen wirklich interessenbezogen mischen und Cliquen sich nach und nach auflösen. Am Spätnachmittag treffen sich viele am Strand wieder. In den Kleingruppenunternehmungen sind gute und intensive Gespräche möglich.

Gruppenstrukturen

Nachdem wir aus dem zeitlichen Abstand heraus unser pädagogisches Tagebuch betrachtet haben, ist uns aufgefallen, daß wir sehr stark die Vorstellungen im Kopfe hatten, daß die Gruppe zu einer gemeinsamen Großgruppe, die cliquen- und wohnortsübergreifend ist, zusammenwächst. Jetzt aus der Distanz stellen wir uns die Frage, warum wir eigentlich eine Zielsetzung dieser Art anstreben. Ist es nicht viel wichtiger, die Jugendlichen in den Gruppierungen und Cliquen zu lassen, in denen sie sich wohlfühlen und in denen sie, weil sie sich wohlfühlen, auch neue Erfahrungen machen können? Andererseits haben wir auch immer wieder festgestellt, daß diese Gruppierungen und Cli-

quen eigene Normen und Tabus entwickeln. Oft ist es notwendig, auch hier Kontrasterfahrungen zu ermöglichen. Ein Weg dazu könnte die Mischung der Gruppen und die Herstellung neuer Gruppenzusammenhänge sein. Aber immer wieder wird zu prüfen sein, inwieweit wir nicht hier auch unsere Maßstäbe von Gemeinsamkeit und Gruppengefühl unzulässigerweise auf die Jugendlichen übertragen.

Das Abendessen verspätet sich um 1½ Stunden, die beiden Mädchen sind über 2½ Stunden dabei, für uns Paprikaschoten zu machen. So kommen wir etwas später als geplant, um 20.15 Uhr, zur Arbeit zusammen, um das Thema «Zukunft» zu behandeln. Wir steigen ein mit der Frage «Was fällt mir zu meiner persönlichen Zukunft ein, wie sehe ich die Zukunft in Umwelt und Gesellschaft?». Die Antworten fallen für uns überraschend sehr reichhaltig aus. Die anschließende Diskussion ist intensiv und zum Teil heftig kontrovers. Es geht um die Realisierbarkeit selbstbestimmter Arbeit, erwünschte Lebensformen und Familienbeziehungen. Aktiv beteiligt ist über die Hälfte der Gruppe. In der anschließenden Kleingruppenarbeit werden die Teilnehmer aufgefordert, sich Gedanken darüber zu machen, wie sie in der Zukunft ihre Energie verteilen wollen. Einige Gruppen schließen dieses Thema sehr schnell ab, andere diskutieren bis tief in die Nacht hinein.

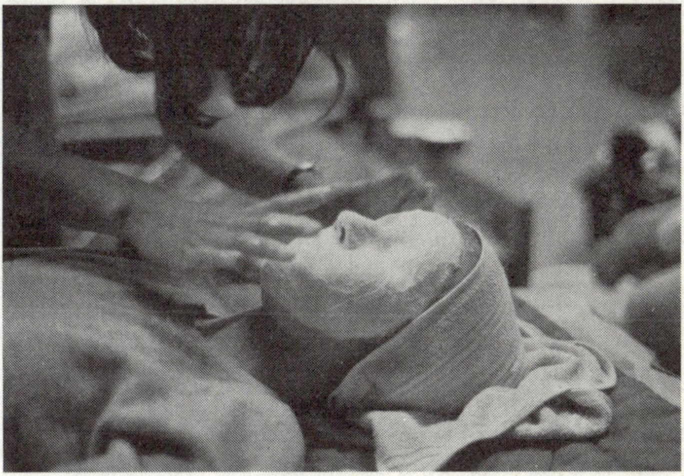

Das Angebot im Anschluß daran: Bei Interesse Gipsmasken zu machen, stößt – da unbekannt – erst bei etwa 10 Teilnehmern auf Interesse, nachdem ich mich als Versuchskaninchen zur Verfügung gestellt habe. Diese Aktion dauert zum Teil mit viel Spaß bis 23.30 Uhr, dann gehen einige noch an den Strand und wollen dort übernachten. Mitten in der Nacht starten einige noch eine Tischtennisrunde.

5. Tag

Etwas verspätet startet das Frühstück, einige sind noch recht unausgeschlafen. Nach dem Frühstück wird gemeinsam die Planung für den Tag vorgenommen.

- Besprechen der auf der Wandzeichnung vom Vortag aufgeführten Aktivitäten. Wir einigen uns auf ein Tischtennisturnier und ein Geländespiel.
- Die Arbeitsgruppen sollen bis zum Mittag stattfinden.
- Abends ist eine Gruppenaktion zum Thema «Wohnen und Umwelt» vorgesehen.
- Verschiedene Kleingruppenaktivitäten am Nachmittag: Einige wollen in die Stadt, andere bleiben zu Hause und wollen schlafen. Die meisten fahren an den Strand.

Themenbezogene Arbeit

Die Arbeitsgruppe «Wohnen (Stadt/Land)» kommt langsam in die Gänge. Wir klären nochmals gemeinsames Vorgehen. Schwerpunkt soll auf die eigene Wohnvorstellung gelegt werden. Anfängliche Überlegungen, Wohnen in Stadt und auf dem Lande intensiv zu vergleichen und unsere Gastgeber zu befragen, werden fallengelassen.

Die Arbeitsgruppe «Wohnen – Kleinfamilie/Wohngemeinschaft» arbeitet sehr intensiv. Die Teilnehmer haben einiges über Wohngemeinschaften und Kritik an der Kleinfamilie in den mitgebrachten Büchern gelesen und diskutieren engagiert über die Probleme in der Kleinfamilie (Rollenverteilung usw.). Einige Teilnehmer sind eher in der Lage, von ihren eigenen Erfahrungen zu sprechen, halten bei theoretischen Diskussionen weniger gut mit, sind aber trotzdem an der Gruppe beteiligt.

Die Arbeitsgruppe «Frieden» tut sich schwer, wieder einzusteigen. Zum Teil besteht ein Widerstand gegen das Thema. Ich versuche trotzdem, kurz in die Texte einzuführen und will bei der Planung helfen. Von der Gruppe kommt jedoch kaum etwas. Ich gehe.

Die Arbeitsgruppe «Zukunft» ist kreativ, malt Bilder, wie sie sich die Zukunft vorstellt. Die Aktivität dieser Gruppe versöhnt mich etwas mit dem Frust in der anderen Arbeitsgruppe.

Gruppengefühl

Ich habe das Gefühl, daß inzwischen so etwas wie eine Gruppenidentität entstanden ist, jeder macht was mit jedem, wenn auch einzelne immer wieder von der Gruppe wegen ihres unsozialen Verhaltens rangekriegt werden müssen. Trotz der sehr unterschiedlichen Leute gibt es keine größeren Konflikte, im Gegenteil, zwei aus dem kleinen Zimmer sind jetzt noch mit in den großen Schlafraum gezogen, der bis spät in die Nacht eine Art «Kommunikationszentrum» ist. Mich freut besonders, daß viele die von uns mitgebrachten, aber auch hier reichlich vorhandenen Bücher zu den Themen lesen. Ich vermute, daß viele von den Jugendlichen sonst solche Bücher nicht in die Hand nehmen würden. Habe mich gestern wieder mit zwei Jugendlichen angelegt, weil mal wieder sie, wie schon bei anderen Seminaren, den Bogen überziehen und machen, was sie wollen. Habe mich dann auch wieder über mich geärgert, weil ich emotional reagiert habe, statt reflektiert mein Mißfallen auszusprechen. Bin immer wieder enttäuscht davon, wie stark Jugendliche von ihren Schulerfahrungen her unfähig sind, eigene Kritik und Bedürfnisse zu artikulieren. Manchmal frage ich mich, ob das Konzept von Bedürfnisorientierung nicht zu hoch angesetzt ist.

Rolle des Pädagogen

In diesem Zusammenhang stellt sich die Frage nach der Rolle des Pädagogen ganz grundsätzlich. Immer wieder ist es für uns enttäuschend, zu sehen, daß Angebote von uns von den Jugendlichen nicht angenommen werden. Immer wieder sind wir vor die Frage gestellt, wie wir mit solchen Frustrationen umgehen. Es ist u. E. wichtig, zu erkennen und zu unterscheiden, zwischen meinem Leben als Pädagoge und ihrem Leben als Jugendliche und sich die Frage zu stellen, mit welcher Berechtigung ich versuche, meine, d. h. die von mir für wichtig erachteten Gesichtspunkte, Fragen und Lösungen auf sie zu übertragen. Immer wieder bin ich gezwungen zu lernen, den anderen sein Leben

leben zu lassen. Das bedeutet, auch wenn es an dieser Stelle sehr abstrakt klingt, in gegenseitiger Achtung miteinander umzugehen, ohne die jeweils eigene Position aufzugeben. Dieses Selbstverständnis reibt sich sehr häufig im Alltag mit der pädagogischen Aufgabe und Verantwortung. Aber ich muß deutlich erkennen, daß ich Jugendlichen bestenfalls Reflektionsangebote machen kann, Fragen an sie stellen kann, die ihnen helfen, ihre Situation auch «von außen» zu betrachten.

Im Rahmen unserer Jugendarbeit stellen wir immer wieder fest, daß Beziehungen und die Zugehörigkeit zu ihrer Clique für Jugendliche eine größere Bedeutung haben, als themenbezogene Angebote. Das widerspricht häufig unserer themenbezogenen Angebotsstruktur. Konflikte sind vorprogrammiert, denn die Jugendlichen entscheiden sich für Themen und Aktivitäten nicht in erster Linie aufgrund von Interessen, sondern aufgrund von Beziehungen (wer macht mit, wie komme ich mit dem Jugendarbeiter klar usw.). Für uns bedeutet das, daß wir in erster Linie Beziehungsarbeit leisten müssen, denn nicht Methoden und Angebote, sondern unser «Draht» zu den Jugendlichen entscheidet über das Gelingen unserer Arbeit.

Wichtige Kriterien für die Gestaltung unserer Beziehung zu den Jugendlichen sind unserer Meinung nach:

- *OFFENHEIT, d. h. selbst Stellung beziehen und sich selbst der Kritik stellen (Orientierung bieten)*
- *GLEICHWERTIGKEIT von «Geben» und «Nehmen» und UMKEHRBARKEIT der Beziehung (Kritik und Lernen erfolgt gegenseitig und voneinander)*
- *ECHTHEIT, d. h. in Übereinstimmung mit sich selbst und den eigenen Werten, Normen und Gefühlen handeln*
- *PARTEILICHKEIT (1)*

6. Tag

Einstieg

Am Morgen wird nochmal verabredet, daß die Gruppen bis abends 18.00 Uhr ihre Ergebnisse an die Zeitungsgruppe geben sollen, ihnen aber überlassen bleibt, wann sie ihre Ergebnisse zu Papier bringen. Weil das Wetter nicht optimal ist, tagen die meisten Gruppen am Vormittag und entwikkeln ungeahnte Aktivitäten. Nachmittags backen einige, begleitet von den Kommentaren der anderen, die am Nebentisch ihre Gruppenergebnisse auswerten. Ein Pärchen fährt an den Strand, jetzt kurz vor Ende der Woche nehmen sie zaghaft Kontakt zueinander auf. Eine Kleingruppe ist dabei, ein gruppenbezogenes Geländespiel zu entwickeln. Die Gruppe ist allerdings etwas frustriert, weil sie keine schöne Route findet. Wir beschließen gemeinsam, das Spiel auf morgen zu vertagen und fahren statt dessen noch kurz an den Strand.

Abendessen

Zum Abendessen gibt es auf besonderen Wunsch der Gruppe arabischen Mandelreis. Schon bei dem Vorberei-

(1) vgl. hierzu Peick, P./Klawe, W.: Selbsthilfe für Helfer, München 1981, S. 97 ff.

tungstreffen hatte eine Teilnehmerin durchblicken lassen, daß sie sich vorwiegend vegetarisch ernährt, das hatte bei den anderen Jugendlichen großes Interesse hervorgerufen und schon damals war vereinbart worden, daß es eine Mahlzeit nur vegetarische Küche geben sollte. Schon lange vor diesem Abendessen riecht es in der Küche orientalisch und für einige fremd. Nach fast 3 Stunden Arbeit in der Küche gibt es dann endlich was. Auch die Skeptiker sind nicht abgeneigt. Einige meinen allerdings, das feingewürzte Gericht mit Curryketchup versauen zu müssen. Ab 20.30 Uhr tagt die Redaktionsgruppe, an der fünf Jugendliche teilnehmen. Die Beobachtung, daß da was läuft, und die gezielte Ansprache einzelner Leute führt zu reger Beteiligung. Zeitweilig sind bis zu zehn Leute an der Redaktion der Zeitung beteiligt. Um 22.30 Uhr ist die Zeitung im Umfang von 25 Seiten fertiggestellt. Alle sind zufrieden, liegen zum Teil auf ihren Betten und blättern in dem eigenen Werk. Als wir hochkommen, ist die Gruppe bereits dabei, die am Nachmittag gebackenen Brote zu verspeisen. In gemütlicher Runde werden nochmal Ereignisse des Tages und Konflikte angesprochen. Um 0.30 Uhr nachts fallen wir müde ins Bett, was einige nicht davon abhält, noch um 2.00 Uhr nachts Musik zu hören und Tischtennis zu spielen.

ERGEBNISSE DER ARBEITSGRUPPE WOHNEN (STADT/LAND)

Wir wollten herausfinden, welche Vorteile das Stadt- bzw. Landleben hat, um dann für uns selbst herauszufinden, wie wir später leben wollen. Wir erzählten aus eigenen Erfahrungen und verglichen dann beide Seiten miteinander.

Stadtleben	*Landleben*
großes Freizeitangebot	*Naturnähe*
billige Einkaufsmöglichkeiten	*mehr persönliche Kontakte*
	ruhiges Leben
großes Arbeitsangebot	*gesundes Leben möglich*
gute Verkehrsmöglichkeiten	*mehr Eigeninitiative*
gut ausgebautes Dienstleistungsnetz	*eigener Hausbau möglich*
	geringe Schadstoffbelastung
gute Bildungsmöglichkeiten	*Individualität möglich*

Später diskutierten wir die Frage, wie wir selbst leben wollen, und zwar in Bezug auf

- *Wohnung*
- *Ort: Stadt/Land*
- *mit Leuten/allein*

Ergebnisse:

WOHNUNG:

- *sinnvolle Energienutzung (Sonnenkollektoren, viele Fenster im Süden, Fußbodenheizung)*
- *keine hohen Räume (wegen Verlorenheit)*
- *umweltfreundliche Baumaterialien (kein Beton, Holz, Stoff, Bequemlichkeit)*
- *mit Pflanzen bauen (Berankung, Windschutz)*
- *Penthouse (Abgeschlossenheit, Dachgarten, Möglichkeit zum Kamin)*
- *Bauernhof/Tiere (Gesellschaft haben)*

ORT: STADT/LAND

- *Land (Wichtig: gute Versorgung, Verbindung zur Stadt durch öffentliche Verkehrsmittel)*
- *Alternative Kleinstadt oder Stadtrand*
- *Penthouse (Stadt)*

Mit LEUTEN/ALLEIN

- *in erster Linie allein: Erfahrungen machen, mit sich allein auskommen können*
- *danach mit Leuten (z. B. WG) 4–8 Leute, die voneinander lernen*
- *zu zweit (Vorteil: nicht soviel Hektik, man kann besser durchsetzen, was man will)*

Diese Punkte sind alles nur grobe Vorstellungen von unserem späteren Leben, weil wir uns wohl alle noch keine so konkreten Vorstellungen von unserem Wohnen in Zukunft gemacht haben, daß wir das alles so exakt auflisten könnten.

ERGEBNISSE DER AG WOHNFORMEN

Für uns stellen sich als Alternativen dar:

Wohngemeinschaft	*traditionelle Kleinfamilie*
Vorteile: – *wirtschaftlich günstig* – *Entlastung von der Hausarbeit bei bestimmten Phasen (Prüfungen usw.) möglich* – *gleiche Generation* – *viele gleiche Interessen* – *keine so starke Rollenverteilung, Lösen von anerzogenen Rollen* – *Erziehung zur Selbständigkeit, Vorbereitung zum Alleinleben*	*Rückhalt im sozialen wie auch im wirtschaftlichen Bereich, Unterstützung bei Persönlichkeitsentwicklung und Problemen, Entlastung von der Hausarbeit*

– *Nachteile:*

– *Paarbildung kann das Gemeinschaftsgefüge belasten*

– *die soziale Verantwortung für die Mitglieder und die Gruppe ist nicht so groß, da kein verwandtschaftliches Verhältnis besteht*

Nachteile:

– *Kinder sind bei berufstätigen Eltern oft allein*

– *jeder geht seinen eigenen Interessen nach*

– *feste Rangordnung, feste Rollenteilung*

– *Generationsunterschiede führen zu Spannungen*

– *Da wir auch eine WG auf Zeit darstellen, fanden wir es interessant, unsere hier gemachten Beobachtungen auf unsere Ergebnisse zu beziehen.*

– *Trotz gleicher Altersstufe fielen uns starke Interessenunterschiede auf (z. B. unterschiedliche politische Einstellungen). Aufgrund der kurzen Zeit besteht einfach nicht die Möglichkeit, intensive Beziehungen einzugehen, was zur*

Folge hat, daß die soziale Verantwortung den anderen Gruppenmitgliedern gegenüber nicht sehr groß ist. Dies ist besonders zu beobachten bei Erledigung praktischer Arbeiten für alle wie einkaufen, abwaschen, Bad reinigen. Erschwert wurde die gleichberechtigte Ausführung dieser Arbeiten zusätzlich noch durch das anerzogene Rollenverhalten. Mädchen erklärten sich z. B. oftmals unbewußt eher zur Hausarbeit bereit, während Jungen sich mehr um die typisch männlichen Arbeiten wie Feuer machen kümmerten (Ausnahmen bestätigen auch hier die Regel).

- *Tendenzen zur Veränderung dieses Rollenverhaltens konnten wir nicht beobachten. Wir glauben aber für uns wichtige neue Erfahrungen gemacht zu haben (z. B. Verbesserung der Anpassungsfähigkeit, Übung zu Rücksichtnahme und Toleranz).*
- *Einige sehen – mit einem Wort – ihre Zukunft viel klarer, z. B. in Richtung Wohngemeinschaft.*

7. Tag

Heute ist das Wetter grau mit Nieselregen. Wir schaffen gerade noch, im Trockenen draußen zu frühstücken. So fällt es allen leicht, um 10.45 Uhr zum Plenum zu kommen. Die Berichte aus den Arbeitsgruppen lösen ganz gute Diskussionen aus, auch weil die Gruppen ganz kreativ sind.

Thema «Wohnen»

Bezüglich der Wohn- und Lebensformen bevorzugen viele eine Kleinstadt oder ländliche Gebiete in der Natur, vor allem wegen der engeren persönlichen Kontakte, deren Mangel in der Stadt von allen betont wird.

Die zweite Gruppe hat sich mit dem Vergleich «Kleinfamilie und Wohngemeinschaft» beschäftigt. Wir diskutieren vor allen Dingen, welche Erwartungen die Jugendlichen an eine Wohngemeinschaft haben und welche Erfahrungen in ihren Familien. Dieser Teil endet mit einigen Rollenspielszenen zum Vergleich «Familie und Wohngemeinschaft».

Thema «Zukunft»

Kurz trägt die Gruppe fünf Zukunftsprognosen vor. Die Arbeitsgruppe hat eine eigene Zukunftsvision als Pantomime inszeniert: Ein diktatorischer Herrscher hält seine Untertanen in Abhängigkeit und verabreicht ihnen Pillen, die ruhigstellen. Das Bild dieser Gesellschaftsform ist grau und düster. Durch die Träume der Untertanen bricht ein freundliches Bild durch, der Tyrann wird gestürzt. In der Diskussion steht im Vordergrund, was jeder einzelne für seine Zukunft tun kann. Am Beispiel «Schule» arbeiten wir heraus, daß Veränderung:

- Mut erfordert (aus der Gruppe heraustreten),
- Kommunikation dafür notwendig ist (ich erfahre, daß andere in ähnlicher Situation sind wie ich),
- Gemeinsamkeit Kraft gibt.

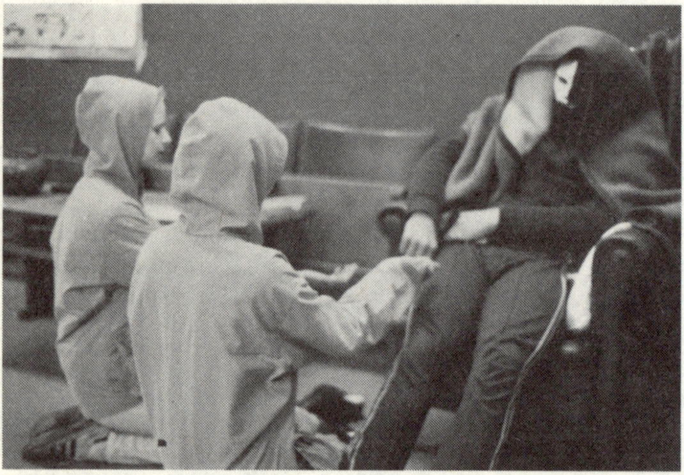

Uns wird klar: Die Zukunft beginnt heute. Was wir heute tun, prägt das, was wir morgen leben.

Thema «Frieden»

Kontrovers diskutiert wird die Frage, «Ob der Mensch zum Frieden fähig ist». Zutage kommen zwei konträre Menschenbilder: Der Mensch ist von Natur aus gut oder schlecht, je nachdem wird die Erziehung als Möglichkeit von Änderungen unterschiedlich eingeschätzt.

Ich bin mit der Auswertung der Gruppenergebnisse sehr zufrieden. Die Diskussion war intensiver als vermutet, obwohl einige doch ganz schön müde sind. Wir beschließen, wegen des schlechten Wetter das Geländespiel ausfallen zu lassen und uns stattdessen um 16.00 Uhr zur Schminkaktion zu treffen. Erst zögernd, dann mit immermehr Spaß, gegenseitigen Tips und Vorführungen machen bis auf zwei Teilnehmer alle mit. Johlend wird vor allem die Idee gefeiert, daß sich drei Jugendliche als Punks schminken und sogar

bereit sind, dafür Haare zu lassen. Aufgekratzt und unternehmungslustig fahren wir im Pulk zum Festplatz. Dort soll heute der Sommerkarneval stattfinden. Doch zunächst einmal Frust: Die Veranstaltung ist bereits beendet. Wir fahren johlend und klingelnd durch die Einkaufsstraße zum Marktplatz und erregen (sehr zur Freude der Jugendlichen) auch Aufsehen (werden sogar gefilmt). Einige Spielaktionen spontan auf dem Rathausplatz kommen gut an. Ein Teil der Gruppe geht zu Fuß weiter, ein anderer Teil fährt zurück. Aus der geplanten großen Fete wird dann doch nichts, keiner ist mehr so recht in der Lage, initiativ zu werden. Wir nicht und die Jugendlichen nicht. So wird es ein verhältnismäßig ruhiger Abend, einige unterhalten sich intensiv, andere spielen Tischtennis. Um 24.00 Uhr ist Ruhe, denn Morgen geht es früh raus.

Letzter Tag

Wie vereinbart, schmeiße ich alle um 6.30 Uhr aus dem Bett. Bereits 7.20 Uhr sitzen einige beim Frühstück, es klappt alles prima. Auch die Endreinigung läuft fast reibungslos. Um 8.30 Uhr sind wir fast fertig. Dann der erste Frust: Der Bus fährt erst um 10.55 Uhr, nicht 10.00 Uhr, wie ich annahm. Mist! Eine Stunde zu früh aufgestanden. Die Jugendlichen tragen das gelassen, einige dösen, andere unterhalten sich. Wir geben den Auswertungsbogen allen. Die Jugendlichen bearbeiten ihn mit witzigen Zwischenbemerkungen.

Um 10.15 Uhr fahre ich die ersten zur Busstation (großes Gedrängel). Alles klappt gut. 12.15 Uhr bin ich an der Fähre. Die Jugendlichen sind schon da. Großer Frust, die Fähre hat Maschinenschaden und daher drei bis vier Stunden Verspätung. Einige rufen gleich ihre Eltern an (etwas kopflos), andere sprechen sich ab, rufen eine Familie an und bitten um Rundruf. Viele sind beunruhigt, einmal wegen der langen Wartezeit, zum anderen, weil unklar ist, ob wir dann noch von Travemünde wegkommen. Wir werden sehen. Einige Lübecker bieten spontan an, die Norderstedter zum Übernachten mitzunehmen.

Um 18.00 Uhr legt endlich die Fähre an. Es kann sich nur noch um Stunden handeln. An Bord richtet sich die Gruppe gleich im Salon eine Art Wagenburg ein. Einige unterhalten sich intensiv, andere schlendern über das Schiff oder gehen essen. Um 3.00 Uhr, mitten in der Nacht, laufen wir in Travemünde ein. Die Gruppe hat die Strapazen einigermaßen gut überstanden. Einige sehen «alt aus», aber sind guter Stimmung. Die Überfahrt haben sich die Teilnehmer im Schwimmbad, Sauna, Disco und mit Pennen vertrieben. Jetzt hoffen wir alle, daß wir von Travemünde noch gut wegkommen und nicht noch im Wartesaal rumhocken müssen. Geschafft: Es ist 4.00 Uhr, wir haben alle Jugendlichen auf den Weg bringen können. Der Bus nach Hamburg fuhr noch, die Lübecker wurden alle abgeholt. Eine schöne Woche ist beendet, ich bin müde.

Beobachtungen

Mit einer weniger «guten» Gruppe, wäre dieser Tag ein Chaos geworden. Kaum vorstellbar. Durch die Erfahrungen der vergangenen Woche «durchleidet» die Gruppe den Streß gemeinsam: Verpflegung, letztes Geld und Zigaretten werden geteilt, man hält zusammen. Schade ist nur, daß die Woche, die ich insgesamt als ungeheuer harmonisch erlebt habe, so stressig endet, daß jetzt alle hektisch zum Bus usw. laufen müssen, ein gemeinsamer Abschluß und Abschied so nicht möglich ist. Wir müssen unbedingt ein Auswertungstreffen machen.

Beziehung thematische Arbeit – Lebenssituationen

Die Klage, daß Jugendliche für nichts zu interessieren seien, stimmt nach den Erfahrungen unseres Seminars so nicht. Zu beachten ist, daß die Schulerfahrungen der Jugendlichen so geartet sind, daß sie Themen und Inhalte als losgelöst von ihrer Lebenssituation, ihren Fragen und ihrem Alltag kennen. Wichtig und die Chance, erlebnispädagogischer Arbeit ist, diesen Zusammenhang herzustellen. Zu zeigen, daß Themen und Fragestellungen in unmittelbarem Zusammenhang mit der Lebenssituation der Jugendlichen stehen und daraus die Motivation zu entwickeln, daß eine Auseinandersetzung mit diesen Themen lohnt.

Für unsere Seminarwoche haben wir deutlich die Erfahrung gemacht, daß quer durch alle Bildungsvoraussetzungen der Teilnehmer das Interesse an Themen, wie Frieden, Zukunft oder Wohnen, erheblich intensiver war, als es in jeder Form schulischen Unterrichts gewesen wäre. In diesem Sinne eröffnet erlebnispädagogische Arbeit auch die Chance, einen unmittelbaren Zusammenhang zwischen Themen und Inhalten einerseits und der Lebenssituation der Jugendlichen andererseits herzustellen.

8. Frankreich erleben ... Probleme und Ereignisse einer Fahrt

von Holger Wolter

Unsere pädagogischen Vorstellungen haben viel mit Erleben zu tun, nicht immer nur mit Diskussionsrunden.

Wir haben uns lange überlegt, ob es noch ausreicht, darauf zu hoffen, daß bei einem normalen Zeltlager mit einigen Angeboten noch viel rüberkommt. Haben wir nicht gerade die Aufgabe, verlorengegangene Erlebnisbereiche wie z. B. «Abenteuer» unseren Jugendlichen wieder zugänglich zu machen?

Einige Mitarbeiter hatten bereits Erfahrungen mit traditionellen Sommerlagern. Diese Fahrten haben den entscheidenden Nachteil, daß die gesamte Gruppe zwei Wochen an einem Platz bleibt. Dort wird sich dann schnell eine Stammkneipe ausgeguckt, und viele verbringen dann ihren Urlaub in dieser Kneipe. Jedes pädagogische Angebot kann unsere Arbeiterjugendlichen nicht aus dieser Kneipe locken. Dann gibt es noch den Strand, die Disco oder andere Treffs. Uns war das einfach zu wenig.

Auf der anderen Seite erleben wir immer wieder, daß unsere Jugendlichen ihr Interesse an Abenteuern nur noch über das Fernsehen und Video leben. Wenn man sich dann zuhause einen Film reingezogen hat, in dem ein stahlharter Mann allein gegen die gesamte New Yorker Polizei gewinnt, muß das doch auch im Stadtteil oder in der Jugendeinrichtung funktionieren.

Ein zweiter Gedanke war, daß sich unsere Jugendlichen immer weniger mit der Natur auseinandersetzen. Obwohl es um den Stadtteil Großlohe herum noch verhältnismäßig grün ist, wird dies eigentlich kaum noch wahrgenommen. So eine Kanufahrt würde zumindest die Möglichkeit bieten, einige Zeit mit und in der Natur zu leben. Gleichberechtigt damit standen aber ebenso wichtige Inhalte einer Sommerfahrt wie in der Sonne liegen, Franzosen kennenlernen, mal in die Disco oder in die Kneipe. Ab und zu auf einen

Campingplatz müßte genauso dabeisein, wie der Aufenthalt in einer Stadt.

Diese und andere Überlegungen haben dazu geführt, daß wir auf dieser Sommerfahrt eine Paddeltour auf die Beine gestellt haben.

Die Vorbereitungsgruppe

Wir haben dann im Januar eine Vorbereitungsgruppe ins Leben gerufen. Sie fand bis zur Sommerfahrt jeden Montag statt. Dies unterstrich den besonderen Charakter dieser Gruppe, da die Einrichtung am Montag normalerweise geschlossen hat.

In dieser Gruppe wurden dann alle Vorstellungen zu einer Sommerfahrt diskutiert, so daß jede(r) die Möglichkeit hatte, eigene Ideen und Vorschläge zu dieser Fahrt beizusteuern.

Die Treffen der Vorbereitungsgruppe hatten immer verschiedene Schwerpunkte. Die Themen wurden entweder von uns oder von den Jugendlichen so festgelegt, daß die sich daraus entwickelten Aufgaben in einer Woche erledigt werden konnten. Das Thema Essensplan z. B. beschäftigte uns zwar einige Wochen, wurde aber in Teilbereiche zerlegt. Es mußten die Speisen festgelegt werden, eine Mengenliste wurde aufgestellt, das Küchengeschirr organisiert, ein Organisationsplan erstellt (wer wann kocht), so daß am Ende bei allen Beteiligten das Gefühl bestand, daß der Bereich Verpflegung gut durchorganisiert ist.

Bei der Mengenliste gab es bei den Jugendlichen zum Teil astronomische Vorstellungen über die benötigten Mengen. Wir haben dann Vorschläge gemacht, wie man realistische Zahlen und Gewichte bekommen könnte.

Als Resultat sind wir dann in unsere Tagungsstätte (Lichtensee) gefahren und haben mit der Hauswirtschaftsleiterin unseren gesamten Essensplan durchgearbeitet. Sie führt seit Jahren dort die Küche und konnte den Jugendlichen noch eine Menge Tips geben.

Während der Fahrt gab es für jedes Boot eine/n Bootsverantwortliche/n. Die Jugendlichen selbst entwickelten Bedingungen, die erfüllt werden mußten, wenn jemand diese Aufgabe übernehmen wollte. Zu diesen Bedingungen gehörte die regelmäßige Teilnahme an den Vorbereitungstreffen, die Teilnahme am Vorbereitungsseminar auf der Luhe (Fluß) und Verantwortungsbewußtsein.

Diese Bedingungen haben alle «Bootsverantwortlichen» erfüllt, als zusätzliches Kriterium hat sich noch ergeben, daß die Position in der Cliquenhierarchie eine Rolle spielte. Von den Wortführern war diese Aufgabe besonders begehrt.

Wir hatten natürlich mehr Interessenten als Boote, deshalb war das Vorbereitungsseminar eine gute Möglichkeit, herauszufinden, wer sich mit dieser Aufgabe übernommen hatte.

Auch wurden unrealistische Vorstellungen über diese Funktion revidiert, und beim Abschlußgespräch auf dem Seminar konnten dann alle zusammen ganz gut einschätzen, welche sieben Jugendlichen diese Aufgabe übernehmen sollten.

Die Vorbereitungsfahrt

Viele konnten sich eigentlich aus Hamburg kein so rechtes Bild darüber machen, was im Sommer eigentlich auf uns zukam. Auch war überhaupt nicht klar, in welche Gegend es gehen sollte.

Nur, daß wir nach Frankreich wollten, war klar. Wir hatten bereits Kontakte nach Frankreich, außerdem gab es die Möglichkeit, über das deutsch-französische Jugendwerk (DFJW) finanzielle Mittel zu bekommen.

In der Vorbereitungsgruppe wurde dann beschlossen, sieben Jugendliche und einen Mitarbeiter nach Frankreich zu schikken. Sie sollten im Namen aller einen Katalog von Aufgaben erledigen, den die Vorbereitungsgruppe vorher erarbeitet hatte:

- sie sollte eine Gruppe französischer Jugendlicher finden, mit denen man ein Treffen organisieren könnte,

- es sollte ein geeigneter Fluß gesucht werden,
- 3 Flüsse sollten angeschaut werden, damit man Vergleichsmöglichkeiten hatte,
- es sollte dann eine Entscheidung in Frankreich gefällt werden, welchen Fluß wir fahren,
- der Fluß mußte abgefahren werden, um die einzelnen Etappen festzulegen,
- wir sollten die benötigten Campingplätze vorbestellen,
- Einkaufsmöglichkeiten erkundschaften,
- Sehenswürdigkeiten am Fluß erkundschaften,
- über alles Fotos machen,
- eventuelle Schwierigkeiten des Flusses ausfindig machen,
- das Programm mit den Franzosen für das Treffen sollte erstellt werden,
- den benötigten Stempel auf dem Antrag des DFJW mitbringen.

Diese Vorbereitungsfahrt dauerte zwei Wochen und trug wesentlich zum Gelingen der Hauptfahrt bei.

Auswahlkriterien

Zwei Personen standen eigentlich von Beginn an fest. Ein Mädchen spricht bei uns sehr gut französisch, ein Hauptamtlicher sollte den Wagen fahren. Auf einer der ersten Vorbereitungssitzungen wurde besprochen, wer eigentlich mitfahren könnte. Es fielen diejenigen, denen man es von zuhause aus nicht erlaubte, und diejenigen, die arbeiten mußten, als Teilnehmer weg. Klar war auch, daß Jungen und Mädchen zu gleichen Teilen mitfahren sollten. Daß die Besetzung unproblematisch verlief, liegt zum großen Teil daran, daß von Beginn unserer Arbeit an eine intensive Mädchenarbeit gemacht wurde.

Aufgabe des Hauptamtlichen war es, immer wieder deutlich zu machen, daß die Gruppe im Auftrage aller anderen die Sommerfahrt vor Ort auf die Beine zu stellen hätte. Es fuhr ein Vertreter der Jugendgruppenleiter mit, 2 Jugendliche vertraten die jüngeren, bei den Mädchen wurde in der Mädchengruppe besprochen, wer mitfahren sollte. Überall ging es darum, wer regelmäßig an der Vorbereitungsgruppe teilnimmt, und wer als Vertreter/in der jeweiligen «Interessengruppe» für alle fahren könnte.

Daß der Kommunikationsfluß durch dieses Auswahlverfahren klappte, wurde bei unseren täglichen Anrufen, die wir aus Frankreich machten, deutlich: Die Jugendlichen selbst haben ihre Freunde im Haus dauernd auf dem Laufenden gehalten. Im Haus hing eine große Frankreichkarte, auf der unsere Bewegungen genau eingezeichnet wurden.

Die Vorbereitungsgruppe nahm in Valence Kontakt mit einer französischen Sozialarbeiterin auf, die ich seit einigen Jahren kenne. Dort wurden wir an den französischen Kanuverband verwiesen, mit dem wir uns dreimal trafen. Auf diesen Treffen wurden unsere Ideen und Wünsche vorgetragen, und der Verband machte uns drei Vorschläge. Die Ardeche, die Rhone und die Lot. Bei Besuchen in verschiedenen Jugendzentren in Valence trafen wir auf eine Gruppe, die sich gerne mit uns treffen wollte.

Mit ihnen machten wir ein Programm, in dem Besichtigungen, Stadtrallye, Sportaktivitäten, Fete und ein gegenseitiges Bekochen mit nationaltypischem Essen stattfinden sollte. Dann brachen wir auf, die Vorschläge des Kanuverbandes zu begutachten. Die Ardeche entfiel, da sie im Sommer nur kurz und zu wenig Wasser führte. Außerdem ist dies ein sehr touristisches Gebiet.

Die Rhone war zu dreckig.

Die Lot erschien uns für alle unsere Bedürfnisse geeignet: sauberes Wasser, kleine Orte, Campingplätze am Fluß, kaum Tourismus, wunderschöne Gegend.

Nachdem wir uns einen Teil des Flusses angeschaut hatten, machten wir in einer Jugendherberge zwei Tage Pause und trugen alle Eindrücke der verschiedenen Flüsse zusammen. Dann fiel die Entscheidung für die Lot gemeinsam, und die genaue Vorbereitung am Fluß konnte beginnen.

Als erstes wurde der Startpunkt für unsere Tour bestimmt. Er sollte an einer kleinen Stadt liegen, in der es einen

Campingplatz gibt, auf dem auch unser Treffen mit den Franzosen stattfinden sollte. Dieser Ort hieß Entragues sur Lot. Von dort fuhren wir den Fluß 230 km abwärts, notierten Schwierigkeiten im Fluß, alle Campingplätze, Städte und Dörfer und die Verpflegungsmöglichkeiten. Alle Informationsmöglichkeiten, z. B. Touristenbüros, wurden besucht, um Informationsmaterial zu sammeln.

Von jeder Stelle, die interessant erschien, wurden Fotos gemacht.

Als wir wieder in Hamburg waren, wurden diese Materialien verschieden genutzt. Sie wurden z. B. für eine Informationswand verwendet, auf der die Vorbereitungsgruppe eine Art «Rechenschaftsbericht» abgab. Auf dieser Wand waren Fotos, selbstgemalte Bilder, Prospekte der Gegend, selbstgemachte schriftliche Eindrücke zusammengestellt, die den anderen einen umfassenden Eindruck gewährten. All das hat – zusammen mit den mündlichen Berichten – eine sehr gespannte und neugierige Atmosphäre für unsere Sommerfahrt geschaffen.

Wenn man bedenkt, daß es unser Prinzip ist, daß Jugendliche durch eigenes Engagement ihre Fahrt möglichst selbst durchführen sollen, kann nur dafür gesorgt werden, daß sie auch eine genaue Vorstellung davon bekommen, was eine Kanufahrt bedeutet. Dazu gehört ein Vorbereitungswochenende, auf dem gepaddelt wird, genauso, wie das Erkunden der Gegend, in der der Urlaub stattfinden soll.

Die Vorbereitungsfahrt hat den Vorteil, daß Jugendliche bereits vor Ort waren und ihre eigenen Eindrücke und Ideen mitteilen können, und so nicht die Hauptamtlichen als Motor der Begeisterung arbeiten müssen.

Diese Form der Durchführung macht eine Sommerfahrt zur Angelegenheit aller!

Konkrete Planungen

Nach Rückkehr der Vorbereitungsgruppe begann die konkrete Planungsphase für unsere Fahrt. Da wir eine große Gruppe werden würden, war zu überlegen, wie man die

Jugendlichen verpflegt. Wir haben uns entschlossen, den LKW, der auch das Material nach Frankreich brachte, als Küchenwagen während unserer Fahrt nebenbei fahren zu lassen. Dieser war mit einem Mitarbeiter und einem Jugendlichen besetzt, der sich während der gesamten Vorbereitungszeit für die Küche verantwortlich fühlte. Viele Eßwaren, die in der Bundesrepublik wesentlich billiger sind, wurden hier gekauft. Nur der Tagesbedarf an frischen Sachen wurde in Frankreich besorgt, was die Kosten entscheidend drückte.

So ein Essensplan hat zwei Teile. Im ersten Teil werden Gerichte aufgestellt, die man aus seinen eigenen Eßgewohnheiten kennt. Dazu gehören

- Bratkartoffeln mit Rührei
- Erbsensuppe aus Dosen
- Spaghetti mit Hack
- Kartoffeln, Gemüse und Bratwurst
- Frikadellen
- Koteletts
- Currypfanne usw.

Die Auswahl dieser Gerichte wird immer von den Eßgewohnheiten der beteiligten Jugendlichen abhängen. Es gab auch Vorschläge wie

- Currywurst und Pommes
- halbe Hähnchen
- Hamburgers
- Königsberger Klopse usw.

Der zweite Teil des Essensplanes ist die Kaltverpflegung. Es wurde auf einer der Vorbereitungstreffen beschlossen, daß die warme Mahlzeit am Abend gemacht werden sollte. Dies hieß, daß am Mittag Brot und Aufschnitt «gereicht» werden sollten.

Hier bieten sich nun viele Möglichkeiten, landestypische Eßgewohnheiten einzuführen. Die Verantwortung dafür lag bei den Jugendlichen, die am jeweiligen Tag mit auf dem

LKW fuhren. Beispiele dafür sind unbegrenzte Käsevariationen, das ewige Baguette, das vielfältige Obst, immer nur gekochter Schinken, Saft oder Wasser als Getränk. In diesem Zusammenhang ist noch das Alkoholproblem zu erwähnen. Wir haben unter den Pädagogen über Formen des Umgangs mit Alkohol gesprochen, dies ebenfalls in der Vorbereitungsgruppe zum Thema gemacht. Die Lösung war interessant und neu.

Alkohol gehörte zur festen Verpflegung. Im Kühlschrank auf dem LKW standen immer einige gekühlte Flaschen Wein. Diese konnten nach Bedarf von jedem entnommen werden. Mit dieser Lösung hatten wir in zweierlei Hinsicht Erfolg.

Erstens paßten wir uns einer französischen Sitte an, und die Flaschen gingen abends regelmäßig im Kreis herum, und zweitens hatten wir fast nie volltrunkene Jugendliche, da durch Aktivurlaub und dieser Bedienungsregelung kein Zwang entstand, Kneipe oder «Pernod satt» als Ersatzbefriedigung zu nehmen.

Verantwortlichkeiten

Alle Materialien, nicht nur für die Küche, wurden mit Hilfe der Jugendlichen besorgt.

Dies dauerte meistens etwas länger, aber die Verantwortlichkeit eines jeden einzelnen wurde dafür ernstgenommen und war nicht nur eine leere Worthülse.

Die gesamte Fahrt und ihre Vorbereitung war geprägt von Verantwortlichkeiten einzelner.

Während der Vorbereitungsfahrt gab es einen Fotoverantwortlichen, die Dolmetscherin, einen Kartenleser, einen Autoverantwortlichen, usw.

Auch bei der Organisation der großen Fahrt gab es Verantwortlichkeiten für kleinere Teilbereiche.

Dazu gehörte das Besorgen der Boote, der Essensplan, der Elternabend, die Informationswand, das Küchengeschirr, die Einkaufsliste, Verantwortliche für das Beladen des LKW's, und anderes.

Hierbei war zu beachten, daß die Wahrnehmung für die anderen Einzelbereiche nicht verlorenging und Hilfestellung bei Problemen von allen anderen gegeben wurde.

Mädchen und Kanus

Ein weiterer wichtiger Punkt war die Verantwortlichkeit für die Kanus. Wir entschieden uns für Mannschaftskanus. Das größte war für 11 Personen gedacht, das kleinste für 5 Personen. Da fast niemand vorher ein Kanu gefahren hatte, war es notwendig, ein Wochenendseminar durchzuführen, auf dem dies geübt werden konnte.

Dieses Seminar wurde von einem erfahrenen Kanulehrer geleitet. Bei diesem Seminar wurde – wie sonst auch – streng auf die Parität von Mädchen und Jungen bestanden. Richtig ist, daß solche Parität manchmal von den Hauptamtlichen ziemlich rigoros und sachlich gut durchdacht als Forderung durchgehalten werden muß. Es passiert sehr schnell, daß bei bestimmten Aufgaben oder Funktionen Gründe vorgeschoben werden, um die Mädchen in „klassische" Aufgabengebiete zurückzudrängen. Den Mädchen wird nicht zugetraut, ein Boot selbst zu führen, diese Arbeit wäre zu schwer usw.

Hier für die Mädchenarbeit unterstützend zu wirken, ist die Aufgabe der *männlichen* Kollegen.

Gerade in einer Jugendeinrichtung in einem Arbeiterviertel haben es die Mädchen besonders schwer, attraktive Funktionen zu übernehmen.

In dieser Diskussion über Parität kommt man aber auch schnell zur grundsätzlichen Frauenfrage; es geht dann gar nicht mehr um die Fahrt.

Deswegen meinen wir, daß das Einhalten von Paritäten der Geschlechter nicht nur ein gleichmäßiges Verteilen der Aufgaben bedeutet, sondern auch die aktive Unterstützung der Mädchenarbeit durch die männlichen Kollegen in unserer Jugendeinrichtung.

Obwohl dies am Anfang bei den Jungen auf einige Schwierigkeiten stieß, wurde es nach langen Diskussionen eingesehen. Wiederum die Vorbereitungsgruppe bestimmte dann 16 Jugendliche, die auf dieses Seminar sollten, um dann auch in Frankreich ein Kanu eigenverantwortlich zu übernehmen.

Französisch für Anfänger/innen

Eine weitere Aktivität, die sich aus der Vorbereitungsfahrt ergab, war unser Französischkurs im Jugendfreizeitheim. Da nur eine Jugendliche genügend Sprachkenntnisse besaß, standen die anderen oft etwas ratlos daneben. Sie konnten sich am Anfang nicht einmal einen Kaffee oder eine Cola bestellen. Daraus ergab sich die Notwendigkeit für die Jugendlichen, zumindest ein paar Brocken Französisch zu lernen. Selbst, wenn sie dabei nicht besonders viel gelernt haben, zumindest haben sie sich einmal für ein paar Monate mit einer anderen Sprache auseinandergesetzt.

Elternabend

Daß die Fahrt nun bald beginnen würde, merkten die Letzten spätestens, als der Elternabend vor der Tür stand. Auf diesem Elternabend wurde der Stand der Vorbereitung, das Fahrtziel und die Fragen der Eltern beantwortet. Dieser war übrigens überraschend gut besucht.

Gut besucht bedeutet, daß von den 40 Jugendlichen, die an unserer Fahrt teilgenommen haben, 30 Elternteile oder beide auf dem Elternabend waren. Die Eltern boten ihre Unterstützung an. Ein Elternpaar z. B. hat die Verpflegung für die Fahrt nach Frankreich gestellt, ein Vater wäre bereit gewesen, mitzufahren, andere Eltern hatten Zelte über, andere Schlafsäcke, Kocher, diversen Kleinkram. Auf dem Elternabend haben wir auch öfters gehört, daß in der eigenen Jugend solche Fahrten unternommen wurden. Viele Eltern hätten eine Menge Anregungen geben können. Die Konsequenz daraus könnte sein, daß man einen Elternabend schon im Februar macht, um solche Anregungen, Tips oder Hilfen in die Vorbereitung mitaufnehmen zu können.

Gepäck

Eigentlich braucht man nur eine normale Campingausrüstung, d. h. Schlafsack, Luftmatratze und ein kleines Zelt. Die Verpflegung wurde ja auf dem LKW transportiert. Zusätzlich ist ein wasserdichter Seesack, den man für 10,- DM in jedem Armyshop bekommen kann, gut zu gebrauchen. Obwohl die persönlichen Sachen auch auf dem LKW von Etappe zu Etappe transportiert wurden, hat dieser Seesack noch einen zweiten Vorteil. Jeder Teilnehmer muß sich in der Mitnahme von persönlichen Dingen etwas einschränken. Denn es ist kein Einzelfall, daß für zwei Wochen zwei riesige Koffer plus einer Reisetasche voller Klamotten «benötigt» werden.

Es geht los!!

Wir kündigten der französischen Gruppe noch einmal an, wann wir eintreffen würden. Ein Mitarbeiter und zwei Jugendliche fuhren dann mit dem LKW eine Woche vorher zum Ausgangspunkt der Kanutour, um für die Ankunft der Gesamtgruppe alles vorzubereiten.

Am Anfang unseres Aufenthaltes in Frankreich stand das deutsch-französische Treffen. Es war gekennzeichnet durch eine Menge gemeinsamer Aktionen im sportlichen Bereich, die Gruppen haben sich gegenseitig bekocht, und der Höhepunkt war ein deutsch-französisches Fest. Dies ging mehrere Tage, nebenbei machten viele das erste Mal Bekanntschaft mit Angelhaken und Schnur. Nach drei Tagen Aufenthalt begann alles unruhig zu werden, da die Kanutour nun endlich losgehen sollte.

Wir hatten uns über den französischen Kanuverband einen Kanuführer besorgt, der den Fluß genau kannte.

Erste Erfahrungen mit dem Fluß

Gleich am ersten Tag nach ca. zwei Km kenterten zwei große Boote mit 21 Jugendlichen in einer großen Stromschnelle. Die Kentersituation lief folgendermaßen ab:

Die zwei Boote (mit 10 und 11 Jugendlichen) fuhren kurz hintereinander in die Stromschnelle. Beide Boote kenterten unmittelbar darauf. Das eine Kanu kam fast unbeschädigt ans Ufer, und die Jugendlichen machten dort ein Feuer und trockneten ihre Sachen.

Das andere Boot erwischte es etwas schlimmer. Es kenterte, schlug leck und kam erst ein ganzes Stück unterhalb der Stromschnelle an Land. Die übrige Gruppe hatte das alles von oberhalb der Stromschnelle mitangesehen.
Wir setzten uns dann zusammen, um zu beraten, was nun passieren sollte. Ein Kanu war kaputt, einige Paddel fehlten, und obwohl wir immer gesagt hatten, daß so etwas jederzeit passieren könnte, waren einige Leute doch ziemlich geschockt.

Es entstand eine Situation, in der auf der einen Seite ausführlich über unsere Angst geredet werden konnte, auf der anderen Seite aber klar wurde, daß wir uns durch dieses Kentern nicht die ganze Fahrt in Frage stellen lassen wollten.

Zwei Stunden später haben wir dann auch wieder in den Booten gesessen. Nur die aus dem leckgeschlagenen Kanu mußten mit dem Auto zum nächsten Rastplatz fahren, wo wir dann später das beschädigte Boot repariert haben.

Durch dieses Erlebnis war der Anfang dieser Fahrt etwas mißglückt. Nach kurzer Verschnaufpause ging es zwar weiter, aber alle wurden wesentlich vorsichtiger.

Der Küchenwagen fuhr an diesem Tag zum nächsten Campingplatz, um für die Ankunft der Gruppe alles vorzubereiten. Die Tagesetappen der Gruppe lagen bei ca. 22 km. Da der Fluß alle 3 km durch Felsbarrieren (natürliche Wehre) erst schiffbar wurde, war es eine zusätzliche Schwierigkeit, die Boote immer über diese «Felshänge» zu transportieren.

Paddeln ist anstrengend

Diese Kraftakte haben oft für eine hektische Stimmung gesorgt, denn viele unserer Jugendlichen haben dabei einfach ihre körperlichen Kräfte überschätzt.

Dies galt auch für den Bootsantrieb an sich. Paddeln ist eine sehr anstrengende Freizeitbeschäftigung, und der Muskelkater war für viele ein ganz neues Gefühl. Blasen an den Fingern hat es nur wenige gegeben, aber die körperliche Anstrengung war ziemlich hoch.

Dadurch wurden immer im 2-Tagesrhythmus Pausen von 1 Tag eingelegt.

Ab 24.00 Uhr lagen fast alle in den Zelten. Das praktische Tun hat eigentlich jeden Abend dazu geführt, daß untereinander eine sehr entspannte Stimmung herrschte. Man mußte am Abend «keinen mehr losmachen», während des Tages war genug los.

Das ist auch gut dadurch belegbar, daß zwischen den einzelnen Etappen oft mehrere Tage Pause beschlossen wurde. Nach zwei Tagen wurde es wieder unruhig, die Kneipenbesuche nahmen zu, und spätestens am dritten Pausentag wurde beschlossen, daß es weitergehen sollte.
Die Stellen, an denen der Fluß aufgestaut war, haben die körperlichen Kräfte einzelner Jugendlicher überfordert. Es gab an diesen Stellen keine Umtraghilfen, und vor allem die großen Boote waren so schwer, daß sie keine Böschung heraufgehoben werden konnten usw.

Hier wären dann kleinere Boote angebracht gewesen. Die Jugendlichen machten so auch Grenzerfahrungen. Sie begannen, in kürzeren Abständen Pausen einzulegen, warfen manchmal vor Wut das Paddel weg oder fragten beim Treffen mit dem Küchenwagen, wieviel km es noch wären. Abends wurden dann die «geschundenen» Muskeln begutachtet, und «Mobilat» erfreute sich einer gesteigerten Beliebtheit. Wenn eine Mehrheit für eine Tagespause sprach, wurde diese auch immer gemacht, so daß körperliche Überforderung nie zu einem großen Problem wurde.

Die Vollversammlungen

Die Aussage der Hauptamtlichen, «das müssen wir auf der Vollversammlung (VV) besprechen», wurde auf dieser Fahrt zu einem geflügelten Wort.

Die Rolle eines Hauptamtlichen ist immer noch die eines «Entscheiders», und viele Jugendliche kommen mit ihren Anliegen zu der jeweiligen Person. Ob die Küche nun schlecht gekocht hat, ob weitergepaddelt werden sollte oder nicht usw.

Alles, was die jeweilige Person individuell betraf, wurde auch so geregelt. Alle Dinge, die für die Gesamtgruppe Auswirkungen hatten, mußten in der VV besprochen werden. Da auch in der Einrichtung regelmäßige Treffen stattfinden, auf denen alle Probleme, die von Interesse sind, besprochen werden, waren solche Gruppensitzungen für die meisten kein Neuland.

Die Rolle eines Hauptamtlichen auf der VV hängt davon ab, ob es bereits zwischen ihm und den Jugendlichen ein Vertrauensverhältnis gibt. Er hat die Aufgabe, zu ordnen, darauf zu achten, daß möglichst alle zu Wort kommen und die Schwächeren zu unterstützen, da viele mit ihren Aussagen einfach nicht warten können. Er sollte ein Mindestmaß an Disziplin verlangen, was in einer aufgeregten Situation nicht einfach ist.

Dann kommt es oft vor, daß er die Diskussion anschieben muß oder aber vergleichende Vorschläge unterbreitet. Dabei kommt es dann darauf an, seine eigene Meinung zu vertreten, ohne sie so massiv einzubringen, daß die Positionen der Jugendlichen keine Chance mehr haben. Kann er als Pädagoge die Meinung der Jugendlichen nicht akzeptieren oder findet er sie falsch, muß die eigene Meinung klar vertreten werden, denn immer wieder wird die Frage gestellt: «Wie siehst du denn das?»

Das heißt, daß wir Hauptamtlichen mit unseren Erwartungen und Anforderungen so umgehen, daß jeder die Möglichkeit hat, nachzuvollziehen, was dieser «Erwachsene» dort eigentlich für eine Meinung vertritt.

Wichtig ist, zu begreifen, wie lange man selbst dazu gebraucht hat, um dorthin zu gelangen, wo man heute steht. Demokratische Formen und inhaltliche Standpunkte kann man nicht aufsetzen, sondern sie müssen gemeinsam mit allen Beteiligten erarbeitet und gelebt werden.

Wir mußten uns aufeinander verlassen

Eine weitere wichtige Erfahrung dieser Fahrt war, daß sich unsere Leute in den Booten intensiv aufeinander verlassen mußten. Damit das Boot überhaupt von der Stelle kam, mußten alle im gleichen Takt paddeln.

Dies bereitete besonders bei den großen Booten am Anfang einige Schwierigkeiten, war mit sehr viel Geschrei und «ich fahr nicht mehr mit» verbunden.

Ausgestiegen ist aber tatsächlich keiner.

Das gemeinsame Paddeln ist ein Zwang. Jeder muß sich auf den Takt des anderen verlassen können, und wenn alles klappt, fährt das Boot.

Im anderen Fall passiert nichts, außer daß die Paddel zusammenschlagen.

Dadurch ist jedem sofort klar, daß etwas mit der Gemeinsamkeit nicht klappt. Um von der Stelle zu kommen, müssen die Jugendlichen, ob sie nun wollen oder nicht, zusammenarbeiten. Das war eine gute gemeinsame Erfahrung, von der noch heute gesprochen wird.

Das Leben in der Natur

Für viele war das intensive Leben in der Natur völlig neu. Dementsprechend gab es eine Gewöhnungsphase, in der die Jugendlichen teils skeptisch, teils spontan auf die Natur zugingen. Auf dem ersten Campingplatz, der direkt am Fluß lag, war das Angeln eine der Hauptbeschäftigungen. Es wurde zwar nie ein Fisch gefangen, aber jeder hatte einen besseren Vorschlag, wie man am besten angelt.

Einige standen bis zur Brust im Wasser, einige standen hinter Büschen am Ufer, es wurde mit der Strömung und gegen die Strömung, vor und hinter den Felsen geangelt, praktisch sämtliche Varianten ausprobiert.

Fledermäuse, die es dort zuhauf gibt, waren am Anfang «eklig», nach einigen Tagen gehörten sie dazu. Selbst Kriechtiere in der Nacht waren bald kein Grund mehr, jemanden davon abzuhalten, draußen zu schlafen.

Alle waren überraschend bemüht, die Gegend sauberzuhalten. Jedes Boot hatte eine Mülltüte, die abends auf dem Campingplatz entleert wurde.

Viele waren ehrlich entsetzt, wenn wir einen alten Kühlschrank im Fluß fanden.

Die Natur war so intensiv, daß man sich fast automatisch vorsichtiger verhielt als in seiner Großstadt. Man ist aufmerksamer, ordentlicher und nimmt wesentlich mehr wahr.

Nach 10 Tagen Kanufahren war bei allen die Luft absolut raus. Wir sind in dieser Zeit insgesamt 125 km «Lot» im Zentralmassiv heruntergepaddelt. Den Abschluß unserer Sommerreise 1983 bildeten drei Tage in einer am Fluß gelegenen Kleinstadt. Dort wurde noch einmal kräftig Sonne getankt. Der Bus aus Hamburg holte uns nach Absprache dort ab und transportierte uns in 29 Stunden zurück nach Hamburg.

Neue Erfahrungen

So eine Sommerfahrt wirkt lange auf das gesamte Klima einer Einrichtung nach. Man hat gemeinsame Erlebnisse, lernt Stärken und Schwächen einzelner zum ersten Mal kennen, obwohl man schon Jahre gemeinsam im Stadtteil lebt. Die Hauptamtlichen gehören natürlich dazu.

Man wächst ein Stück zusammen, und viele können ein wenig offener miteinander umgehen.

Jugendliche, die in der täglichen Arbeit nicht so aufgefallen sind, haben auf dieser Fahrt Verantwortung übernommen. Dies kann man dann in der Einrichtung nutzen. Ein wichtiges Ziel, was noch heute von Bedeutung ist, wurde ebenfalls erreicht. Nämlich, «daß der Großloher Haufen zusammen eine dolle Sache gemacht hat!»

Für die Hauptamtlichen war eine der wichtigen Aufgaben, genügend finanzielle Mittel zu besorgen. Wir hatten es uns zum Grundsatz gemacht, daß aufgrund fehlender Geldmittel im Elternhaus keiner zuhause bleiben müßte. Das gab vor allem denen Sicherheit, die die Kosten auf keinen Fall, sie betrugen 350,– DM, aufbringen konnten. Dies wurde von uns auch immer offen vertreten.

Es kam des öfteren zu Gesprächen, wer denn nun einen Zuschuß erhalten sollte und wer nicht.

Am Ende fuhren 4 Jugendliche ohne Eigenbeitrag mit auf die Ferienfahrt, 18 Jugendliche wurden bezuschußt.

Die gesamte Fahrt, einschließlich der Vorbereitung, wurde auf einem einstündigen Super-8-Film festgehalten. Diesen Film drehte ein Jugendlicher, unterstützt von einer in Medien erfahrenen Frau.

Nicht nur dieser Film bringt oft die vielen Erlebnisse dieser Fahrt in Gesprächen wieder zurück.

Unsere jungen Menschen haben ein selbstgestaltetes Abenteuer durchlebt und erfolgreich bestanden.

Und wir meinen, dies hat ihnen und auch uns nicht nur ein Stück Selbsterfahrung gebracht, sondern eine Sommerreise, über die man noch in vielen Jahren spricht.

Nach unserer Meinung sind wir nun gefordert, auch in der täglichen Jugendzentrumsarbeit für solche Erlebnisfelder zu sorgen.

Etat – Sommerfahrt

Frankreichreise mit 50 Personen	
Gesamtkosten pro Teilnehmer 800 DM	
bei 50 Teilnehmern	40 000 DM

Einnahmen:

Eigenbeitrag pro Teilnehmer 350 DM	
gemittelter Eigenbeitrag . . .? DM	17 500 DM

Oberster Grundsatz für uns ist, daß kein Jugendlicher zuhause bleiben muß, weil im Elternhaus die nötigen Geldmittel fehlen. Es bleibt dem Geschick des Sozialarbeiters/in überlassen, diverse Finanzquellen aufzutun, um diesem inhaltlichen Anspruch gerecht zu werden.
Die Möglichkeiten, die nötigen Töpfe anzuzapfen, sind regional unterschiedlich. Dies muß jeder selbst in seiner Region herausfinden.

Beitrag des deutsch-französischen Jugendwerks	12 000 DM

Bedingungen: französische Partnereinrichtung, mehrtägige Treffen mit Franzosen.
Inhalte der Treffen: z. B. Sport, Besichtigungen, Ausflüge, Feste.

Zuschuß der eigenen Einrichtung	5 000 DM
Bezirkssondermittel	5 500 DM
	40 000 DM

Etat – Sommerfahrt

Frankreichreise mit 50 Personen

Ausgaben:

Bus (55 Personen)		10 000 DM
1 LKW (Materialtransport)		4 000 DM
Lebensmittel:		
Frühstück pro Person	4 DM	
Mittag pro Person	7 DM	
Abendbrot pro Person	4 DM	
	15 DM × 17 Tage = 225 DM	12 750 DM
einmaliges Material:		
Spiele, diverses Bootsmaterial, Mieten,		
Zeltzubehör, Gastgeschenke, etc.		5 000 DM
Dolmetscherkosten		1 000 DM
Vorbereitungsfahrt		2 500 DM
Campingplatzgebühren		2 500 DM
Bergfest		750 DM
besondere Ausgaben		1 500 DM
		40 000 DM

9. Sommerfahrtvorbereitung als Teil der offenen Jugendarbeit

von Dieter Fischer und Margrit Lubetzki

Im Sommer fuhren über 80 Jugendliche aus dem Hamburger Stadtteil Großlohe auf die Insel Terschelling, um dort Urlaub zu machen. Anhand von Tagebucheintragungen wollen wir die Vorbereitung der Holland-Fahrt noch einmal nachvollziehen. Für uns selber ist das eine gute Gelegenheit zur kritischen Reflexion unserer Arbeit; andere mag es animieren, Sommerfahrten auch unter dem Gesichtspunkt zu sehen, wie Jugendliche motoviert werden können, Verantwortung zu übernehmen und ihre Freizeit aktiv zu gestalten.

Gerade Arbeiterjugendlichen wird oft vorgeworfen, daß sie zu nichts zu motivieren seien, daß sie ihre Freizeit passiv konsumieren würden und daß eine Jugendarbeit mit ihnen kaum noch möglich sei.

Daß dies so nicht stimmt, soll der folgende Beitrag beweisen:

Sommerfahrten dieser Größenordnung haben im Hamburger Stadtteil Großlohe Tradition. Seit langem veranstalten Jugendeinrichtungen gemeinsame Freizeiten für die Jugendlichen des Stadtteils.

Aus den Erfahrungen der letzten Jahre wissen wir, daß mit der Vorbereitung der Fahrt rechtzeitig begonnen werden muß.

Schon im Oktober des Vorjahres fand deshalb ein erstes Gespräch zwischen den hauptamtlichen Mitarbeitern und Mitarbeiterinnen der vier Jugendhäuser statt, die in diesem Jahr die Sommerfahrt veranstalten wollten. Am Ende des Gesprächs stand die Entscheidung einer gemeinsamen Fahrt. Die Gründe, die zu dieser Entscheidung führten, waren ganz unterschiedlich:

Die Kollegin aus dem Sozialtherapeutischen Zentrum, einer Einrichtung die im Obdachlosenlager Kinder und Jugendarbeit macht, sieht zum Beispiel die Möglichkeiten der Integration von «Ghettobewohnern/innen» und den Jugendlichen aus dem Stadtteil im Vordergund.

Die Kollegen und Kolleginnen aus dem Haus der Jugend wollen in erster Linie den Jugendlichen aus dem Stadtteil einen billigen, attraktiven Urlaub bieten.

Wir selber, die wir vorwiegend alleine in unseren Einrichtungen in Rahlstedt-Ost und in Großlohe offene Jugendarbeit machen, sehen hauptsächlich drei Vorteile einer gemeinsamen Sommerfahrt:

1. Wir wollen gerne mal wieder in einem größeren Team zusammenarbeiten.

2. Zwischen den Jugendlichen aus den verschiedenen Einrichtungen – und erst Recht aus den verschiedenen Stadtteilen – bestehen alte, historisch gewachsene Rivalitäten und Aggressionen, die sich von Zeit zu Zeit in gewalttätigen Auseinandersetzungen Luft machen. Wir erhoffen uns von einer gemeinsamen Fahrt den Abbau von Vorurteilen durch direktes, persönliches Erleben.

3. Bietet so eine große Sommerfahrt viele Mitwirkungsmöglichkeiten für Jugendgruppenleiter und -leiterinnen.

Da muß z. B. mit anderen abgesprochen werden, wohin es gehen soll.

Die Jugendlichen müssen ihre Freizeit selber planen und gestalten, sie müssen für andere Verantwortung übernehmen und lernen, wie man solche Fahrten organisieren kann. Sie sind nicht nur Konsumenten, sondern selber aktiv. Da werden doch auch viele Themen angesprochen, die uns wichtig sind wie z. B.: solidarisches Handeln, Freundschaft, Sexualität, Verantwortung, und wir versuchen, ihnen doch auch Werte, die wir für wichtig halten, zu vermitteln. Das sind alles Themen, mit denen wir uns sonst mit allerlei pädagogischen Tricks in der Gruppenarbeit abmühen. Eine Sommerfahrtvorbereitung ist für mich Gruppenarbeit für ein ganzes Jahr, in der diese Themen nicht aufgesetzt, sondern mit ganz praktischem Bezug für die Jugendlichen abgehandelt werden. In der Vorbereitung kann das Jugendgruppenleiterprinzip in die Praxis umgesetzt werden.

Alle unsere Einrichtungen arbeiten nach diesem Prinzip. Zu ihnen gehört, daß die Jugendlichen, die aktiv in der Jugendarbeit mitarbeiten, Sitz und Stimme in einem sogenannten Jugendleitertreff haben. In ihm werden gemeinsam alle Entscheidungen getroffen, die die Jugendarbeit der Einrichtung betreffen. In ihm mußten auch wir unsere Entscheidung, eine gemeinsame Fahrt zu unternehmen, vertreten. Stieß unsere Entscheidung am Anfang auf Skepsis, wurde sie doch schließlich von der Mehrheit der anwesenden Jugendgruppenleiter und -leiterinnen akzeptiert.

Wer wollte nun mitfahren?

Rolli, 18 Jahre alt, Hauptschulabschluß, z. Z. in der Ausbildung zum KfZ-Schlosser. Seit 2 Jahren als Jugendgruppenleiter in der Jugendarbeit engagiert. Seit 6 Jahren besucht er das Jugendzentrum regelmäßig.

Andi, 16 Jahre alt. Im Sommer aus der Hauptschule entlassen, zur Zeit arbeitslos. Frisch gebackener Jugendgruppenleiter. Seit seinem 10. Lebensjahr regelmäßiger Besucher des Jugendhauses.

Tina, 19 Jahre alt, Hauptschulabschluß. Verkäuferin in einem SB-Laden. Seit 3 Jahren Jugendgruppenleiterin – seit fünf Jahren im Gemeindezentrum.

Andi, Rolli und Tina leiten den Club. Eine Einrichtung des Jugendhauses, in der Jugendliche ab 16 Jahre 2 × in der Woche von 18 bis 22 Uhr Musik hören, Karten spielen und ihr Bier trinken können. Der Club wird von den Dreien völlig selbständig geleitet.

Sabine, 17 Jahre alt, Hauptschülerin. Erst auf der Hauspflegerinnenschule, weil sie keinen Job bekam, jetzt hilft sie im elterlichen Haushalt mit, da der Vater arbeitslos ist und die Mutter ganztags als Kassiererin in einem Supermarkt arbeitet. Sie arbeitet in der Mädchengruppe mit, die sie später einmal von der hauptamtlichen Kollegin übernehmen soll.

In ähnlichen Lebenssituationen befinden sich auch die Jugendgruppenleiter/innen aus den anderen Einrichtungen, so daß die Rahlstedt-Oster hier stellvertretend auch für die anderen Jugendlichen stehen.

1. Gemeinsames Treffen (November)

Wir haben abgemacht, daß die gemeinsamen Treffen reihum in den beteiligten Jugendeinrichtungen stattfinden sollen. So können die Jugendlichen sehen, wie die anderen Häuser eingerichtet sind, was dort für Jugendliche verkehren usw. Auch dadurch erhoffen wir uns einen Abbau von Vorurteilen. Wir haben uns darauf geeinigt, daß möglichst nicht mehr als sechs Leute aus jeder Einrichtung an den Vorbereitungstreffen teilnehmen sollen. Wir haben Angst, daß wir sonst überhaupt nicht mehr arbeiten können.

Eine typische Besprechung mit den Jugendgruppenleitern (Leiterinnen) hat nämlich immer einen Hauch von Chaos.

Es ist klar: je mehr Leute auf so einer Besprechung anwesend sind, um so schwieriger durchzuführen wird sie sein. Die Leute aus dem HdJ und wir waren schon elf. Aus der Kirchengemeinde Großlohe kommen nochmals fünf und aus dem STZ kommen ebenfalls nochmal 5 Leute dazu. So sind wir dann stattliche 21 Leute, die die Sommerfahrt vorbereiten wollen. Eigentlich schon viel zu viel, um noch gut arbeiten zu können. Ohne eine Sturktur und ohne eine Vorbereitung durch uns kommt so eine Sitzung deshalb nicht aus. Wir haben eine Wandzeitung vorbereitet, auf der wir die Themen des heutigen Tages aufgeschrieben haben. Nach einer kurzen Vorstellungsrunde wollen wir folgende Fragen klären:

1. Wohin soll es gehen?

2. Wieviel Leute sollen mit?

3. Wie teuer darf die Fahrt für die Jugendlichen werden?

4. Altersbegrenzung der Teilnehmer/innen?

5. Wie soll die weitere Vorbereitung aussehen?

Was unser Urlaubsziel angeht, werden wir uns schnell einig: Es sollte auf jeden Fall ins Ausland gehen. Am liebsten wieder nach Frankreich, wie im letzten Jahr auch. Bei dem Schweinewetter, was wir hier in Norddeutschland immer haben, ist dies ein durchaus verständlicher Wunsch. Leider ist es bis Frankreich aber ziemlich weit, die Farht wird dementsprechend teuer. Teuer sein, das können wir uns hier in unserem Stadtteil aber nun einmal nicht leisten. Nach längerer auch kontroverser Diskussion, in der Karten gewälzt werden und wir uns auch noch alternative Urlaubsziele angucken, einigen wir uns schließlich darauf, nach Terschelling zu fahren, eine Insel vor der holländischen Küste.

Auch der zweite Punkt ist schnell abgehandelt: Es sollen alle mit auf die Sommerfahrt fahren können, die regelmäßig die Einrichtung besuchen. Das ist klar. Freunde und Freundinnen sollen natürlich auch mitfahren können. Außerdem sollen mit, wer in den Stadtteilen Rahlstedt-Ost und Großlohe wohnt.

Was die Kosten für die Fahrt angeht, so müssen die möglichst niedrig sein. Den meisten Jugendlichen fällt es schon schwer, DM 300,– für 14 Tage aufzubringen. Unsere Fahrt darf deshalb auch nicht viel teurer werden.

Als nächstes ist der Punkt dran, wie die weitere Planung unserer Vorbereitung aussehen soll. Dabei kommt uns zugute, daß unter den anwesenden Jugendgruppenleitern/innen einige dabei sind, für die dies schon die vierte Sommerfahrt ist:

Als erstes muß der Campingplatz festgemacht werden. Das muß noch vor Weihnachten passieren, sonst sind die guten Plätze nämlich weg. Die Erkundungstour müssen wir dann bis März hinter uns gebracht haben. Das Frühjahr ist dann nämlich kürzer als Ihr denkt. Ab April wird es dann schön hektisch! Spätestens Ende April muß die Werbung stehen, die Anmeldungen müssen laufen und der Info-Abend für die Teilnehmer/innen und die Eltern muß auch möglichst schon gelaufen sein.

Treffen Hauptamtlicher

Wir Hauptamtlichen treffen uns jetzt regelmäßig alle 14 Tage. Auf unseren Sitzungen werden Aufgaben verteilt und Absprachen getroffen: z. B. wer von uns nach geeigneten Zeltplätzen telefoniert, wer eine grobe Kalkulation macht, usw. Wir tauschen uns darüber aus, was in den Jugendgruppenleitertreffs der Einrichtungen läuft, und wir bereiten die gemeinsamen Treffen mit allen Beteiligten vor und nach.

Mich hat es genervt, daß es so chaotisch war. Klar sind wir zuviele, und daß es nicht so ganz pflegeleicht ist, mit unseren Jugendlichen so'ne Sitzung abzuhalten, weiß ich auch. Deshalb ist es bescheuert, wenn dann noch immer welche von den Besuchern rein- und rauslaufen. Das war tierisch unruhig.

Die wollten natürlich wissen, was darin vorgeht. Dann müßt ihr ihnen vorher erklären, was da läuft. Auch von den Jugendgruppenleitern liefen ständig welche nach draußen. Ich find, wir sollten ihnen klar machen, daß die Vorbereitung der Fahrt keine Spielerei ist, sondern daß sie die Sommerfreizeit wirklich verantwortlich mittragen. Alleine könnten wir so eine große Fahrt nämlich gar nicht veranstalten. Bloß, wenn sie sich entscheiden mitzumachen, dann müssen sie es auch ganz machen. Ich find, da können wir sie ruhig mal auf den Pott setzen. Das hat nämlich auch was mit ernstnehmen zu tun.

Nachdem wir unseren Dampf abgelassen haben, sind wir aber doch ganz zufrieden mit dem, was bei der ersten Sitzung rausgekommen ist. Wir haben unser Urlaubsziel, die Höhe des Beitrages für die Teilnehmer/innen steht auch fest, und wir wissen ungefähr, daß 80 bis 100 Jugendliche mitkommen werden.

Unzufrieden sind wir mit der Alterbegrenzung.

Besonders dufte finden wir den Zeitplan, den ein Jugendgruppenleiter aus der KG Großlohe aufgestellt hatte.

Für uns wird daran deutlich, wieviel Handlungskompetenz die Jugendgruppenleiter/innen bei den Vorbereitungen der Sommerfahrten erwerben.

Sowas lernst du auf der Fachhochschule nicht. Das haben unsere Jugendlichen Sozialarbeitern/innen, die frisch von der Schule kommen, echt voraus.

Den Plan, den Pille da entwickelt hat, können wir fast so übernehmen.

Wir haben ihn in unseren Jugendgruppenleitertreffs nochmals besprochen. Von Andi kam die Idee, ihn ein bißchen ‹für Hübsch› zu machen, (d. h. schön auf eine Wandzeitung malen) und im Büro aufzuhängen.

Sabine und Andi haben diese Idee gleich in die Tat umgesetzt.

Wir finden den Vorschlag gut und beschließen, ihn auch in den anderen Einrichtungen aufzuhängen.

Durch ihn wird auch für die Besucher/innen der Jugendhäuser transparenter, was wir denn so Geheimnisvolles treiben.

Das Thema Sommerfahrt wird so durch das Plakat präsent. Es werden sich so viele spontane Gespräche ergeben.

(Eine Methode übrigens, die auch für andere Themen in der offenen Jugendarbeit sinnvoll ist: Durch Plakate, Aufkleber u. ä. eine Atmosphäre schaffen, die zu spontanen Gesprächen animiert, oder die zu Aktivitäten einlädt.)

Gemeinsames Treffen mit allen Jugendgruppenleitern/innen (Februar)

Vor jeder Fahrt haben wir bisher unseren Urlaubsort vorher erkundet – so wollen wir es auch in diesem Jahr handhaben. Die Erkundungstour wird etwa vier Tage dauern und ist somit eine kleine Freizeit für sich. Bei den Jugendgruppenleitern/innen ist sie begehrt – möglichst viele von ihnen möchten mitfahren. Einen Haken hat die Sache allerdings:

Als Bestandteil der Ferienfahrt gehen die Kosten der Erkundungstour in die Gesamtkalkulation mit ein. Mit anderen Worten: Die zukünftigen Teilnehmer/innen werden mit ihrem Beitrag die Erkundungstour finanzieren müssen. Deshalb müssen sich die Kosten der Erkundungstour in Grenzen halten. Mehr Leute, als in einem VW-Bus Platz haben, können also nicht mitfahren.

In den Einrichtungen ist die Erkundungstour schon seit Tagen im Gespräch. In den Jugendgruppenleitertreffs haben wir schon überlegt, wer denn von uns mitfahren soll:

> «Alleine fahr ich auf gar keinen Fall», meint Olli. «Zwei müssen es schon sein.»

Ähnlich ist es in den Großloher Einrichtungen auch gelaufen. Im HdJ wollen sie sogar zu viert fahren. So haben wir denn jetzt acht Jugendgruppenleiter, zwei Jugendgruppenleiterinnen und zwei Hauptamtliche – 12 Leute also, von denen nur acht mitfahren können.

> «Ich find', es sollen alle mitfahren, die mit wollen», meint Kalle aus dem HdJ.

Die anderen finden das auch. Unseren Einwand, daß ein zweiter Bus die Ferienfahrt um zehn bis fünfzehn DM verteuern werde, und das bei einem Preis, der sowieso schon an der Obergrenze dessen liegt, was die Jugendlichen aus dem Stadtteil aufbringen können, überzeugt sie schließlich.

> «Ich finde es bescheuert, daß fast nur Jungs mitfahren».

Conni ist sichtlich sauer darüber, daß sich die Jungs wieder mal die guten Sachen unter den Nagel gerissen haben.

> «Mädchen haben doch keinen Durchblick! Hau doch ab, du Emanze!!»

Tumult und wüste Beschimpfungen die nächsten 10 Minuten. Sie endet schließlich in einer konzentriert und ernsthaft geführten Diskussion, in der die Jungs relativ alt aussehen, und in der wir uns auf folgende Auswahlkriterien einigen:

Es sollen zu gleichen Teilen männliche und weibliche Wesen mitfahren.

Jede Einrichtung soll zwei Vertreter/innen entsenden.

Es sollen zwei Hauptamtliche mitfahren.

Die erste Hürde ist genommen. Wir können nun überlegen, was denn eigentlich erkundet werden soll.

> «Wir sollten denen einen Zettel mitgeben, die vergessen doch sonst die Hälfte!»

Keine schlechte Idee! Per Brainstorming sammeln wir Ideen für die Checkliste.

Die Ideen werden auf eine Wandzeitung geschrieben.

1. Der Zeltplatz

   Er muß so groß sein, daß alle Zelte darauf Platz finden und in der Mitte noch genug Raum zum Spielen und Toben ist.

   Wenn es kein ausgesprochener Jugendcampingplatz ist, *muß* der Platz getrennt vom übrigen Betrieb liegen – es gibt sonst sätndiges Generve mit den anderen Campern. Das kann einem die ganze Sommerfahrt vermiesen.

   Die sanitären Anlagen müssen in ausreichender Anzahl vorhanden sein.

Gas und Wasser müssen in der Nähe des Küchenzeltes liegen.

2. Freizeitmöglichkeiten

   Wie weit ist es bis zum Wasser?
   Gibt es bewachte Strände?
   Wie sieht der Strand aus?
   Ist Wald in der Nähe?
   Gibt es in der Nähe Ortschaften?
   Ist es ein Touristennest?
   Wo ist die nächste Disco?
   Was gibt es sonst an Freizeitmöglichkeiten (Minigolf, Fußballplatz, Fahrradverleih, etc.)

3. Verpflegung

   Wo kann man gut und günstig einkaufen – auch frische Sachen?
   Wie sind die Preise?
   Wie weit ist es vom Campingplatz zu der Einkaufsmöglichkeit?

4. Sonstiges

   Wo ist das nächste Krankenhaus, Ärzte usw.?
   Wo kann Geld getauscht werden?
   Wie ist der Kurs?

Vorbereitungsseminar mit allen Jugendgruppenleitern/innen (März)

Das Wochenendseminar ist der Höhepunkt der ganzen Sommerfahrtvorbereitung. Es ist genug Zeit vorhanden, so daß anstehende Probleme ausführlich diskutiert werden können. Wir lernen uns mal außerhalb der Jugendhäuser in einer anderen Atmosphäre kennen, können zusammen klönen, trinken, spielen, tanzen, uns streiten und ernsthafte Gespräche führen. Wie auf jedem Seminar hat dabei der Freizeitbereich einen genauso hohen Stellenwert wie die Arbeitseinheiten.

Am Freitag abend treffen wir uns alle in Lichtensee, einem Jugendheim, das fast alle von eigenen Seminaren her kennen oder das von den Seminaren des Jugendpfarramtes her bekannt ist. Hier finden die Grundkurse und Fortbildungen für die Jugendgruppenleiter/innen statt. Das Haus liegt in einer schönen Landschaft und wird so geführt, daß die Gruppen selbst bestimmen können, wie sie das Wochenende verbringen wollen, ohne daß sie durch eine übertriebene Hausordnung behindert werden.

Am Abend wollen wir uns zur Einstimmung den Videofilm ansehen, den der Erkundungstrupp gedreht hat.

Er ist wirklich gut gelungen: Er zeigt den Campingplatz in allen Einzelheiten, die Umgebung, den Strand, das Meer. Eine Fahrt über die Insel und Bilder von der Überfahrt geben einen Gesamteindruck von unserem Urlaubsort. Das Ganze ist mit knackiger Musik und guten Kommentaren unterlegt. Urlaubsstimmung liegt in der Luft – am liebsten würden wir gleich aufbrechen.

Auch die Bilder, die der Erkundungstrupp gemacht hat, sind hervorragend geworden. Anhand einer Karte, die der Erkundungstrupp mitgebracht hat, werden uns alle wichtigen Sehenswürdigkeiten der Insel erklärt. Es ist ein gelungener Abend. Wir haben alle Lust, was zu tun und freuen uns auf die Fahrt. Bis tief in die Nacht hinein wird Musik gehört und über vergangene Ferienfahrten geklönt. Gegen Mitternacht geht es erst richtig los. Die Musik wird auf volle Lautstärke gedreht. Bis morgens um 4 Uhr tobt das Leben im Kaminzimmer.

Trotzdem sind wir alle am nächsten Morgen um 10 Uhr zur ersten Arbeitseinheit erschienen.
So ist es Tradition auf unseren Seminaren: Die Nacht durchsumpfen kann jede/r; aber es ist Pflicht an den Arbeitseinheiten teilzunehmen.

Das Ziel des Seminars ist es, die verschiedenen Aufgaben, die noch anliegen, soweit vorzuplanen, daß anschließend in den Einrichtungen kleine Arbeitsgruppen relativ selbständig weiterarbeiten können.

Am Samstag soll in Gruppen zu folgenden Aufgabengebieten gearbeitet werden:

- *Küche:* Es muß ein Essensplan zusammengestellt werden. Es muß überlegt werden, wie die Verantwortlichkeiten in der Küche geregelt werden sollen, und es soll ein Küchendienstplan erstellt werden.
- *Freizeitprogramm:* Was soll an Gruppenangeboten laufen? Was wird an gemeinsamen Aktivitäten geplant?
- *Zusammenleben im Lager:* Soll es Regeln des Zusammenlebens geben? Wie sollen die aussehen? Wer achtet auf die Einhaltung der Regeln?
- *Werbung:* Es müssen Anmeldungen entworfen werden. Wie soll die Werbung in den Einrichtungen aussehen? Wie ist der Infoabend organisiert?

Die Gruppen sollen ihre Arbeitsergebnisse auf Wandzeitungen festhalten und sie dann am Sonntag dem Gesamtplenum vorstellen.

Küchengruppe

Essen hält Leib und Seele zusammen. Dieser Satz trifft nicht nur auf Feinschmecker zu, sondern ebenso auf unsere Jugendlichen.

Es gehört ein gehöriges Stück Erfahrung dazu, für so eine große Gruppe die richtigen Mengen zuzubereiten und das Essen richtig zu würzen. Kommt zu wenig auf den Tisch, bricht der Futterneid aus: Bei einigen quellen die Teller über, voll mit den besten Stücken; andere gucken dagegen in die Röhre. Die Mahlzeiten werden dann ziemlich chaotisch. Eine miese Stimmung ist damit vorprogrammiert.

Die gute wie die miese Stimmung ist nicht nur auf die Mahlzeiten beschränkt, obwohl sie dort am sichtbarsten zum Ausdruck kommt, sondern sie wirkt nach und trägt so unmerklich aber nicht unerheblich zur Gesamtatmosphäre des Zeltlagers bei.

Die Küche hat deshalb in einem Zeltlager einen hohen Stellenwert. Wenn es ihr gelingt, gutes und schmackhaftes Essen auf den Tisch zu bringen, hat sie das ihre für einen Erfolg der Sommerfahrt getan.

Für achtzig bis hundert Leute zu kochen, ist nicht so ganz einfach. Die Jugendlichen und Hauptamtlichen, die die Lagerküche bewirtschaften, haben wohl mit den schwierigsten und anstrengendsten Job auf so einer Sommerfahrt. Sie müssen nicht nur gut kochen können, sondern auch Nerven wie Drahtseile haben, denn oft ist es zu den Mahlzeiten tierisch hektisch: der eine will noch ein Glas Marmelade haben, die andere braucht unbedingt sofort eine Dose Milch usw. usf. Motzen gehört dabei zum guten Ton, Lob hören die Küchenleute nicht so häufig. Wenn dann die Küche ab und zu mal ausflippt, ist das kein Wunder; zumal dann nicht, wenn man bedenkt, welche Affenhitze in einem Zelt herrscht, in dem vier große Gaskocher voll powern.

Es ist klar, daß die Küchenleute bei so einem anstrengenden und aufreibenden Job nicht den ganzen Tag im Küchenzelt zubringen können und wollen.

Die Küchengruppe will aus diesem Grunde die Mahlzeiten auf bestimmte Zeiten beschränken.

«Auf der letzten Sommerfahrt haben wir das mit den Mahlzeiten ziemlich locker gehandhabt. Selbst, wenn jemand um halbelf aus der Pofe stieg, hat der noch was zu essen gekriegt. Abgeräumt haben die den Tisch hinterher dann natürlich nicht. Da mußten wir dann auch noch hinterher sein. Und das am Vormittag, wo das sowieso immer hektisch ist, weil das Mittagessen gekocht werden muß. Ich bin dafür, feste Essenszeiten einzurichten: Meinetwegen von 9.00–10.00 Uhr Frühstück, um 13.00 Uhr Mittag und um 18.00 Uhr Abendbrot. Außerhalb dieser Zeiten ist das Küchenzelt für Leute, die darin nichts zu suchen haben, tabu. Wer zu spät zu den Mahlzeiten kommt, hat Pech gehabt. Ende Banane!
Das hat zwar einen Hauch von Bund, aber ich sage euch, wenn wir das wieder so locker wie letztes Mal halten, kommen wir überhaupt nicht aus'm Zelt mehr raus. Nach ein paar Tagen bis' du dann fix und foxi und machst die anderen dann nur noch an. Das ist ja auch nicht Sinn der Sache. Oder?!»
Das sind auch Gründe, die jedem/er einleuchten müßten, wenn wir es ihnen nur richtig verklickern.

Man einigt sich nach einigem hin und her auf die vorgeschlagenen Essenszeiten.

Ein weiteres Problem stellt der Umfang der anfallenden Arbeiten in der Küche dar. Man stelle sich mal vor, wenn es Kartoffelsalat gibt, was da für einen Haufen Kartoffeln geschält werden müssen. Das können natürlich die fünf Leute aus der Küche nicht allein machen. Die Gruppe hat sich daher folgendes ausgedacht:

Geschlafen wird auf dem Zeltlager in großen Zehner-Zelten, die wir uns für die Fahrt geliehen haben. Für jedes dieser Zelte sind zwei Jugendgruppenleiter/innen verantwortlich. Das heißt z. B., daß sich die Teilnehmer/innen bei ihnen abmelden müssen, wenn sie das Lager verlassen wollen.

Jeweils eins dieser Zelte, so die Idee der Gruppe, soll für einen Tag Küchendienst machen. Da wir sieben Zelte mithaben ist jede/r zweimal mit Küchendienst dran. Nicht zuviel während eines vierzehntägigen Urlaubs, findet die Gruppe. Zum Küchendienst gehört, daß morgens die Tische auf- und abgedeckt werden, daß die Mahlzeiten mit vorbereitet werden (z. B. Kartoffel schälen) und daß das Küchengeschirr abgewaschen wird. Das persönliche Eßbesteck muß jede/r Teilnehmer/in selbst mitbringen und dann auch selber abwaschen.

Da der Küchendienst nicht zu den beliebtesten Beschäftigungen der Teilnehmer/innen einer Sommerfahrt gehört, versuchen die meisten sich davor zu drücken. Damit die Küchencrew nicht ständig hinter den Leuten herrennen muß, sollen die zuständigen Jugendgruppenleiter/innen dafür sorgen, daß «ihr» Zelt den Küchendienst anständig hinter sich bringt.

«Wir sind schon mitten drin im Organisatorischen – aber das Wichtigste, nämlich den Essensplan, haben wir überhaupt noch nicht besprochen!»

Das ist richtig und soll deshalb als nächstes in Angriff genommen werden.

Die Küchencrew kann so richtig in ihren Schlemmerphantasien schwelgen:

«Ahh, geil! Steaks mit Pommes und schöner Kräuterbutter obenauf oder so'ne richtige Pizza – das kommt doch gut.

Und zum Nachtisch so'ne richtig dicke Eisbombe – aber bitte mit Sahne! Und als Vorsuppe darf's dann vielleicht Kaviarcreme mit Lachsschinken sein – oder was?? Ihr habt ja 'n Rad ab. Wer soll das denn bezahlen?»

Pille, ein Jugendgruppenleiter aus Großlohe, holt die Gruppe schnell wieder auf den Boden der Tatsachen zurück. In der Tat sind die kulinarischen Genüsse, die auf einer Sommerfahrt dieser Größenordnung angeboten werden können, durch mehrere Faktoren eingeschränkt.

Erstens durch die finanziellen Mittel, die zur Verfügung stehen: mit 10,– DM pro Tag und Teilnehmer/in muß die Gruppe auskommen.

Zweitens müssen die Gerichte relativ schnell zubereitet werden können, da zwischen Frühstück und Mittag nicht viel Zeit bleibt.

Drittens soll das Essen mit den vorhandenen Gerätschaften gekocht werden. Wenn z. B. kein Backofen vorhanden ist, fallen natürlich auch alle Gerichte weg, die gebacken werden müssen.

Und viertens soll das Essen schließlich mit den vorhandenen Kochkünsten der Küchengruppe herzustellen sein.

Keine leichte Aufgabe also für die Gruppe, einen Essensplan zu erstellen, der die genannten Kriterien berücksichtigt und der dann auch noch das Wohlgefallen der Teilnehmer/innen findet.

Die Freizeitgruppe

Die Freizeitgruppe hat schon ein gutes Stück Arbeit geleistet:

Das Programm ist fast fertig.

Das war gar nicht so einfach, alles unter einen Hut zu bringen. Wir wissen ja nicht, wie das Wetter wird. Scheint die Sonne ständig, können wir sowieso die Hälfte von dem, was wir geplant haben, vergessen. Regnet es, haben wir viel zu wenig auf dem Zettel.

Wir wissen ja auch nicht genau, wer alles mitfährt – also wie alt die Leute sind, wieviel Jungs und Mädchen. Wir wollen mit unserem Programm ja möglichst viele ansprechen.

Aber ich glaube, wir haben das ganz gut hingekriegt!

Wandzeitung mit dem Freizeitprogramm

Das Freizeitprogramm ist in zweierlei Hinsicht wichtig für die Sommerfahrt.

Zum einen bietet es Abwechslung im manchmal eintönigen Lageralltag – besonders dann, wenn das Wetter schlecht ist und sich Frust und Langeweile breitmachen. Es trägt somit auch zu einer guten Atmosphäre auf der Fahrt bei. Außerdem lassen sich durch viele gemeinsame Aktivitäten Cliquenbildungen einschränken. Dies ist ein Gesichtspunkt, der uns besonders am Herzen liegt, da wir ja mit Jugendlichen aus vier verschiedenen Einrichtungen fahren.

Zum anderen sind die Aktivitäten des Freizeitprogramms ein ideales Betätigungsfeld für die Jugendgruppenleiter/innen. Sie können dabei für begrenzte und überschaubare Projekte die Verantwortung übernehmen. Ein kleines Fußballturnier vorzubereiten oder mit einigen anderen zusammen ein kleines Spiel anzuleiern, das trauen sich auch jüngere Jugendgruppenleiter/innen zu. Die, die schon länger in der Jugendarbeit mitmachen, trauen sich auch an größere Vorhaben, wie die Vorbereitungen der großen Feste oder an ein Gruppenangebot, heran.

Nicht alle Aktivitäten des Freizeitprogramms werden aber von den Jugendgruppenleitern/innen getragen. Einige, wie z. B. die Ausflüge, die Nachtwanderung oder die Abenteuertour werden von uns angeboten, weil es uns zu riskant ist, Jugendgruppenleitern/innen die Verantwortung für solche Aktivitäten zu übertragen. Es sei denn, sie sind schon sehr lange in der Jugendarbeit engagiert und haben bewiesen, daß sie eigenverantwortlich und umsichtig arbeiten können. Ansonsten sehen wir unsere Aufgabe im Rahmen der Freizeitaktivitäten darin, den Ehrenamtlichen mit unserem Rat zur Seite zu stehen und dafür zu sorgen, daß die einmal vorgenommenen Aktivitäten auch stattfinden. Es stellt sich nämlich manchmal auf der Fahrt heraus, daß die Jugendlichen sich mit dem, was sie eigentlich an Aktivitäten geplant haben, übernommen haben. Wir weisen zwar schon bei der Planung darauf hin, daß sie nicht zuviel Aufgaben übernehmen sollen – aber leider nicht immer mit dem nötigen Erfolg. Die eigene Erfahrung ist dann oft der bessere Lehrmeister.

Zwischen den Hauptamtlichen und Jugendgruppenleitern/innen bestehen tiefe Meinungsunterschiede, wie mit Drogen umgegangen werden soll:

Ein Teil der Jugendgruppenleiter und -leiterinnen ist der Meinung, daß ein Verbot von harten Alkoholika und von Hasch überflüssig sei «Da hält sich doch sowieso keiner dran». Außerdem was ist schon dabei, wenn man sich mal ein «kleines Pfeifchen durchzieht».

Es ist schon eine schwierige Situation. Das Jugendgruppenleiterprinzip im Kopf zu haben, ist eine Sache; es dann aber in die Praxis umzusetzen und auch in schwierigen Situationen durchzuhalten eine andere. In dieser Diskussion geht es darum, daß wir auf jeden Fall wollen, daß der Genuß von Shit im Lager sanktioniert wird. Und zwar aus zweierlei Gründen. Einmal werden wir als Hauptamtliche von den Trägern auch als Hauptverantwortliche angesehen. Wir müssen Rechenschaft ablegen über das, was auf der Fahrt und in der Jugendarbeit der Einrichtung passiert. – Auf diese formale Position wollen wir uns aber in dieser Auseinandersetzung nicht zurückziehen.

Zum zweiten ist für uns der Alkoholgenuß bei den Jugendlichen schon ein großes Problem. Wir versuchen, in den Einrichtungen dagegen 'was zu unternehmen, indem wir z. B. verbieten, daß harte Sachen mit in's Jugendhaus genommen werden. Notfalls wird z. B. auch eine eingeschmuggelte Kornbuddel in den Ausguß geschüttet.

Nun kann natürlich mit Recht gefragt werden, warum wir nicht ein totales Alkoholverbot aussprechen.

Eine ausführliche Diskussion darüber würde den Rahmen dieses Beitrags sprengen; doch soviel sei dazu gesagt: Alkohol ist ein gesellschaftliches Problem, das auch gesellschaftlich angegangen werden muß.

Für Arbeiterjugendliche gehört das Bier am Abend zu ihrem Lebensstil. Würden wir ein totales Alkoholverbot aussprechen, würden wir damit einen Teil unserer Jugendlichen aus unserer Einrichtung «hinausorientieren» – hinein in die Kneipen. Wir haben uns deshalb auf den Kompromiß eingelassen, harte Sachen zu verbieten und Bier und Wein zu erlauben.

Das Verbot hat außerdem noch einen – erwünschten – Nebeneffekt: Dadurch, daß wir die harten Sachen verbieten, ist das Problem Alkohol ständiger Gesprächsgegenstand im Haus, d. h. wir machen keine Gruppe mit dem Thema «Alkoholismus bei Jugendlichen», sondern führen spontane, ganz konkrete Diskussionen mit den Jugendlichen im Club, im Büro oder auf dem Flur.

Wir versuchen also schon, etwas gegen den Alkoholgenuß der Jugendlichen zu tun. Aber nicht um den Preis, daß sie uns nachher wegbleiben.

Unser Ziel ist es, den Jugendlichen einen bewußten Umgang mit Alkohol nahezubringen, auch dadurch, daß wir den Alkoholgenuß in den Einrichtungen einschränken. Übrigens eine Regelung, die auch von den Jugendgruppenleitern/innen unterstützt wird, da sie z. B. während des Clubbetriebes ziemlich üble Erfahrungen mit angesoffenen und aggressiven Jungs gemacht haben. Und von Bier wird man schließlich nicht so besoffen wie von Rum mit Cola.

Doch zurück zur Gruppe. Hier geht es ja nicht um Alkohol, sondern um Haschisch. Ein Problem, das vor ein paar Jahren unter Arbeiterjugendlichen überhaupt kein Thema gewesen wäre. Kiffen, einst fast nur unter Mittelschichtsjugendlichen üblich, ist mittlerweile auch unter Arbeiterjugendlichen weit verbreitet. Und Hasch wird jetzt, wie Alkohol, exzessiv genossen.

Wir wollen diese Droge, ebenso wie harte Alkoholika, einschränken. In den Einrichtungen ist sie deshalb streng verboten.

Sollen wir also jetzt in der Gruppe ein Verbot durchsetzen, indem wir das Formale, nach dem Motto: «Wir sind schließlich verantwortlich», in den Vordergrund stellen, oder versuchen wir nochmal alle unsere Argumente in's Rennen zu werfen, um so die Jugendgruppenleiter/innen zu überzeugen.

Wir entschließen uns schließlich fürs zweite. Ein zähes Ringen um Mehrheiten endet schließlich damit, daß sich knapp über die Hälfte der Gruppe für ein Verbot von Hasch ausspricht.

Gute zwei Stunden hat die Gruppe an diesem Thema diskutiert. Das Jugendgruppenleiterprinzip kann manchmal ganz schön anstrengend sein.

Auf der anderen Seite ist der Sinn dieser intensiven Vorbereitung zusammen mit den Jugendlichen, daß wichtige Themen nicht abstrakt diskutiert werden, sondern einen ganz konkreten Bezug zur gegenwärtigen Lebenssituation der Jugendlichen haben.

Ein weiterer Punkt, über den die Gruppe länger diskutiert und der den Hauptamtlichen besonders am Herzen liegt, ist die Frage der Mitbestimmung der Teilnehmer/innen auf der Fahrt.

Der Lagerrat – ein Gremium mit Tradition. Schon bei der ersten großen Sommerfahrt hat es einen Lagerrat gegeben. Er setzt sich aus Teilnehmern/innen, Jugendgruppenleitern/innen und Hauptamtlichen zusammen, die nach folgendem Schlüssel gewählt werden:
Jedes Zelt wählt zwei Vertreter/innen in den Lagerrat. Die Jugendgruppenleiter/innen wählen vier aus ihrer Mitte in das Gremium.

Zwei der Hauptamtlichen sind für den Lagerrat verantwortlich.

Der Lagerrat tagt zweimal in der Woche.

Der Lagerrat ist das oberste Entscheidungsorgan im Zeltlager. Wenn Jugendliche irgendetwas auszusetzen haben am Programm, wenn sie sich ungerecht behandelt fühlen, wenn sie Verbesserungsvorschläge haben usw. können sie sich an den Lagerrat wenden. Er entscheidet in Konfliktfällen und gibt Anregungen.

Die Hauptamtlichen haben in diesem Gremium nur ein Vetorecht, wenn es um Entscheidungen geht, die finanzielle Konsequenzen nach sich ziehen, oder wenn es um so schwerwiegende Sanktionen geht wie z. B. das Nach Hause schicken von Teilnehmern/innen.

Soweit die Theorie. In der Praxis ist es stets so gewesen, daß es viel Engagement der Hauptamtlichen bedurfte, damit der

Lagerrat sich tatsächlich regelmäßig traf und seine Funktion wahrnahm. Wir halten trotzdem an dieser Konstruktion fest, weil wir erstens noch keinen besseren Weg der Mitbestimmung gefunden haben, und zweitens es wichtig finden, daß Jugendliche Selbstverwaltung ein Stück weit lernen können.

Ein weiterer Bestandteil der Selbstverwaltung auf der Sommerfahrt sind die Vollversammlungen, die zwei- bis dreimal während der Fahrt stattfinden. Auf ihnen werden wichtige Entscheidungen und größere Vorhaben, wie z. B. die Vorbereitung der Feten besprochen. Auf ihnen kann jede/r, das was sie/er für wichtig hält, loswerden.

In der Arbeitsgruppe wird noch eine ganze Zeit über die Vor- und Nachteile des Lagerrates diskutiert. Man einigt sich schließlich darauf, auch in diesem Jahr wieder einen Lagerrat zu wählen.

Die Teilnahme an der Vollversammlung und am Lagerrat ist für die Teilnehmer/innen Pflicht und kommt mit in die Lagerregeln, die die Gruppe ausgearbeitet hat, und die allen vor der Fahrt ausgehändigt wird.

Werbung

In der Werbungsgruppe herrscht rege Betriebsamkeit. Mehrere Entwürfe für eine Einladung sind entstanden. Der ganze Stolz der Gruppe aber ist eine riesige Stellwand. Auf ihr sind die Fotos von Terschelling zu sehen, und in der Mitte hängt eine Karte der Insel, auf der alle für die Fahrt wichtigen Punkte eingezeichnet sind. Eine gezeichnete Windmühle und der Schriftzug «Holland» als Überschrift lassen keinen Zweifel aufkommen: Hier geht es um die nächste Sommerfahrt. Wer beim Anblick dieser Infotafel keine Lust kriegt, mitzufahren, hat selber Schuld.

Die Tafel soll im Jugendkeller der KG Großlohe aufgehängt werden. Ähnliche Tafeln sollen auch in den anderen Jugendeinrichtungen die Jugendlichen für unsere Sommerfahrt begeistern.

Der Entwurf für ein Plakat ist auch schon fast fertig. Sie sollen in den Schulen und in anderen Jugendeinrichtungen unseres Bezirks aufgehängt werden.

Sonntag

Der nächste Morgen ist grausam. Die meisten haben einen dicken Kopf und sind hundemüde. Trotzdem: die erste Arbeitseinheit ist um 10.00 Uhr. Einige schaffen es knapp nach mehrmaligen Wecken und der Drohung, daß beim nächsten Wecken der Eimer Wasser obligatorisch sei, zu erscheinen.

Heute sollen die Arbeitsergebnisse der einzelnen Gruppen vorgestellt werden.

Wie erwartet ist die ganze Arbeitseinheit schleppend und zäh. Die Jugendgruppenleiter/innen stellen ihre Wandzeitung lustlos und schleppend vor, entsprechend gelangweilt sind die anderen.

Nach dem Mittagessen ist dann auch die Luft vollkommen raus und wir beenden das Seminar mit einem guten Kaffee und einer Seminarkritik.

Vorbereitungsgruppen (März–Juni)

Die Arbeitsgruppen des Seminars haben die einzelnen Aufgabengebiete schon ganz gut vorstrukturiert. Während der nächsten Monate wird die Feinarbeit in kleinen Arbeitsgruppen geleistet, die sich wöchentlich in den Jugendeinrichtungen treffen.

So ist die *«Küchengruppe»* dabei, den Essensplan in eine Einkaufsliste umzusetzen. Es müssen die benötigten Kochgeräte besorgt werden. Was nicht ausgeliehen werden kann, kommt mit auf die Einkaufsliste für Küchenmaterial.

In der *«Freizeitgruppe»* muß von den Jugendgruppenleitern/innen noch viel Vorarbeit geleistet werden. Die einzelnen Aktivitäten müssen schon hier in Hamburg gut durchdacht und vorbereitet werden, wenn sie nachher auf der Fahrt auch klappen sollen. Für die Gruppen und die Spiele sowie für die Feste wird ebenfalls eine Einkaufsliste angefertigt.

Die *«Lagerordnungsgruppe»* hat alle Hände voll damit zu tun, ein Infoblatt für die Teilnehmer/innen der Sommerfahrt zusammenzustellen, in dem die Lagerregeln, der Lagerrat und die Vollversammlungen erklärt werden. Die Gruppe will das in Form einer Lagerzeitung herausbringen.

Die *«Werbungsgruppe»* hat die Plakate gedruckt und einen Handzettel für die Eltern und die Teilnehmer/innen entworfen, auf dem das Wichtigste zur Sommerfahrt zusammengefaßt ist. Die Stellwände mit den Bildern stehen auch schon in fast allen Einrichtungen.

Es finden weiterhin die Vorbereitungsgruppen mit allen Jugendgruppenleitern/innen statt.

Die 14tägigen Treffen der Hauptamtlichen sind jetzt besonders wichtig. Ein LKW, sowie zwei Reisebusse und ein VW-Bus müssen möglichst günstig besorgt werden. Auch sonst ist eine Menge an organisatorischem Kram zu erledigen, wie z. B. die Beschaffung der Finanzen usw.;

Absprachen sind jetzt besonders wichtig.

Nebenbei arbeiten wir in den einzelnen Vorbereitungs-AGs mit. Wobei die Intensität unserer Mitarbeit davon abhängt, wieviel Erfahrung die einzelnen Jugendgruppenleiter/innen bei der Vorbereitung einer Sommerfahrt haben.

Wenn jemand das vierte Mal dabei ist, braucht in der Gruppe von unserer Seite aus nicht so intensiv mitgearbeitet werden, wie in einer Gruppe, in der alle zum ersten Mal eine Sommerfahrt vorbereiten.

Unsere Vorbereitungstreffen mit allen beteiligten Jugendgruppenleitern/innen finden weiterhin alle 14 Tage statt. Sie dienen vor allem dem Austausch darüber, wie weit die einzelnen Gruppen in ihrer Arbeit vorangeschritten sind.

Die wichtigsten Diskussionen sind gelaufen oder finden in den Arbeitsgruppen statt.

Entsprechend langweilig sind die Treffen. Vor allem die älteren Jugendgruppenleiter/innen bleiben weg.

«Auf die ewige Sabbelei hab' ich keinen Bock. Es ist doch klar, was gemacht werden muß. Wenn es losgeht mit einkaufen und so, steh ich wieder auf der Matte, aber solange . . .» – Abpfiff.

Infoabend mit Eltern und Teilnehmern/innen (Ende April)

Der Infoabend ist wichtig. Auf ihm können noch Fragen der Eltern und Teilnehmer/innen geklärt werden.

Die Jugendgruppenleiter/innen haben den Raum schon für den Abend hergerichtet. Es soll in ihm etwas von der Atmosphäre einer Sommerfahrt spürbar sein.

Die Stellwände und Plakate hängen an der Wand. In einer Ecke ist ein kleines Zelt aufgebaut, in der anderen Ecke steht ein Teil der Lagerküche. Auf einem großen Gaskocher brutzelt eine leckere Erbsensuppe, die es am Abend geben soll.

Zur Einstimmung wollen wir den Video-Film zeigen, den der Erkundungstrupp gedreht hat. Anschließend ist dann Zeit für Informationen und Fragen. Der Abend soll mit Musik und Klönen langsam ausklingen.

Im großen und ganzen läuft der Abend zwar etwas chaotischer ab, als wir ihn geplant haben; die Jugendlichen sind zum Teil ziemlich laut und aufgedreht, so daß die Fragen der Eltern manchmal nur mit Mühe zu verstehen sind. Aber es ist trotzdem ein gelungener Abend. Besonders der Video-Film verfehlt seine Wirkung nicht.

Etwas enttäuscht sind wir über die Anzahl der Eltern, die erschienen sind. Ganze 10 Eltern. Wenig zwar, aber das deckt sich mit den Erfahrungen, die wir auch in den letzten Jahren gemacht haben.

Gemeinsames Treffen mit allen Jugendgruppenleitern/innen (Juni)

Es ist unser letztes Treffen hier in Hamburg, das nächste wird erst wieder in Terschelling stattfinden.

Auf unserem heutigen Treffen soll es darum gehen, wer denn nun mit auf den Vortrupp fahren soll.

Der Vortrupp soll mit dem vollgepackten LKW und einem VW-Bus schon eine Woche eher nach Terschelling fahren und dort den Lagerplatz soweit herrichten, daß alle Zelte stehen und die Küche funktionsfähig ist. Wir verlieren so während der eigentlichen Sommerfahrt nicht soviel Zeit damit, daß wir erst die Zelte aufbauen müssen, und die Teilnehmer/innen können nach der langen Busfahrt mit einer Mahlzeit im Ferienlager begrüßt werden.

Der Aufbau der Zelte wird etwa drei bis vier Tage dauern. Es ist eine Arbeit, die anstrengend ist und Kenntnisse verlangt. Aber sie macht viel Spaß und ist daher bei den Jugendgruppenleitern/innen beliebt und begehrt.

Auch beim Vortrupp haben wir, ähnlich wie bei der Erkundungstour, deshalb mehr Bewerber/innen als Plätze zur Verfügung stehen.

Neben den Kriterien, die für die Auswahl der Mitfahrenden der Erkundungstour galten, nämlich

- Aus jeder Einrichtung ein Vertreter/in
- Jungs und Mädchen zu gleichen Teilen

kommen für den Vortrupp noch weitere hinzu:

- Es müssen Leute aus der Küche mit; nur sie wissen, wie das Küchenzelt am zweckmäßigsten eingerichtet wird. Und sie sollen nachher für die ausgehungerten Busreisenden das Essen auf dem Tisch stehen haben.
- Es sollten Jugendgruppenleiter/innen dabei sein, die auch schon auf der Erkundungstour mit waren, weil sie die Örtlichkeiten kennen.
- Die «Zeltaufbauexperten» dürfen auf keinen Fall fehlen. Die großen Schlaf- und Versammlungszelte richtig aufzubauen, das erfordert Kraft und Übung. Eine gut eingespielte Zeltmannschaft erleichtert diese Arbeit ungemein.

Wie jedes Jahr gibt es eine lange Diskussion darüber, ob Mädchen mitfahren sollen oder nicht.

«Ihr könnt doch die schweren Sachen und die Zelte gar nicht schleppen, dazu fehlt euch die richtige Knöf in den Armen. Und 'n Zelt habt ihr auch noch nicht aufgebaut, das dauert doch Wochen. Das steht doch erst, wenn wir wieder abfahren.»

Und wie jedes Jahr setzen sich die Mädchen immer mehr durch und erobern dadurch Bereiche, die die Jungs nur für sich gebucht glaubten.

«Es gibt ja nicht nur schwere Arbeiten zu machen. Außerdem haben wir nicht den Ehrgeiz, den Tarzan raushängen zu lassen. Wenn es für die einzelne zu schwer ist, fassen wir eben mit mehreren Frauen an, dann geht das schon.
Und wenn wir die Zelte nicht in einem Tag aufgebaut kriegen, macht das doch nichts, dann bauen wir eben nur eins in vier Tagen auf. Die anderen könnt ihr dann ja klar machen.»

Am Ende der Diskussion fahren schließlich mehr als ein Drittel Mädchen mit. Im nächsten Jahr werden es sicherlich zur Hälfte Mädchen im Vortrupp sein.

Ein paar Anmerkungen

Auf eine Beschreibung der Sommerfahrt verzichten wir. An anderer Stelle dieses Buches werden solche Fahrten ausführlich geschildert. Uns ging es hier im wesentlichen um die Beschreibung einer Sommerfahrtsvorbereitung, in der das Jugendgruppenleiterprinzip seinen Platz hat. Die Schilderung einer Maßnahme, die ein dreiviertel Jahr Arbeit umfaßt, muß notgedrungen lückenhaft und unvollständig bleiben. Sie kann nur die groben Tendenzen aufzeigen, Details fallen dabei unter den Tisch. Aber diese sind es oft, die erst das Gesamte ausmachen und die Arbeit so schwierig gestalten.

Einige Anmerkungen sind deshalb noch wichtig, damit nicht der Eindruck entsteht, daß alles so glatt ablief, wie es sich vielleicht liest.

Wir finden es wichtig, einige typische Beispiele zu schildern, damit die Kollegen/innen, die sich von unserem Beitrag angesprochen fühlen und etwas ähnliches planen, nicht frustiert sind, wenn es bei ihnen ganz anders läuft, als wir es beschrieben haben.

Als erstes ist es wichtig, daß das Jugendgruppenleiterprinzip in unseren Einrichtungen eine lange Tradition hat.

Wer also erst anfängt, nach diesem Prinzip zu arbeiten, muß erstmal kleine Brötchen backen und darf sich nicht wundern, daß vieles nicht so klappt, wie er/sie es sich gedacht hat.

Auch bei unserer Vorbereitung liefen z. B. die Kleingruppen in den Einrichtungen nicht immer kontinuierlich.

Oft hatten die Jugendgruppenleiter/innen keine Lust, sich schon monatelang vor der Fahrt mit Einkaufslisten, Freizeitplanung u. ä. im Detail zu beschäftigen. Das war für sie noch viel zu weit weg. Arbeiterjugendliche sind handlungsbezogen und wollen lieber 'was Konkretes tun, als lange über etwas zu sprechen.

Nur dadurch, daß wir sie immer wieder auf die übernommenen Aufgaben hin ansprachen und uns mit ihnen zusammensetzten, liefen die Kleingruppen überhaupt. Wie gesagt: Eine Ferienfahrtvorbereitung ist Gruppenarbeit in der offenen Jugendarbeit.

Für diejenigen unter uns, die alleine in der Einrichtung arbeiten, bedeutet die Vorbereitung eine immense Arbeitsbelastung.

Jede Woche gehen ein bis zwei Termine für die Vorbereitungstreffen und für die Kleingruppenarbeit drauf. In der heißen Phase der Vorbereitung, also zwei bis drei Wochen vor Fahrtbeginn hat man kaum noch Zeit für etwas anderes.

Auf der Fahrt selber klappte natürlich auch nicht alles so, wie wir es geplant hatten. (Das wär ja auch langweilig.)

Die Jugendgruppenleiter/innen waren mit einigen Aufgaben wirklich überfordert.

Die Gruppenangebote gingen sämtlich in die Hose. Gruppenarbeit mit Arbeiterjugendlichen ist selbst für ausgebildete Pädagogen/innen eine schwere Aufgabe, für Jugendgruppenleiter/innen ist es eine Überforderung.

Auch mit der Verantwortung für die Zehnerzelte haute es manchmal nur hin, wenn wir in den Jugendgruppenleitertreffen auf der Fahrt immer wieder auf ihre Verantwortlichkeiten hinwiesen. Besonders bei schönem Wetter wollten sie natürlich lieber auch wie alle anderen an den Strand, statt dafür zu sorgen, daß «ihr» Zelt Tischdienst macht. Das ist durchaus verständlich und einzusehen, darüber kann man ihnen nicht böse sein. Trotzdem muß man mit ihnen darüber reden und sie in ihrer übernommenen Verantwortung ernstnehmen.

Die Ausflüge, Turniere und Feste hingegen liefen hervorragend. Jedoch mußten wir auch hier ab und zu dafür sorgen, daß die Aktivitäten angeleiert wurden. Waren die Jugendgruppenleiter/innen dann erstmal angefangen, liefen die Sachen auch.

Der Lagerrat lief zäh, wie auf jeder Fahrt. Zweimal allerdings hatte er seinen großen Auftritt. Einmal beschwerten sich Jugendliche über zu großen Lärm mitten in der Nacht. Ein Fall, der befriedigend gelöst werden konnte. Das andere Mal ging es um eine Hauerei auf dem Platz.

Als Sanktion wurde für die beiden Kontrahenten verschärfter Küchendienst überlegt (ein ganzer Tag).

Auch mit dem Einhalten der Lagerregeln gab es die erwarteten Probleme. Besonders das Hasch-Verbot und das Verbot der harten Alkoholika wurde von den Jugendlichen (und den Jugendgruppenleitern und -leiterinnen) immer wieder durchbrochen.

Diese Regelverstöße waren immer wieder Anlaß zu ernsthaften Gesprächen und Auseinandersetzungen zwischen betroffenen Jugendlichen und den hauptamtlichen Mitarbeitern und Mitarbeiterinnen.

Deshalb aber auf solche Regelungen zu verzichten – «Weil sie ja doch nicht eingehalten werden» – wie es manche Jugendgruppenleiter/innen und Kollegen fordern, halten wir für falsch. Wir drücken uns damit um die Auseinandersetzung mit Themen, die für die Jugendlichen einen ganz wichtigen Stellenwert haben. Und wir berauben uns der Möglichkeit, daß die Jugendlichen sich mit unseren Vorstellungen vom sinnvollen Umgang mit Alkohol und Drogen auseinandersetzen können.

Zu Hause in der Jugendeinrichtung lassen sich viele Sachen gut vorplanen. Ganz anders sieht es jedoch aus, wenn dann auf dem Ferienlager die Sonne scheint, alle zum Baden gehen, und man selber als Jugendgruppenleiter/in mit seinem Zehnerzelt Tischdienst hat. Es ist verständlich, daß dann leicht alle Abmachungen und Verantwortlichkeiten vergessen werden, wenn die Sonne und das Meer lockt.

Wir mußten uns daher oft mit den Jugendgruppenleitern/innen auf unseren gemeinsamen Treffen über das Thema ‹Umgang mit Verantwortung und Einhalten von Absprachen› auseinandersetzen. Dies aber möglichst im konstruktiven Sinne, auch wenn uns das manchmal angesichts des Chaos, das durch nicht eingehaltene Abmachungen entstand, ganz schön schwer fiel.

Und wir wollen nicht verschweigen, daß wir manchmal am liebsten den ganzen Kram hingeschmissen hätten und die Jugendgruppenleiter zum Teufel gejagt hätten, weil zum dritten Mal eine Verabredung mit ihnen geplatzt ist oder sie lieber zum Baden gehen mußten, anstatt sich mit uns zur Vorbereitungsgruppe zu treffen.

Noch ein Satz zum Schluß.

Wahrscheinlich werden die wenigsten Jugendhäuser Fahrten in dieser Größenordnung unternehmen wollen. Die Frage stellt sich dann, ob auch bei kleinen Fahrten so eine umfangreiche Vorbereitung notwendig ist.

Wir meinen: Ja. Auch kleine Fahrten können so vorbereitet werden, daß Jugendliche viele Mitgestaltungsmöglichkeiten haben und Verantwortung übernehmen können. Kleine Fahrten haben darüber hinaus noch den Vorteil, daß auch die zukünftigen Teilnehmer/innen viel stärker in die Vorbereitung miteinbezogen werden können. Z. B. durch ein gemeinsames Wochenendseminar, durch regelmäßige Vorbereitungstreffen in der Einrichtung. Vielleicht erwächst ja aus einer kleinen Fahrt die nächste Generation von Jugendgruppenleitern/innen.

10. Mit Mädchen auf Tour

Abenteuerfreizeiten für Mädchen als Medium feministischer Mädchenarbeit

von Annette Janssen und Birgit Schulze

Nach unseren Erfahrungen hat sich Jugendarbeit bisher vorwiegend an männlichen Jugendlichen orientiert.

Der Alltag der Mädchen im Jugendfreizeitheim ist immer noch geprägt von einer Jugendarbeit, die weitgehend an ihren Interessen vorbeigeht. Traditionelle geschlechtsspezifische Angebote wie Nähen, Kochen, Emaillieren etc. werden ihnen in manchen Jugendheimen noch immer gemacht, wobei nichts gegen diese Tätigkeiten an sich zu sagen wäre, wenn sie nicht in dieser Ausschließlichkeit angeboten würden, sozusagen vorbereitend auf ihre spätere Funktion als Hausfrau und Mutter (1).

Jungen ziehen im allgemeinen durch ihr auffälligeres, oft aggressives, den «normalen» Ablauf im Jugendfreizeitheim störendes Verhalten mehr Aufmerksamkeit auf sich. Jungen haben – im Vergleich zu Mädchen – keine Hemmungen, ihre Bedürfnisse und Anforderungen an die Mitarbeiter lautstark und massiv zum Ausdruck zu bringen. Die Angebote in den Jugendeinrichtungen sind daher weitgehend an den Bedürfnissen der Jungen orientiert, die Interessen der Mädchen werden kaum berücksichtigt. Weil Mädchen meist von sich aus keine Forderungen stellen, hat sich bisher kaum jemand die Mühe gemacht, herauszufinden, was denn eigentlich die Bedürfnissen der Mädchen sind.

Die gesellschaftliche Geringschätzung weiblicher Fähigkeiten und Verhaltensweisen spiegelt sich in dem Anspruch an Mädchen, sich bestimmte Eigenschaften und Fähigkeiten der Jungen anzueignen, also Defizite aufzuholen. Sie sollen z. B. offensiv ihre Meinung sagen und durchsetzen, sich auch für Sport und Technik interessieren und sich schließlich bei der Berufswahl nicht nur für soziale und pflegerische Berufe interessieren, sondern für die sogar staatlich geförderten Programme ‹Frauen in Männerberufe› (2).

Solange Mädchen derart massiv benachteiligt werden, ergibt sich für uns die Verpflichtung, uns den Mädchen in der Jugendarbeit ganz gezielt und Partei ergreifend zuzuwen-

---

(1) M. Savier/C. Wildt: Mädchen zwischen Anpassung und Widerstand, München 1978, S. 120

(2) Gabriele Naundorf: Was bieten Freizeitheime den Mädchen? in: Brockmann u. a.: Jahrbuch der Sozialarbeit 3, Reinbek 1979, S. 120

den. Das bedeutet, daß *alle* Überlegungen in der Jugendarbeit auf die Mädchen-/Jungenproblematik ausgerichtet werden müssen. Das bezieht sich auf die Angebote im Rahmen der offenen Arbeit sowie auf die Einrichtung von Gruppen (getrennte Mädchen- und Jungengruppen) – also auch auf Abenteuerfreizeiten. Nach unseren Erfahrungen ist es unmöglich, Abenteuerfreizeiten mit gemischten Gruppen zu organisieren, da dies, gerade bei Thema Abenteuer, immer auf Kosten der Mädchen geht.

‹Typisch männlich› und ‹typisch weiblich› wird neu definiert. Eine Pädagogik, die von der Devise ausgeht: ‹Mädchen sind emanzipiert, wenn sie das können, was Jungen können›, hat die fatale Folge, daß Mädchen mit einer zusätzlichen Leistungsanforderung konfrontiert werden. Sie sind nicht ‹schon wer›, sondern sie müssen sich emanzipieren, um ‹wer zu sein›. Damit werden die Fähigkeiten von Mädchen ignoriert.
Genau da müssen wir ansetzen und ihnen ein Selbstwertgefühl darüber vermitteln, auch als Mädchen viele wichtige Dinge gelernt zu haben und damit Persönlichkeit und Stärke zu besitzen (3).

Wir gehen nicht davon aus, daß Mädchen emanzipiert sind, wenn sie das können, was Jungen können. Wir haben nicht den Anspruch, daß Mädchen lernen müssen, wie sie richtig Feuer machen können, Zelte auf- und abbauen, Reflektoren bauen, Unterschlüpfe aus Ponchos bauen, Wildwasserflüsse überqueren und reißende Hindernisse überwinden können. Sie sollen keine Härtefrauen werden! Abenteuerfreizeiten sind nicht wichtig, weil Mädchen Defizite im Erleben von Abenteuern haben, sondern weil so eine Fahrt eine lustige Abwechslung im Bereich der feministischen Mädchenarbeit sein kann.

Für die Mädchen geht es darum:

- ihre eigenen Interessen und Fähigkeiten herauszufinden
- sie müssen Gelegenheit bekommen, zu lernen, ihre Interessen, Ansprüche und Rechte wahrzunehmen
- sie müssen daraus Handlungskonsequenzen entwickeln lernen
- Mädchen müssen lernen, ihre Tätigkeiten als richtig, wichtig und notwendig zu empfinden (d. h. übertragen

(3) M. Savier/C. Wildt a.a.O. S. 168

auf die Kanufahrten, daß die Mädchen die Freiheit haben *müssen,* über Lust und Unlust selbst zu entscheiden)

- sie müssen die Chance haben, ein eigenes Selbstwertgefühl zu entwickeln.

Alle Fähigkeiten und Interessen von Mädchen müssen gefördert und unterstützt werden – gerade auch, wenn sie herkömmlichen Rollenerwartungen nicht entsprechen –, damit sie mehr Möglichkeiten als bisher haben.

Für viele Mädchen ist von vornherein klar, warum sie eine Mädchengruppe brauchen:

Sie können sich endlich in einer Gruppe frei und ungehemmt verhalten, können offen reden, ohne die Angst, ausgelacht oder auf der Ebene des Sprücheklopfens von den Jungen mundtot gemacht zu werden. In der Mädchengruppe geht es um sie, um die Mädchen selbst.

Die Situation der Mädchen kann sich nur verändern, wenn sie sich in einer autonomen Mädchengruppe zusammenschließen, in der sie ihre Bedürfnisse einbringen und durchsetzen können (4).

Um es noch einmal deutlich zu sagen:

Wir grenzen uns von den Ansprüchen der Jungenfahrten ab. Abenteuerfahrten für Mädchen geben die Möglichkeit, in angstfreier Atmosphäre Abenteuerinhalte für sich auszuprobieren, sowie Mädchengruppe in anderer Umgebung zu erleben. Das heißt, sie können sich endlich in einer Gruppe frei und ungehemmt verhalten, können offen reden, ohne die Angst, ausgelacht oder auf der Ebene des Sprücheklopfens von den Jungen mundtot gemacht zu werden.

Deshalb ist völlig klar, daß innerhalb feministischer Mädchenarbeit auch Abenteuerfreizeiten gemacht werden können, daß aber nicht innerhalb der Erlebnispädagogik Mädchenarbeit am Rande mitlaufen darf!!!

Der nachfolgende Erfahrungsbericht über eine Fahrt mit Jugendgruppenleiterinnen schildert die Prozesse einer mädchenorientierten Erlebnispädagogik.

---

(4) M. Savier/C. Wildt a.a.O. S. 166

Abenteuerseminar für Jugendgruppenleiterinnen

Die Frage, ob Mädchen oder Jungen gemeinsam auf ein Seminar fahren, um Abenteuer zu erleben, wurde von uns also nicht nur diskutiert. Abenteuer erleben – erleben die Mädchen die gleichen Abenteuer wie die Jungen? Oder erleben die Mädchen das, was die Jungen Abenteuer nennen, gar nicht abenteuerlich? Wir glauben, daß Mädchen z. B. Kanufreizeiten ganz anders erleben, wenn sie mit Jungen zusammenfahren, als wenn sie «unter sich» sind. Als wir, die Vorbereitungsleute, zusammensaßen und die Einladung für die Jugendgruppenleiter schrieben, tauchten schon die ersten Probleme auf. Wie konnten wir überzeugen, daß wir unsere Kanufahrt getrennt machen wollen? Also, daß Jungen und Mädchen getrennt, aber an einem Wochenende losfahren. Auf der einen Seite fanden wir es zu oberflächlich zu sagen, daß Mädchen ohne Jungen viel eher einmal die Möglichkeit haben, die Aufgaben zu übernehmen, um die sich sonst die Jungen ständig streiten; z. B. Feuermachen, eine Kote aufbauen, Gebrauchsgegenstände aus Holz basteln usw. und nicht nur Essen kochen oder Holz sammeln. Genauso primitiv ist es zu sagen, daß Jungen einmal ganz sie selber sein können und nicht das Gefühl haben müssen, sich vor den Mädchen zu produzieren. Das reicht, wenn sie es untereinander tun. Auf der anderen Seite war uns klar, daß eine Trennung nicht einfach hingenommen werden würde. Eher vielleicht von den Mädchen, weil sie das Gefühl häufig kennengelernt haben, wie es ist, «nur» mit Freundinnen zu machen. Sie finden es angenehm, weil sie sich freier bewegen können. Sie stehen nicht unter Druck, alles richtig machen zu müssen, um nicht ausgelacht zu werden. Für unsere Einladung wählten wir den einfachsten Weg. Wir faßten sie so allgemein wie möglich ab und stellten die Jugendlichen vor vollendete Tatsachen, ohne es zu begründen. Bei der Abfahrt kamen Proteste und wir stießen, wenn nicht direkt auf Widerstand, so doch zumindest auf Unbehagen, aber wir hofften, daß die Jugendlichen anderer Meinung werden würden, erlebten sie das ungewohnte Miteinander erst selbst. Aber schon beim Einpacken des Gepäcks und beim Beladen der Busse merkten wir, mit wieviel Freude die Mädchen «ihren» Bus beluden. Leider fiel kurz vor der Abfahrt eine Teamerin aus, so daß eine Hauptamtliche, die ursprünglich als Teilnehmerin fahren wollte und die die ganze Vorbereitung nicht mitgemacht hatte, einspringen mußte. Wir fuhren schließlich zu zweit mit 7 Mädchen. Es nahmen Mädchen teil, die aus dem HdJ-Großlohe kommen und sich auf eine Sommerkanufahrt in Frankreich vorbereiten wollten. Der Rest waren Jugendgruppenleiterinnen aus Kirchengemeinden, die schon ein wenig älter waren.

Also, ab geht die Post:

Als wir an der Einsatzstelle ankommen, wird nur noch kurz darüber gesprochen, warum die Jungen weiterfahren. Es entsteht sehr schnell das Gefühl: ‹Das wird *«unser»* Wochenende›. Am Freitagabend brauchen wir nur mit den Kanus den Fluß zu überqueren, um auf der gegenüberliegenden Seite des Flusses auf einer Wiese unsere Zelte aufzuschlagen. Das Gepäck wird in den Kanus verstaut. Schnell ein paar Absprachen, was alles gemacht werden muß. Holz muß gesammelt werden. Aber nicht die Äste von den blühenden Bäumen abreißen! Die Kanus müssen festgemacht

und an Land gezogen werden. Die Zelte müssen aufgebaut werden. Eine von uns Teamerinnen fährt mit drei Mädchen in den Kanus los, um Holz zu sammeln. Da es feuchtes

Wetter ist und viel geregnet hatte, ist es nicht einfach, trotzdem Holz zu finden. Wir müssen also auch Äste nehmen, die ein bißchen feucht sind. Auch ist Holz sammeln nicht gleich Holz sammeln. Auch hier müssen mehrere Sachen beachtet werden: das Holz darf nicht zu dick für den Anfangsstapel sein, außer großen Ästen muß auch Reisig gesammelt werden oder Astgestrüpp. Außerdem brennt Birke am besten. Als wir zwei Kanus mit Holz voll geladen haben, fahren wir zurück zur Lagerstelle. Da sind schon alle Zelte aufgebaut und eine Stelle für das Feuer haben die Mädchen auch schon ausgesucht. Nicht zu nah an den Zelten aber auch windgeschützt. Wir machen den Vorschlag, drei bis vier Grassoden auszuheben, um darunter in der Erde das Feuer anzumachen. Hinterher können die Soden wieder draufgelegt werden. Die Wiese bleibt sauber, es ist garantiert keine Glut mehr und das Gras wächst schnell wieder an. Na ja, einige Mühe haben wir schon, das Feuer richtig in Gang zu bringen, denn das Holz ist schließlich immer noch sehr feucht. Aber es klappt später dann doch. Es wird schon dunkel und wir rücken näher um das Feuer herum, um nicht so sehr zu frieren. Die Abende im Mai sind oft recht kalt. Aber die Stimmung ist gut. Endlich ist das Feuer so weit, daß wir in Alufolie unser Fleisch braten können. Es wird ein sehr gemütlicher Abend. Wir unterhalten uns darüber, warum wir nicht mit den Jungen zusammengefahren sind. Die älteren Jugendgruppenleiterinnen finden die Idee recht gut, weil: ‹Da können wir mal allein was machen und brauchen die Jungs nicht, um das Feuer anzukriegen.› Wir Teamerinnen merken, daß wir schon sehr bald müde werden und uns in unser Zelt zurückziehen wollen. Jeans und Gummistiefel aus, Gymnastikhose, Sweatshirt und dicke Socken an und rein in den Schlafsack. Wer einen etwas besseren Schlafsack hat, sollte lieber so wenig wie möglich anziehen, da sich dann die Körperwärme besser verteilen kann. Am nächsten Morgen werden wir wach, als die Mädchen draußen schon herumlaufen. Sie hätten noch lange am Feuer gesessen und geklönt! Als wir aus unserem Zelt rausgucken und uns umschauen, trauen wir unseren Augen nicht: Die Mädchen sind ganz selbstverständlich dabei, mit einer blauen Mülltüte den ganzen Müll, die Safttüten, Dosen, alte Alufolie, Kippen u. ä. aufzusammeln, damit wir alle auch gemütlich frühstücken können. Wir putzen unsere Zähne kurz und machen das Gesicht und die Hände naß, dann fangen wir an, das Müsli und die Milch, den Käse und das Brot zu essen.

> Am Samstag ging's dann richtig los. Nach dem Frühstück wurden die Kanus fertig gemacht und alles eingeladen. Dabei fällt mir auf, daß einige Mädchen überhaupt nicht mit anfassen wollten und z. T. nur dumme Ausreden hatten, wie z. B. «Ich hab' keine richtigen Schuhe, oder ich hab' doch schon beim Zelte abbauen geholfen.» So kam die erste miese Laune auf. Naja, als dann alle in ihren Kanus saßen und es losging, war alles wieder abgeregt. Wir paddelten etliche Kilometer und mußten ab und zu die Kanus über Schleusen tragen. Da kamen schon wieder so dumme Ausreden von einigen, daß ich am liebsten wieder umgekehrt wäre.
>
> Trotz allem schafften wir alle Hürden und kamen dann am Nachmittag beim Endpunkt an. Mit letzter Kraft wurden die Kanus ausgeladen und alles aufgebaut. Dabei sank schon wieder meine Laune, da der Platz, auf dem wir zelten sollten, nur ein kleines Stückchen Wald, der aber schon tot aussah, war. Es war kein Gras zu sehen und die Bäume sahen aus wie im Winter, von den Ameisen ganz zu schweigen. (Bericht einer Teilnehmerin)

Da sich die erste Aufregung gelegt hat, fragen wir die Mädchen, warum sie denn die Kanutour mitmachen wollen und was jede in ihrer Einrichtung und auch sonst macht. Es dauert nicht lange, da sind wir dabei, uns über unsere Mädchengruppe zu unterhalten. Jede von uns hat schon ihre Erfahrungen mit Mädchengruppen gesammelt. Nach zwei Stunden müssen die Zelte abgebaut werden und die Wiese soll wieder so aussehen, wie sie aussah als wir ankamen. Die Kanus werden beladen, schnell noch ein paar Paddel- und Einsteighinweise, da sind die ersten beiden Mädchen schon auf dem Fluß. Der Fluß ist nicht sehr breit, überschaubar und vor allen Dingen ruhig. Immer zwei sitzen in einem Boot und eine von uns Teamerinnen fährt allein. Das Wetter

ist zum Kanufahren gut geeignet. Es ist windstill, nicht zu kalt und auch nicht so warm, daß wir alle gleich zu schwitzen anfangen. Wir genießen die Ruhe auf dem Fluß, die Wälder und Wiesen links und rechts an den Ufern des Flusses. Und wir haben unsere Freude! Den Mädchen bringt das Paddeln viel Spaß.

Das Steuern müssen sie mit der Zeit rauskriegen, und so finden wir uns nicht selten quer auf dem Wasser oder am Ufer verhakt wieder. Als die ersten kleinen Brücken kommen, müssen wir uns fast flach in's Boot legen, um unterdurchzufahren. Nach einigen Stunden kommt das erste Wehr, an dem wir umtragen müssen. Alle Frauen aus den Booten, Sachen ausladen, Boote an Land, am anderen Ende wieder einsetzen und alles wieder einladen, uns auch. Schon geht es weiter. Wir fahren noch eine ganze Weile, da kommen wir an der vorher ausgesuchten Übernachtungsanlegestelle an. Hier soll das nächste Lager errichtet werden. Vor allem haben wir großen Hunger. Also erst einmal das Brot raus. Zum Abendbrot gibt es Ravioli! Hatten wir sicher alle lange nicht mehr.

Diesmal bauen wir nach einer etwas längeren Diskussion, wo denn nun die Zelte stehen sollen, die Zelte auf und legen unsere Schlafsäcke und Isomatten schon fertig zur Nacht

hin. Endlich können wir anfangen zu kochen. Das Geschirr, Teller, Löffel, Becher stehen schon lange bereit. Und wie soll es anders sein, so tolle Ravioli hatten wir alle noch nie zuvor gegessen. Mit dem Feuermachen hat es diesmal besser geklappt. Wir sind ja auch schon viel geübter jetzt. Der Sonnabendabend vergeht wie im Fluge. Als wir es uns gerade gemütlich am Feuer machen wollen, wird es schon kalt und feucht. Außerdem sind wir doch sehr müde von der frischen Luft. Also verkriechen wir uns schon recht bald in unsere Zelte und sagen uns «Gute Nacht».

> Am Abend zeigte uns Birgit, wie man richtig Feuer macht und einige von uns machten Tzaziki und Stockbrot, das wir am Feuer rösteten. Nach dem Essen wurde es noch gemütlich, da wir nur Mädchen waren und dadurch sehr schnell vertraute Gespräche aufkamen.

Am nächsten Morgen werden wir schon ziemlich früh geweckt von einem Teamer. Er ist schon mit dem Kanuhänger gekommen, und wir haben leider nicht mehr so viel Zeit wie eigentlich notwendig gewesen wäre, um das Abschiedsfrühstück vorzubereiten, ausgiebig zu essen und in Ruhe unsere Sachen zusammenzupacken. So fällt die obligatorische Seminarkritik ein wenig schmal aus. Was jedoch am

Ende gesagt werden kann, daß das Wochenende den Mädchen und auch uns sehr viel Spaß gebracht hat. Die Mädchen sagten, daß es toll war, Paddeln zu lernen und nicht den Zeitdruck zu haben, ein Seminarprogramm durchziehen zu müssen. Am liebsten wären sie jedoch noch länger als eingeplant gepaddelt. Die eigentliche Paddelphase ist ein bißchen zu kurz gekommen. Wir sind nur von Sonnabendmittag bis Nachmittag/Frühabend gepaddelt. Auf der Vorbereitungstour sind wir Freitagabend noch eine kleine Strecke gefahren, aber es ist wichtig, noch vor Einbruch der Dunkelheit den Lagerplatz völlig hergerichtet zu haben, da sonst Ungeduld und Unlust aufkommt, weil es nervig ist, im Dunkel Zelte aufzubauen und Holz zu sammeln. Nachdem wir schnell unter den Mädchen die anliegenden Arbeiten verteilt haben, laden wir das Gepäck in die Boote und schauen uns noch einmal um, ob wir die Lagerstelle auch sauber hinterlassen haben. Wir paddeln auf die andere Seite des Flusses und laden die Kanus auf den VW-Bus und auf den Hänger. Als auch unser Gepäck verstaut ist, fahren wir los, um die Jungen an ihrem Lagerplatz abzuholen. Kurz vor Ankunft werden noch schnell die Bürsten rausgeholt, um die wuscheligen Haare durchzukämmen, die ein ganzes Wochenende nicht gestört haben. Die Teamer erzählten hinterher, daß die Jungen auch schon immer aufgeregter wurden, als sie wußten, die Mädchen sollen bald kommen. So, plötzlich war Aufbruchstimmung angesagt. Wir fühlten uns alle müde und freuten uns auf die heiße Dusche. Als die Jugendlichen alle in ihren Stadtteilen abgeliefert waren, war für uns das Wochenende noch lange nicht zu Ende. So ein Seminar erfordert erheblichen Aufwand. Wir mußten vier Autos einsetzen: Zwei VW-Busse und zwei PKW's. In den Bussen mußten die Jugendlichen mitfahren und auf den «Mädchenbus» hatten wir zwei der Kanus geladen. Ein Teamer fuhr mit seinem PKW den Kanuanhänger. Schließlich mußten die Kanus zurück in die Kirchengemeinden und die Busse ebenfalls.

> Ich finde, es war ein Seminar der Natur, da ich viel gelernt hatte was Natur, Kanufahren und Feuermachen angeht.

Doch den eigentlichen Sinn, ein Seminar wo man lernen soll eine Gruppe zu leiten, war es nicht, da man immer etwas anderes zu tun hatte.

Wären es ein paar Mädchen mehr gewesen, wäre es bestimmt noch besser geworden. Ich fand es ganz toll, daß keine Jungs mitwaren, da wir so das Gefühl hatten, mal nicht wieder beweisen zu müssen, daß wir genauso gut sind wie Jungen. So etwas haben wir nicht mehr nötig, da wir selbst wissen, daß wir gut sind und so etwas auch alleine auf die Beine stellen können.

(Bericht einer Teilnehmerin)

Das war also unser Abenteuerseminar!

Uns hat es riesigen Spaß gemacht. Wir beiden Teamerinnen waren selbst vorher noch nie Kanu gefahren. Das war natürlich auch ein Spaß. Wir fuhren genauso gut oder schlecht wie sie selbst und konnten nur Tips geben, die wir selbst erst ausprobieren mußten. Dadurch war den Mädchen ein bißchen die Angst genommen, in ein Boot zu steigen. ‹Wenn *die* das auch nicht richtig können, ist es auch nicht schlimm, wenn wir uns blöde anstellen.› Und wir konnten gegenseitig über uns lachen. Keine fühlte sich angemacht.

11. Abenteuer und Umwelt*)

von Ulli Schröder

Es soll hier berichtet werden von den Erfahrungen, die mehrere Einrichtungen mit dem Umweltschutzthema in der Jugendarbeit gemacht haben.

1. Aller Anfang ist schwer

Wir arbeiten als Gruppe von fünf hauptamtlichen Jugendarbeitern seit mehreren Jahren intensiv zusammen. Ähnlich gelagerte Schwerpunkte und Zielsetzungen in der offenen und halboffenen Jugendarbeit und der gemeinsame Hintergrund des Studiums an der Fachhochschule erleichtern diese Zusammenarbeit.

Unsere Einrichtungen liegen in Stadtteilen, die im faden Amtsdeutsch als «soziale Brennpunkte» bezeichnet werden. Hinter dieser Bezeichnung verbirgt sich in Stichworten: Neubaugebiete mit Hochhauscharakter ohne soziale Infrastruktur, Sanierungsgebiete mit überalterten und verwohnten Altbauwohnungen, traditionelle Arbeiterviertel und verdichtete Industrieansiedlungen mit erheblichen Umweltbelastungen, überdurchschnittlicher Bevölkerungsanteil ausländischer Arbeitnehmer mit deren Familien u. a. m.

Auf die miserable Freizeitsituation der dort lebenden Jugendlichen reagieren die Gemeinden mit offenen Teestubenangeboten und Interessengruppen.

Tatsache ist, daß diese Gemeinden vorwiegend Arbeiterjugendliche erreichen, die von anderen Jugendeinrichtungen nicht erreicht werden bzw. von diesen Einrichtungen ausgegrenzt worden sind.

Die Mitarbeiter machen, neben der offenen und halboffenen Jugendarbeit, auch noch Konfirmandenunterricht. Da ca. 85 % der im Stadtteil lebenden Jugendlichen sich konfirmieren lassen, hat der Unterricht den Vorteil, daß wir schon frühzeitig mit den Jugendlichen in Kontakt kommen.

+) Teile dieses Beitrags sind abgedruckt in: J. Michelsen: Der Himmel wird instandbesetzt, Reinbek 1982

Wichtiger Bestandteil der Jugendarbeit ist das Fahrtenprogramm. Ein Abenteuerzeltlager mit 13–16jährigen Jugendlichen vor den Toren Hamburgs war der Auslöser, sich intensiver mit dem Thema Umweltschutz in der offenen Jugendarbeit zu beschäftigen.

2. Fahrrad contra Mofa

Trotz langer und intensiver Vorbereitungen gingen die Anmeldungen für diese Fahrt zunächst nur spärlich ein.

Dies lag weniger am Desinteresse – im Gegenteil, Interesse war genug vorhanden – aber fast wäre die Fahrt am Fortbewegungsmittel «Fahrrad» gescheitert. Was war der Grund?

Geplant war, die 20 km kurze Anfahrtsstrecke bis zum Seevetal mit dem Fahrrad zurückzulegen; außerdem sollte das Fahrrad eine wesentliche Rolle bei der weiteren Freizeitgestaltung im Zeltlager spielen.

Doch einige Jungen besaßen inzwischen kein (fahrtüchtiges) Fahrrad mehr, weil sie «stolze Besitzer» eines Mofas oder gar eines Mopeds geworden waren.

Dies war jetzt ihr «Statussymbol» und darauf wollten sie nun nicht mehr verzichten. Fahrrad fahren war zur Zeit nicht «in».

Auf das Angebot der Jugendarbeiter, in einer Bastelgruppe Sperrmüllfahrräder zu reparieren, wollten sie darum zunächst nicht eingehen.

Ihre Forderungen lauteten: «Entweder wir fahren mit unseren Mofas und Mopeds oder aber wir müssen uns die Fahrräder klauen».

Die Vorstellung, daß die Polizei die geklauten Fahrräder bei einer Kontrolle einkassiert und die Fahrt somit ins Wasser fallen würde, behagte uns gar nicht.

Mit eigenen, geliehenen und reparierten Fahrrädern konnte die Fahrt dann doch noch durchgeführt werden.

3. Das Schlüsselerlebnis

Während des Zeltlagers bauten wir anhand eines Planes eine Windmühle, die, da der Wind kräftig blies, mittels eines Fahrraddynamos Strom für ein kleines Lämpchen im Versammlungszelt lieferte.

Dieses Erfolgserlebnis war gleichwohl für die Jugendlichen als auch für die Jugendarbeiter motivierend, in dieser Richtung weiterzuarbeiten.

In der traditionellen offenen Jugendarbeit mit Arbeiterjugendlichen hat die Ökologiebewegung der 70er Jahre kaum Ansatzmöglichkeiten gefunden. Verwurzelt im Bürgertum, empfindet die Arbeiterklasse die Bewegung eher als Bedrohung: Umweltschutz vernichtet Arbeitsplätze lautet die wirksame, wenn auch falsche Formel.

Wir erleben als Jugendarbeiter in der offenen Jugendarbeit tagtäglich die Auswirkungen der Ohnmachtserfahrungen, die Jugendliche in der Schule, in der Ausbildung und in ihrer Freizeit machen.

Mit den klassischen Dauerthemen wie Berufsfindung, Jugendarbeitslosigkeit usw. stoßen wir bei unseren Jugendlichen sehr bald auf Grenzen, die ihnen durch die Perspektivlosigkeit gesetzt werden.

Trotz intensiver Teestubenarbeit und individueller Beratung geraten viele Jugendliche immer wieder in den Teufelskreis: Kein Ausbildungs- oder Arbeitsplatz, fehlende Freizeitangebote, Jugendalkoholismus, Straftaten, Knast.

Über die Frage nach einem sinnvollen Beitrag für die Gestaltung einer lebenswerten Gegenwart und Zukunft, eröffneten sich für uns neue Möglichkeiten für die Bewältigung der vielfältigen Alltagsprobleme.

4. Umweltschutz in der offenen Jugendarbeit

Nach intensiven Gesprächen im Jugendarbeiterkreis und mit den Jugendlichen einigten wir uns darauf, einen neuen Schwerpunkt in der offenen und halboffenen Jugendarbeit gezielt aufzubauen: Mensch und Umwelt.

Wir haben erfahren, daß es für Jugendliche sehr schwer ist, ein gesundes Verhältnis zur Natur zu entwickeln. Natur ist kaum noch vorhanden. Betonwüsten, Straßen und Autos herrschen vor, Ziersträucher und Rasen dienen als Alibi.

Auf die Frage, warum sie die Blumenbeete im Einkaufsviertel zerstört hätten, antwortete einer aus der Gruppe: «Wieso, die stören hier doch nur!»

Umgeben von der hier konzentrierten Industrie, riechen sie tagtäglich die stinkenden Abgase der umliegenden Fabriken. Hier arbeiten ihre Väter, hier werden auch sie arbeiten, sofern sie einen Arbeitsplatz bekommen.

Die eigene Situation im Stadtteil und in den Gemeinden (Sanierungsgebiete), sowie die alltäglichen Meldungen in den Medien über Umweltprobleme («Smog über Wilhelmsburg», «Tod der Elbe») und das Industriewachstum in unmittelbarer Nähe (Hafenerweiterung und Zerstörung der Wohngebiete in Altenwerder und Moorburg) förderte das Interesse bei vielen Jugendlichen, sich mit diesen Problemen auseinanderzusetzen.

Umweltschutz heißt für uns Jugendarbeiter als Aufgabe: Wiederherstellung der zerstörten Lebensperspektive über Lebens- und Zukunftsplanung in Stadt und Land. In der offenen Arbeit und auf Fahrten sammeln Jugendliche neue Erfahrungen mit sich selbst, lernen neue Formen des Miteinander-Umgehens. Auf Fahrten erleben Jugendliche Natur zum Anfassen.

5. Jugendliche im Spannungsfeld zwischen Natur und Gesellschaft

Arbeitsplätze und Verdienstmöglichkeiten sind für viele Jugendliche die Schlüssel zum materiellen Wohlstand und zum persönlichen Glück. Der Kampf um diese Plätze beginnt daher sehr früh: Konkurrenz, Besitz, Karriere, Fortschritt und Wachstum sind ihre Werte.

Der Bereich Umweltschutz stellt diese Werte zumindest in Frage und bringt daher eine große Verunsicherung mit sich. «Was bringt mir der Umweltschutz?» fragt Herbert und fügt gleich hinzu: «Nichts!» Auf der anderen Seite spüren sie den Widerspruch, wenn sie in der Jugendarbeit Gemeinschaft und Geborgenheit erfahren, aber im Alltag für persönlichen Besitz und Karriere leben sollen.

Umweltschutz hat weiterhin mit Zeiträumen zu tun, die für Arbeiterjugendliche schwer greifbar sind und weit weg liegen: «Wenn sich etwas ändern soll, dann sofort und nicht erst morgen oder übermorgen. Bis dahin ist die Elbe tot!» sagt Heiko.

Das Thema Umweltschutz darf daher nicht abstrakt bleiben, es sollte so wenig wie möglich theoretisiert werden, sondern an den konkreten Erfahrungen der Jugendlichen im Stadtteil und in der unmittelbaren Umgebung ansetzen. Ein neues Verhältnis zur Natur kann nicht aus dem hohlen Bauch heraus entstehen. Wir können nur für das eintreten, zu dem wir auch eine persönliche Beziehung haben, das für uns von Wert ist.

Da die ursprüngliche Natur in unseren Wohngebieten weitgehend verdrängt worden ist, müssen wir sie aufspüren, damit wir Natur als Lern- und Bewegungsfeld entdecken und erleben können.

Gleichzeitig werden wir bei dieser Naturerkundung ständig konfrontiert mit den Bedrohungen der Natur durch den Menschen. Dieses Verhältnis zwischen Natur und Mensch gilt es dann zu hinterfragen. Voraussetzung dafür aber ist, daß eine Beziehung zwischen Mensch und Natur besteht.

6. Die Umwelt-Fahrrad-Rallye

Auf diesem Hintergrund entstand die Idee zu einer Umwelt-Fahrrad-Rallye entlang der Unterelbe: «Einfacher leben – was können wir für unsere Umwelt und für die Zukunft unserer Erde tun?»

Dieser Frage sind 31 Jugendliche im Alter von 14–17 Jahren aus vier Einrichtungen während einer Woche nachgegangen.

7. Organisation und inhaltliche Vorbereitung

Die Jugendarbeiter (1 Sozialarbeiterin und 4 Sozialarbeiter) trafen sich über ein halbes Jahr regelmäßig einmal in der Woche zur Erarbeitung des inhaltlichen und organisatorischen Rahmens. Gleichzeitig wurde eine Materialmappe für die Fahrtenteilnehmer zusammengestellt.

Auf einer Erkundungsfahrt prüften wir Übernachtungsmöglichkeiten, legten erste Etappen fest und gewannen Referenten, die jeweils aus ihrer Sichtweise zum Pro und Kontra Industrie und Umweltschutz etwas sagen konnten.

Unser Ziel war es, möglichst viele Informationen von Gegnern und Befürwortern der bestehenden und geplanten Industrieansiedlungen einzuholen und die daraus resultierenden Gefahren für Natur und Mensch mit Fachleuten zu diskutieren.

8. Öffentlichkeitsarbeit

Die Werbung für diese Fahrt erfolgte in den jeweiligen Einrichtungen in der Jugendarbeit und in den Gemeindebriefen der Kirchengemeinden.

Nach erfolgter Anmeldung (aus jeder Einrichtung konnten bis zu 8 Jugendliche mitfahren) trafen wir uns 4 Wochen vor der Umweltfahrt mit den Teilnehmern zu einer Probetour. Gleichzeitig diente dieses Treffen auch dem Kennenlernen der Jugendlichen.

Bei einer deftigen Erbsensuppe in der Blockhütte des örtlichen Pfadfindervereins tauschten wir erste Informationen aus.

Die Mitarbeiter wiesen noch einmal darauf hin, daß es nicht ihr Ziel sei, alle Teilnehmer zu entschiedenen Atomkraftgegnern zu bekehren, sondern daß die gemeinsame Information im Vordergrund steht und unterschiedliche Standpunkte erwünscht wären. Die kritische Haltung der Teamer gegenüber der Atomenergie war den Jugendlichen bekannt und die Teilnehmer erwarteten auch, daß wir in der Diskussion eindeutig Position beziehen.

Jeder Teilnehmer erhielt dann das Fahrtenprogramm, eine Packliste sowie ein Schreiben für die Eltern, in dem noch einmal auf wichtige Punkte der Fahrt und der Vorbereitung hingewiesen wurde.

Die örtliche Presse veröffentlichte Fotos und Informationen von der Probefahrt.

Für Öffentlichkeit und Teilnehmer wurde eine Informationsmappe zusammengestellt, die alle Einzelheiten der Fahrt sowie Broschüren der Werke enthielt, die wir besichtigen wollten, und Material von Umweltschutzgruppen.

Eine Fahrrad-Rallye mit 35 Fahrrädern ist nicht unproblematisch und erfordert die ganze Aufmerksamkeit eines jeden Fahrers.

Ein VW-Bus – abwechselnd von einem Teamer gesteuert – begleitete uns bei den einzelnen Etappen, um bei größeren Pannen den weiteren Transport zu übernehmen.

Darüber hinaus mußten wir im Bus Lebensmittel, Schlafsäcke und Luftmatratzen für die Zwischenstation in Brunsbüttel mitführen.

Die anderen 4 Teamer fuhren mit ihren Rädern in der 150 m langen Fahrradschlange jeweils an der Spitze, in der Mitte und am Ende der Schlange (ausgerüstet mit Flick- und Werkzeug).

9. Die Fahrtroute: Erste Etappe: Auf der Elbe nach Krautsand

In einem genau abgestimmten Zeitplan fuhren die Gruppen am 1. Tag los, um sich dann in einer Gemeinde zu treffen. Gemeinsam ging es durch den alten Elbtunnel zu den Hamburger Landungsbrücken.

Hier hatten wir eine Barkasse gechartert. Ein mittleres Problem, die Verstauung und Vertäuung der vielen Fahrräder auf der kleinen Barkasse, wurde vom Kapitän mit viel Geduld und Geschick gemeistert.

Die 3stündige Fahrt ging von den Landungsbrücken auf der Elbe entlang bis nach Krautsand, der ersten Station unserer Umweltfahrt.

Die Elbe ist ein todkranker Fluß. Seit die Industrie die Unterelbe als Standortrevier entdeckt hat, vergiften einige Unternehmen mit ihren Abgaben nicht nur die Luft, sondern auch den Fluß. Den Jugendlichen waren die Auswirkungen dieser Belastungen bekannt: Fische mit Geschwüren, die zwar von einigen Elbfischern noch gefischt, aber dann nicht mehr verkauft werden dürfen, sowie das Fischsterben bei warmer Witterung wegen des zu niedrigen Sauerstoffgehaltes der Elbe.

Die Fahrt führte uns an Hamburger Klärwerken, dem Atomkraftwerk Stade sowie an DOW-Chemical vorbei.

Am Abend war ein Vogelschützer unser Gast, der uns aus der Sicht des Vogelschutzes deutlich machte, welche Auswirkungen für die Vogelwelt entstehen, wenn der Mensch durch Industrialisierung und Deich- und Fahrwasserplanung in die Natur eingreift.

Die lebhafte Diskussion, die sich nach seinem Vortrag ergab, wurde am Elbstrand bei einem Grillabend fortgesetzt. Nachdenklich geworden, ob nun Vögel wichtiger seien als Arbeitsplätze, ging es um Mitternacht in die Betten.

10. Zweite Etappe: Krautsand – Glückstadt – Brokdorf – Brunsbüttel

Mit viel Spannung starteten wir zur 2. Etappe, die uns über Glückstadt nach Brunsbüttel führen sollte.

Mit einer Sondergenehmigung durften wir von Krautsand die Abkürzung auf der Deichstraße befahren. Eigens für uns wurde eine Klappbrücke heruntergelassen, die uns über einen Fluß führte, der in die Elbe mündete. Mit der Fähre setzten wir dann über nach Glückstadt.

In Brokdorf machten wir Zwischenstation. Auf dem Deich, in Höhe des geplanten (inzwischen schon im Bau befindlichen) Atomkraftwerkes, unterhielten sich die Jugendlichen sehr intensiv mit einem in Brokdorf lebenden Landwirt über Energie- und Wirtschaftswachstum. Seine Frage an uns war:

«Was braucht der Mensch zum Leben?» Und seine Antwort lautete: «Frisches Wasser, saubere Luft und gesunde Erde für den Anbau und die Ernte schadfreier Grundnahrungsmittel.»

Mit dieser Antwort gaben sich einige Jugendliche aber nicht zufrieden. Einigen fehlte das Auto oder die Stereoanlage und noch weitere technische Errungenschaften wurden aufgelistet.

Die Gegenfrage lautete: «Was nützt uns materieller Reichtum, wenn uns die naturgegebenen Güter wie Wasser, Luft und Erde nicht mehr ernähren können?»

Diese Frage sollte uns auf der Fahrt noch lange beschäftigen. Zunächst jedoch wurde die Etappenverpflegung mit mehreren Tassen frischer Milch, die der Landwirt in zwei großen Milchkannen mitgebracht hatte, heruntergespült.

In Brunsbüttel übernachteten wir in einer Kirchengemeinde. Mit etwas Improvisation und bei gutem Wetter verbrachten wir hier zwei sehr schöne Tage, die einmal zur Besichtigung des AKW-Brunsbüttel und des Bayer-Chemiewerkes dienten. Zeit blieb auch noch für die Schleusen des Nord-Ostsee-Kanals und für die Erholung.

Einen schweren Stand hatte der Öffentlichkeitsreferent des Atomkraftwerkes Brunsbüttel. Wegen einer Panne war das Werk abgeschaltet worden. Zwei Stunden lang mußte er den Jugendlichen Rede und Antwort stehen. In seinem Vortrag über Machbarkeit und Beherrschbarkeit der Atomtechnik hielt er einen großen Unfall in einem Atomkraftwerk zwar für unwahrscheinlich, konnte und wollte ihn jedoch nicht ganz ausschließen. So war es möglich, über die technische Pro- und Contradiskussion hinauszugehen und zu fragen, ob wir mit einem solchen Risiko leben wollen. Weiter tauchte die brisante Frage auf, ob der hier produzierte Strom mit dazu beiträgt, Arbeitsplätze zu schaffen oder zu vernichten, indem Menschen durch Maschinen ersetzt werden.

Selten zuvor waren die Jugendlichen so konzentriert und interessiert bei der Sache gewesen.

Ähnlich erging es der Referentin des Bayer-Chemiewerkes, die gar nicht in der Lage war, alle Fragen, die das Werk und den Umweltschutz betrafen, zu beantworten. Einige Antworten blieben unbefriedigend und ein ungutes Gefühl blieb bei vielen Jugendlichen zurück.

Fazit dieser Informationsbesuche: Die Elbe ist gefährdet, aber die beiden Werke wollten keine Verantwortung für ihren Zustand übernehmen, «da sie die gesetzlich vorgeschriebenen Höchstwerte für Schadstoffeinleitungen nicht überschreiten würden».

11. Dritte Etappe: Erholung in der Neulandhalle

Die letzte Etappe verbrachten wir im herrlich gelegenen Freizeitzentrum Neulandhalle in Dieksanderkoog.

Die Tage dort ermöglichten eine Aufarbeitung und Vertiefung vieler Fragen. Die Freizeit wurde genutzt, um sich beim Wattwandern zu erholen, gemeinsam zu spielen und zu feiern.

12. Abschlußauswertung mit den Jugendlichen

Wir hatten nur einen halben Tag für die Auswertung der Fahrt in der Neulandhalle angesetzt.

Doch es zeigte sich bald, daß bei den Jugendlichen ein stärkeres Bedürfnis vorhanden war, die inhaltlichen Fragen noch einmal ausführlicher zu diskutieren.

Am Anfang wurden die einzelnen Stationen der Fahrt noch einmal angesprochen und die Jugendlichen berichteten dann von ihren Eindrücken:

Peter, 15 Jahre und Hauptschüler: «Ich finde, wir sollten es nicht nur den Experten überlassen, was für die Elbe noch gut ist und was nicht. Wir brauchen diese Experten doch nur mal in der Elbe baden lassen, dann wissen sie endlich, wie dreckig das Wasser inzwischen geworden ist.»

Stefanie, 17 Jahre und in der Ausbildung: «Warum geht denn nicht beides: Wirtschaftswachstum, also Arbeitsplätze und saubere Umwelt? Ich finde, der Staat muß hier schärfer durchgreifen und die Umweltsünder bestrafen.»

Sabine, 15 Jahre, Realschülerin: «Wer gibt uns Menschen eigentlich das Recht, Vögel und andere Tiere zu vernichten? Das rächt sich früher oder später.»

Nachdem noch einmal die Erfahrungen ausgetauscht wurden, die die Teilnehmer bei den Werksbesichtigungen gesammelt hatten, gingen sie der Frage nach, was sie denn selbst praktisch umsetzen könnten. Die Vorschläge reichten vom Verzicht auf umweltbelastende Verpackungsmaterialien bis hin zum gesellschaftlichen Engagement in der Schule und Energiesparvorschläge für Kirchen und Gemeindehäuser.

Die Jugendlichen waren daran interessiert, sich auch nach dieser Fahrt weiter mit diesem Thema zu beschäftigen und die Möglichkeiten des praktischen Umweltschutzes stärker zu verfolgen.

Während der Fahrt führten die Jugendlichen ein gemeinsames Reisetagebuch. Gleichzeitig hielten wir die Fahrrad-Rallye im Film und mit Dias und Fotos fest, die dann auf einem gutbesuchten Elternabend gezeigt wurden. In einer Eintragung schreibt ein Jugendlicher:

«Am stärksten beeindruckt hat mich der Bauer in Brokdorf. Wir saßen mit der Gruppe auf dem Deich. Vor uns die Elbe, auf der anderen Seite die Wiesen, Bauernhöfe.

Dazwischen, ein mit Stacheldraht und hohen Gittern abgesichertes Baugelände, wo ein Atomkraftwerk gebaut werden soll. Der Bauer hat uns von seinem Widerstand gegen das Kraftwerk erzählt und warum er dagegen ist. Er hat Angst vor den unsichtbaren Strahlen und hat uns gefragt, was der Mensch zum Leben braucht und wozu wir soviel Strom brauchen würden, wenn wir dabei unseren Lebensraum Stück für Stück kaputtmachen.

Diese Fragen haben mich sehr nachdenklich gemacht. Ich glaube, daß wir nur diese eine Welt haben und nicht so gedankenlos mit ihr umgehen können.»

13. Konflikte mit den Jugendlichen während der Fahrt

Alkohol: Die Altersspanne der teilnehmenden Jugendlichen lag zwischen 14–18 Jahren. Da wir mit Verboten keine guten Erfahrungen gemacht hatten (Anreiz wird größer, das Verbot zu umgehen, so daß wir uns schnell in der Kontrolleur- und Überwacherfunktion wiederfinden), einigten wir uns mit den Jugendlichen auf einen von uns organisierten Verkauf von Bier während der Fahrt.

Der Vorteil war, daß wir die Übersicht hatten und den Konsum steuern konnten. Folge: Das Verbot war weg und es wurde weniger Bier getrunken.

Diebstähle: Diebstähle im Lager kamen selten vor. Wenn ein Diebstahl bekannt wurde (meistens Geld), trat die Lagerversammlung zusammen und suchte nach einer Lösungsmöglichkeit. Folgende Lösungen kamen zustande:

Der oder die Diebe(in) hatten Gelegenheit, an einem bestimmten Ort bis zu einer gewissen Zeit das Geld zu hinterlegen, ohne Gefahr zu laufen, erkannt zu werden.

Klappte das nicht, so wurde in einem anderen Fall gesammelt. Problematisch wurde es in einem anderen Fall, als sich herausstellte, daß das Geld verschludert und nicht gestohlen worden war.

In einem weiteren Fall zog eine Gruppe aus, um aus einem kleinen Kiosk Springmesser zu klauen. Die Lagerversammlung beschloß, daß die Gruppe die Messer wieder zurückbringt und der Besitzerin eine Flasche «Geelen Köm» als Wiedergutmachung überreichte. Die Frau hatte den Diebstahl noch nicht bemerkt und war angenehm überrascht.

Erfahrungen mit einem Lagerrat: Die Lagerversammlung wurde oft als Palaverrunde abgetan: «Kommt ja doch nichts bei raus!» Vielleicht hatten die Jugendlichen ein Gespür dafür, daß ihr Freiheitsspielraum wirklich so eng bemessen war, daß sie keine Lust verspürten, die Spielregeln mitzugestalten.

Der Versuch, einen Lagerrat aus Jugendlichen zu bilden, der gleichberechtigt mit dem Team das Lager leiten sollte, scheiterte. Die in Frage kommenden Jugendlichen hatten Angst, den Kontakt zur Basis zu verlieren, wenn sie z. B. die Einhaltung der Lager(spiel-)regeln mit überwachen sollten. Außerdem wollte sich kein Jugendlicher die Möglichkeit nehmen, gegen die Regeln verstoßen zu können, weil's halt mehr Spaß macht, Scheiß zu bauen.

14. Nachlese

Die Nacharbeit ist eine Schwachstelle der Fahrt gewesen. Es hätte das gewachsene Interesse der Jugendlichen an den Fragen des praktischen Umweltschutzes stärker einbezogen werden müssen. Eine zusätzliche Woche zum Bauen und Basteln an alternativen Kleintechniken sowie zur stärkeren Abklärung der Möglichkeiten der Jugendlichen in ihrem Umfeld, hätte der Fahrt die nötige Abrundung verliehen.

Für uns war die Fahrt eine wichtige Erfahrung. Einmal wurde deutlich, daß bei sorgfältiger Vorbereitung und unter Berücksichtigung der vielfältigen Interessen der Jugendlichen, selbst komplizierte Zusammenhänge verdeutlicht werden können.

12. Kann man Abenteuer lernen?

Zur Vorbereitung von Jugendgruppenleitern und Pädagogen

von Andreas Feldten und Dieter Fischer

Das Jugendgruppenleiterprinzip – das haben die Artikel dieses Buches hinlänglich beschrieben – lebt davon, daß den Jugendlichen genug Möglichkeiten geboten werden, in denen sie aktiv an dem Freizeitangebot des Jugendhauses mitwirken können und so ein Stück weit verantwortlich sind für das, was im Haus für sie und für die anderen läuft. Aktivität und Mitverantwortung können von den Jugendlichen für die Durchführung geplanter Projekte aber nur gefordert werden, wenn sie entweder die entsprechende Handlungskompetenz besitzen (z. B. durch Lehre, Beruf, Lebenserfahrung etc.) oder ihnen gleichzeitig die Möglichkeit geboten wird, diese zu erwerben. Ein Beispiel mag dieses verdeutlichen: Eine Fotorallye im Stadtteil wird von Jugendlichen in Eigenregie nur dann durchgeführt werden können, wenn sie 1. mit dem Fotoapparat umgehen können, 2. Bilder entwickeln können und 3. wissen, wie so eine Rallye organisiert werden muß. Treffen diese Voraussetzungen nicht zu, werden die Jugendlichen mit der Durchführung des Programmangebots ‹Fotorallye› überfordert sein. Teil der Bildungsarbeit des Pädagogen ist es deshalb, den Jugendlichen die nötigen Handlungskompetenzen zu vermitteln und immer wieder neue Aktivitäten zu finden, in denen die Jugendlichen ihre Kompetenz erweitern und so mehr Teilbereiche des Freizeitangebots der Einrichtung eigenständig übernehmen können. Das gleiche Prinzip gilt natürlich ebenso für augenscheinlich so ‹banale Aktivitäten› wie Disco, Clubbetrieb, Spiele, Turniere, Kochgruppen etc.

Fortbildungen sind deshalb so angelegt, daß sie zum einen praktische Handlungskompetenz vermitteln wie z. B. fotografieren, Spielangebote oder die Gestaltung der Disco. Zum anderen haben sie gesellschaftspolitische Themen zum Inhalt, wie z. B. Computertechnologie, Waldsterben, anders leben – anders arbeiten, Situation von Frauen und Mädchen usw., die eine Auseinandersetzung mit gesellschaftlichen Problemen anbieten und es erlauben, einen eigenen Standpunkt zu finden. Das Ziel ist es, daß sich die Seminare und Jugendarbeit vor Ort wechselseitig anregen und ergänzen.

So ist das Kanuprojekt entstanden zum einen, weil sich Jugendgruppenleiter und -leiterinnen darüber beklagen, daß mit den Jugendlichen, die die Einrichtung besuchen, ‹nichts mehr anzufangen› sei. Sie würden nichts mehr mitmachen, was angeboten werde.

Zum anderen fanden wir selbst es wichtig, erlebnispädagogische Elemente stärker als bisher in die offene Jugendarbeit einzubinden.

Welche Voraussetzungen erfüllt sein müssen, damit JGL weitgehend selbständig ein attraktives Freizeitangebot machen können und welche Erfahrungen wir selber mit unserem Seminar gemacht haben, wollen wir nun im folgenden schildern.

Was mußte bedacht werden?

Es waren vor allem Fragen, die uns – die Vorbereitungsgruppe, bestehend aus ehrenamtlichen und hauptamtlichen Jugendmitarbeitern und -mitarbeiterinnen – schon ein halbes Jahr vor dem geplanten Seminar beschäftigte:

1. ‹Abenteuerfreizeiten› sind nicht nur für Ehrenamtliche ein gutes Betätigungsfeld, um selbständig mit anderen Jugendlichen ‹was zu unternehmen›. Auch für Hauptamtliche ist es ein Arbeitsansatz, der es gestattet, mit Jugendlichen in ganz anderen Bezügen zusammenzusein.

   Dieser Aspekt schien uns zu wenig in der Praxis gesehen zu werden.

   Außerdem ist die Durchführung von Kanufreizeiten nur mit Unterstützung der Pädagogen/innen für Jugendgruppenleiter/innen möglich.

   Daraus ergab sich die Idee, 2 Seminare anzubieten: eins für Pädagogen und Pädagoginnen und eins für die Jugendgruppenleiter/innen.

2. Abenteuerfreizeiten! Sind das nicht eher Angebote für Jungs? Was ist aber mit den Mädchen, die ja auch die Jugendhäuser besuchen?

   Und ... erleben Mädchen das gleiche als Abenteuer, was Jungs so definieren, oder passen sie sich wieder einmal mehr dem männlich geprägten Stil von Jugendarbeit an? Wie sieht es bei uns selber aus? Welche unterschiedlichen Vorstellungen und Erfahrungen haben wir mit Abenteuerfreizeiten und und und.

   Alles Fragen, mit denen wir uns lange auseinandergesetzt haben. Das Ergebnis dieser Diskussion: Wir bieten zwar das Seminar an einem gemeinsamen Termin an, trennen aber zwischen Jungs und Mädchen. So kann jede Gruppe ihrem eigenen Stil entsprechend die Kanutour durchführen.

3. Bisher fanden die Seminare des Jugendpfarramtes immer in unserem Tagungshaus statt. Wenn wir praktische Fertigkeiten, wie z. B. den Umgang mit Kanus und Feuer vermitteln wollten, mußte das Seminar natürlich auf einem Fluß stattfinden.

   Mit dem Seminar betraten wir also auch von der Form und Durchführung her Neuland in unserer Bildungsarbeit, die eine ganze Reihe neuer Probleme und Überlegungen für uns aufwarf.

Wie wir uns vorbereitet haben

Im Februar zogen zwei von uns los, um einen geeigneten Fluß in akzeptabler Nähe auszukundschaften.

Weiter als 1,5 Autostunden sollte der Fluß nicht entfernt sein, damit der Anfahrtsweg in einem angemessenen Verhältnis zur Dauer des Seminars steht. Die zwei Vorbereiter wollten sich nach geeigneten Lagerplätzen umsehen und ein paar Fotos vom Fluß und der Umgebung machen: die ‹Zurückgebliebenen› sollten sich schließlich auch einen Eindruck vom Fluß machen können.

Dann konnte unsere eigentliche Vorbereitungsfahrt losgehen. Auf dieser Fahrt fuhren alle Teamer mit. Es ging darum, den Fluß schon mal abzufahren und kennenzulernen, Rastplätze zu suchen, sich bei den Eigentümern von eventuellen Rastplätzen die Genehmigung zum Zeltaufenthalt für eine Nacht mit einer bestimmten Personenzahl zu holen. Dies ist übrigens sehr wichtig und sollte unbedingt vor einer solchen Fahrt gemacht werden. Oft verärgert man nämlich Bauern, Förster, Grundstücksbesitzer usw., die eigentlich Fahrten positiv gegenüberstehen, indem man z. B. Schon-, Laich- oder Erntezeiten nicht beachtet.

Auch sollte man, wenn möglich zum Bürgermeister des betreffenden Ortes gehen, der weiß Bescheid und kann meistens helfen, einen geeigneten Platz zum Zelten zu finden.

Es ist wichtig, ungefähr festzustellen, wie lange man braucht, um von Rastplatz zu Rastplatz zu gelangen. Wir haben auf unserer Vorbereitungstour den Fehler gemacht, erst einen Rastplatz zu suchen, als es schon dunkel wurde. So mußten wir auf einem Hügel, der stark mit Brennesseln überwuchert war und mitten im Moor lag, zelten.

Auch wurde einiges andere, wie Umtragen der Boote über ein Wehr und der Transport mit einem Bootsanhänger geübt.

Inhaltlich bereiteten wir uns getrennt nach Frauen und Männern auf die Seminare vor, wobei wir natürlich regelmäßige gemeinsame Treffen zum Austausch nutzten.

Wir haben außerdem in der Vorbereitungsgruppe eine Arbeitshilfe für die Seminarteilnehmer und Teilnehmerinnen erarbeitet, selbst gestaltet und gedruckt. Allein diese Arbeit hat gut zwei Wochen gedauert, hat aber Spaß gemacht und war auch eine gute Vorbereitung für uns selbst.

Die Seminareinladung wurde verschickt. Vieles wurde noch einmal durchgesprochen. Der Seminartermin rückte näher.

Wir hatten so viele Anmeldungen, daß wir nicht alle berücksichtigen konnten.

Dann war der Tag vor dem Seminar gekommen. Dies ist der arbeitsreichste und stressigste Tag der Vorbereitung, allerdings macht er auch am meisten Spaß. Alle Boote, VW-Busse und PKW's müssen an einen Ort gebracht werden, um dann von dort gemeinsam mit den Teilnehmern zum Ausgangspunkt der Kanutour zu gelangen. Diese Arbeit ist nicht zu unterschätzen, besonders je mehr Boote bzw. Personen mit auf das Seminar fahren.

Wir hatten 10 Boote zu transportieren. Also trafen wir uns morgens sehr früh, um zunächst einen Bootsanhänger zu holen, anschließend fuhren wir in eine Einrichtung, die 5 Boote besitzt. Keiner machte uns auf, dabei waren wir doch hier verabredet. Endlich kommt der Hausmeister: «Was für Boote, davon weiß ich hichts». Endlich haben wir die Boote auf dem Hänger. Dann in eine andere Einrichtung und einen VW-Bus abholen, auch hier wieder niemand zuständig. So läuft es den ganzen Tag, bis wir endlich 6 Boote auf dem Anhänger haben und einen PKW davor und zwei VW-Busse mit jeweils zwei Booten auf ihren Dächern und noch einen zusätzlichen PKW im Hof stehen hatten. Gleichzeitig mußten natürlich noch die Lebensmittel und anderes Material (z. B. Müllbeutel) besorgt werden. Möglichst sollten sie schon, nach Tagen eingeteilt, in Kartons verpackt werden, noch besser sind natürlich wasserdichte Behälter. (Müllbeutel, in die die Kartons hineingetan werden, tun es natürlich auch). Wir haben also reichlich Müllbeutel verbraucht, in die auch alle Gepäckstücke verladen wurden.

Endlich geht es los!

Am späten Nachmittag kamen dann die Teilnehmer unserer Seminare, einige kannten wir, einige nicht. Als dann Jungs und Mädchen klar wurde, daß sie in getrennten Gruppen fahren sollten, kam es zu Protesten. ‹Ungeil, ohne Weiber!› Die Gruppentrennung in Jungs und Mädchen war in der Seminareinladung wohl nicht sehr deutlich geworden.

Wir trafen uns dann nochmal am Oberlauf des Flusses, wo die Einsetzstelle der Mädchen war. Die Mädchen fuhren den uns von der Vorbereitungsfahrt bekannten Flußteil herunter, der Endpunkt ihrer Tour war gleichzeitig die Einsetzstelle für die Jungs. Das hatte den Vorteil, daß die Mädchen, den von uns zurückgelassenen Kanuanhänger und Autos mit ihren Kanus beladen konnten und die Jungs von deren Endpunkt der Fahrt abholen.

Von hier ab berichten wir nur noch vom Jungs-Seminar. Auch die Jungs verbrachten ihren ersten Abend auf einem ‹Rastplatz›, den wir auf unserer Vorbereitungstour ausgekundschaftet hatten. Von dort sollte es flußabwärts gehen. Zum größten Teil war uns der Fluß nur noch von der Karte her bekannt.

Tja, also erstmal Boote abladen, möglichst aber dabei das Bier nicht aus der Hand nehmen, das erfordert schon einige Geschicklichkeit. Alle Boote blieben heil! Anschließend mußte das Gepäck, die Lebensmittel und das Material über den Fluß zum Lagerplatz gebracht werden. Dies war schon schwieriger, ohne dabei das Bier abzusetzen, und prompt machte ein Teilnehmer auch direkte Bekanntschaft mit der Neetze (Fluß). Darauf mußten alle Teilnehmer zeigen, daß sie die größten Feuerteufel von ganz Hamburg sind. Es wurde ein mannshohes Feuer entfacht, bis alle begriffen hatten, daß sie so nie zu ihrem Abendessen kommen würden, da die hohen Flammen alles zu Holzkohle verbrennen würden. Von uns wurden Ängste ausgestanden: hoffentlich rückt die Feuerwehr nicht an. Doch dann entstand eine schöne Glut, die am besten und gleichmäßigsten gart.

Irgendwann vorm Dunkelwerden wurden die Zelte aufgebaut und über die Arbeit in den Einrichtungen, über eventuelle Sommerfahrten und Gott und die Welt und besonders über die Erwartungen des nächsten Tages geklönt.

Wir ließen auch schon mal durchsickern, daß wir am zweiten Abend die Großgruppe (12 Teilnehmer) in Kleingruppen aufteilen wollten. Diese Gruppen sollten dann jeweils in Abständen von ca. 15–20 Minuten mit dem Kanu losfahren und alleine übernachten. Unser Ziel war es ja, den Gruppenleitern Erfahrungen zu vermitteln, damit sie später selber mit einer Gruppe losfahren konnten. In der Großgruppe war die Vermittlung solcher Erfahrungen schlecht möglich, da es immer einige gab, die alles machten und konnten, und andere, die sich lieber bei einem Bier ausruhten. Dies hatte sich schon beim Essenkochen und Feuermachen gezeigt.

So, am nächsten Morgen ging es dann richtig los. Erste Enttäuschung: wo bekomm ich mein Frühstück her? Tja, selbst ist der Mann! Wir haben einige Anregungen gegeben, was man zum Frühstück machen könnte: Spiegeleier mit Speck bzw. Salami, Stockbrot, Müsli usw. Anschließend Zelte abbauen, Lagerplatz aufräumen und alles in die Kanus verstauen. Dies gestaltete sich relativ schwierig, da das Kanu-Fieber ausgebrochen war. Niemand hatte so recht Lust, den Müll einzusammeln. Trotzdem ist es wichtig, die Jugendlichen immer wieder darauf aufmerksam zu machen. Oft können Lagerplätze sonst nicht wieder benutzt werden, da die Eigentümer ihre Erlaubnis verweigern mit der Begründung: ‹Letztes Mal lag hier so viel Müll!›, oder man mag den Platz selber nicht mehr benutzen, weil er so dreckig ist. Ein guter Tip ist die Benutzung von Mülltüten, die so aufgestellt werden sollten, daß die Öffnung sehr groß ist.

Endlich war dann alles klar. Wir hatten Glück, auch das Wetter spielte mit. Nicht zu heiß, nicht zu kalt und vor allen Dingen nicht feucht von oben. Das ist wichtig für die ganze Stimmung auf einem Seminar.

Als erstes wurde natürlich ein Wettrennen gestartet, kaum daß alle Jugendlichen in ihren Kanus saßen. Wir hatten einen gemeinsamen Treffpunkt ausgemacht. Dort wollten wir uns sammeln, um dann gemeinsam bis zum Mittag zu paddeln.

Mittags sollte es dann einen kräftigen Imbiß geben: Bohnen mit Speck! Kein Kanu verfehlte den Treffpunkt, obwohl sich der Fluß mehrmals gabelte.

Zuerst genossen wir aber die Fahrt auf dem nicht zu breiten und tiefen Fluß mit den vielen Kurven und der wechselnden Landschaft (Wälder, Wiesen, kleine Dörfer . . .). Angenehm war es auch, mal zwei Stunden sich nicht mit den Jugendlichen auseinandersetzen zu müssen, da wir Teamer auch gerade eine Auseinandersetzung: ‹Wer fährt in welchem Kanu?› verloren hatten, da die Jugendlichen einfach die besseren Argumente besaßen. Auch hatten wir den Fehler gemacht, nach der verlorenen Auseinandersetzung nicht die Boote neu zu beladen, und so war der gesamte Biervorrat bei den Jugendlichen, was schon zu einer guten Stimmung am Morgen führte.

Nachdem wir einen Rastplatz gefunden hatten, wurde das Mittagessen vorbereitet. Dies kam zunächst einer mittleren Katastrophe nahe, da nur wenige Jugendliche bereit waren, zu helfen, aber die übrigen einsehen mußten, daß es ohne die gleiche Mitarbeit aller wesentlich länger dauert, man eventuell schon verhungert ist.

Auch wurden an diesem Rastplatz das Material und die Lebensmittel gleichmäßig auf die Kanus verteilt, wegen der am späten Nachmittag geplanten Trennung. Dazu hatten wir für jede Vierer-Gruppe Kartons vorbereitet:

Kartoffeln, Brot, Speck, Quark, Zwiebeln, Mehl, Salz, Pfeffer, Trinkwasser, etwas Bier, eine Tüte Süßigkeiten, Alufolie, Streichhölzer usw. Die Zusammenstellung der Lebensmittel war so, daß gekocht werden mußte.

Wichtige Hinweise für die Trennung wurden von uns in den Kleingruppen besprochen:

1. Feuerstelle gut absichern! Wasser oder Sand zum Löschen bereitstellen! Brennbares im Umkreis von ca. 3 m entfernen!
   Keine Äste von Bäumen abbrechen, die sind feucht und brennen sowieso nicht!
   Feuerstelle so wiederherstellen, daß etwas anwächst!
2. Müll unbedingt wieder mitnehmen, dazu die Plastiktüten benutzen, die reichlich in jedem Gruppenkarton vorhanden waren!
3. Nicht mit dem Förster und Anliegern anlegen!

Das waren nur die wichtigsten Hinweise! Dann paddelten wir noch eine Weile zusammen, setzten über den Elbe-Seiten-Kanal. Dabei trafen wir einen Bauern, der uns frische Milch gab, zwei Minuten vorher erst gemolken.

Dann setzten wir die erste Gruppe ab. 15 Minuten nach einer Biegung des Flusses dann die zweite Gruppe und anschließend 20 Minuten weiter bis zu dem Platz, wo wir uns am nächsten Morgen mit den Jugendlichen wieder treffen wollten, und wo wir am Abend zuvor die zwei Autos abgestellt hatten.

Wir denken, daß in einer Kleingruppe jeder etwas tun muß: Zelt aufbauen, Feuer machen, Essen kochen usw., und so jeder seine Erfahrungen sammelt. Dies hat sich auch bestätigt. Auf dem nächsten Seminar werden wir die gleiche Struktur anwenden: einen Abend zusammen verbringen, einen Abend die Großgruppe in Kleingruppen aufteilen. Wir selbst erlebten auch einen schönen Abend und genossen die Natur, machten gemütlich Feuer, bauten unser Zelt auf, kochten und klönten ganz lange.

Natürlich waren wir auch ein wenig in Sorge: Hoffentlich passiert nichts.

Aber, außer daß ein Jugendlicher noch einmal nähere Bekanntschaft mit der Neetze machte, gab es keine Aufregungen. Am nächsten Morgen trafen dann die Jugendlichen langsam an unserem Lagerplatz ein. Alle fühlten sich toll, eine Nacht allein verbracht zu haben. ‹Das war das geilste Seminar meines Lebens!›

Diese tolle Erfahrung setzte auch viel Energie bei den Jugendlichen frei, sich darum zu bemühen, solche Fahrten in der Einrichtung anzuleihern. ‹Das mach ich nochmal!›

Anschließend wurden die gemachten Erfahrungen in der Großgruppe ausgetauscht und besprochen. Die Jungen fühlten sich wohl ohne Mädchen, Gespräche sind ganz anders gelaufen, als wenn Mädchen dabei gewesen wären.

Für uns hat es auch Spaß gemacht, ohne Mädchen zu fahren, wir sind viel lockerer miteinander umgegangen. Für jeden war die Tour ein Erlebnis, das alle wiederholen wollen.

Dann trafen wir uns mit der Mädchengruppe. Das Verhalten in beiden Gruppen änderte sich schlagartig. Die Mädchen hatten schon im VW-Bus angefangen, sich hübsch zu machen, was während der Fahrt nicht wichtig gewesen war.

Die Jungs waren auch nicht mehr wiederzuerkennen. Ein Spruch jagte den anderen, sie waren ganz aufgeregt und prahlten, was das Zeug hielt.

Wir fuhren gemeinsam zurück. Damit war die Arbeit aber noch nicht beendet. Boote, Autos und Material mußten in die verschiedenen Einrichtungen zurückgebracht werden.

Wir denken, daß es für einen ehrenamtlichen Gruppenleiter unmöglich ist, einen so großen Aufwand zu betreiben, wie wir ihn betrieben haben. Aber es ist relativ einfach, mit 4–5 Jugendlichen loszufahren. Die hauptamtlichen Mitarbeiter/innen einer Einrichtung oder jemand mit Führerschein kann zwei Boote z. B. auf einen VW-Bus laden, die Jugendlichen zum Ausgangspunkt ihrer Kanufahrt bringen und sie an einem verabredeten Endpunkt abholen. Einen Tag zuvor können die Jugendlichen selber die Lebensmittel besorgt haben.

Was wir gelernt haben:

Um noch einmal auf das Beispiel zu Beginn des Artikels zurückzukommen: Es reicht natürlich nicht aus, eine Kamera bedienen zu können, Bilder zu entwickeln und zu wissen, wie eine Fotorallye organisiert wird, damit Jugendliche selbständig diese als Angebot für andere Jugendliche machen.

Die Jugendlichen müssen natürlich auch motiviert sein und Lust haben, so eine Rallye vorzubereiten, sie müssen die geeigneten Geräte zur Verfügung gestellt bekommen und sie müssen eine/n Ansprechpartner/in haben, der oder die ihnen mit Rat und Tat zur Seite steht.

Das Kanuseminar hat den Teilnehmern/innen sehr viel Spaß gemacht. Alle wollten gleich ein zweites Wochenende «hinterherschieben». Einige Jugendliche haben alte Boote aus den Jugendeinrichtungen hervorgeholt, sie repariert und mit anderen Jugendlichen zusammen zwei Wochen später eine eigene Tour gemacht. Unsere Zielvorstellung, nämlich auf dem Seminar so eine Atmosphäre hinzukriegen, daß die Jugendlichen selber Lust auf Kanufreizeiten bekommen und sich so etwas auch zutrauen, haben wir damit erreicht. Wir merkten jedoch schnell, daß zwischen diesem Erlebnis und der Umsetzung, eigene Kanufreizeiten mit anderen Jugendlichen aus den Einrichtungen zu machen, viele Hindernisse liegen. Das heißt also, die Motivation, so ein Projekt anzugehen, die war vorhanden. Doch es fehlten einfach die geeigneten Voraussetzungen, das Geplante auch in die Tat umzusetzen. Das heißt also: Mit dem Erwerb von Handlungskompetenzen, d. h. der Umgang mit dem Kanu, ist es noch lange nicht getan. Sondern wir müssen auch für eine Vereinfachung der Organisation, für eine Beratung und Begleitung sowie für eine Unterstützung durch Hauptamtliche sorgen.

1. *Boote und Ausrüstung zentralisieren und den Transport vereinfachen.*

Zeitaufwendig und stressig ist das Zusammensuchen der benötigten Ausrüstung. In mehreren Stadtteilen ist zwar fast alles vorhanden, was das Herz begehrt, aber da müssen diverse Telefonate geführt werden, da müssen Termine abgestimmt werden, die oft gar nicht in den eigenen Terminplan reinpassen – und vor allem: Da muß der ganze Kram aus oft weit voneinander entfernt liegenden Einrichtungen zusammengetragen – und wieder zurückgebracht werden. Eine zeitaufwendige Arbeit. Einfacher ist es, wenn alle benötigten Sachen an einem Ort deponiert sind. Man hat dann nur einen/eine Ansprechpartner/in, mit dem/der viel leichter ein Termin abgemacht werden kann. Und es fallen die langen Fahrtwege weg. Mit Hilfe einer Finanzspritze der Stadt konnte eine Einrichtung diese Idee in die Tat umsetzen: Mit Jugendlichen wurde ein Wohnwagenuntergestell in einen Bootsanhänger umgebaut; fünf Boote nebst Zubehör waren vorhanden, Verpflegungskosten wurden aus einer anderen Einrichtung beigesteuert.*

Ein großer Schritt in Richtung Vereinfachung war damit getan. Es fehlen jetzt noch Zelte und ein VW-Bus mit Hängerkupplung. Zelte können aber oft von den Teilnehmern mitgebracht werden und ein Bus ist auch nicht so schwierig zu besorgen. Daß dieser Schritt richtig war, belegt die deutliche Zunahme von Kanufreizeiten in den Einrichtungen. Gleichzeitig ist damit auch ein Problem der Zentralisierung angerissen: Mehr Arbeit für die Kollegen/innen des «Kanupools» und erhöhter Verschleiß des Materials. Trotz dieser Nachteile überwiegen die Vorteile bei weitem, so daß wir in einer weiteren Region ein zweites «Kanupool» einrichten wollen.

2. *Die Erkundungstour überflüssig machen*

In der Regel ist für jede Kanutour eine Erkundungsfahrt notwendig. Auf ihr kann der Fluß direkt in Augenschein genommen werden, Rastplätze können mit den zuständigen Leuten abgesprochen und festgemacht werden, Wehre, an denen umgetragen werden muß, können auf ihren Schwierigkeitsgrad hin untersucht werden, usw. Die Erkundungstour ist zeitaufwendig (mind. 1 Tag). Für berufstätige

* siehe P. Fahse: Selbstbau eines Bootsanhängers

Ehrenamtliche nur am Wochenende oder gar nicht leistbar. Und auch dann nur, wenn sie im Besitz eines Führerscheines sind. Außerdem ist eine Erkundungstour teuer. Auch aus diesem Grund war es für uns klar, daß unser Seminar nicht wie gewohnt in unserem Tagungshaus – sondern in der freien Natur auf einem Fluß stattfinden *mußte*.

Den konnten die Teilnehmer dann gründlich kennenlernen, so daß sich zumindestens für diesen Fluß eine Erkundungstour erübrigte.

Es ist auch denkbar, daß wir in Zukunft für zwei oder drei weitere Flüsse in der näheren Umgebung mit den zuständigen Behörden und Grundeigentümern geeignete Rastplätze absprechen, so daß dann Erkundungstouren nicht unbedingt notwendig wären.

3. *Die Arbeitshilfe*

Zur Planung und Vorbereitung einer Kanufreizeit braucht man viele Informationen, die Ehrenamtliche sich nur schwer beschaffen können. Auch die Hauptamtlichen vor Ort verfügen nicht immer über das Wissen, das nötig hierfür ist, insbesondere dann nicht, wenn sie selbst keine Erfahrungen auf diesem Gebiet haben.

Wir haben deshalb eine Arbeitshilfe erstellt, in der Checklisten für die Ausrüstung, Vordrucke, Adressen, Flüsse, Rezepte, Anregungen, Erste-Hilfe-Regeln und Rechtsvorschriften enthalten sind*. In ihr finden Ehrenamtliche die wichtigsten Informationen zur Vorbereitung einer Wochenendfreizeit.

4. *Beratung und Begleitung*

Wir bieten uns als Beratungsstelle an, die mit Rat und Tat denen zur Seite steht, die selber Kanufreizeiten oder ähnliches unternehmen wollen. Wir werden weiterhin sowohl für Haupt- wie auch für Ehrenamtliche erlebnispädagogisch orientierte Fortbildung durchführen.

---

* siehe Anhang

Für die Teilnehmer/innen der schon stattgefundenen Kanuseminare planen wir einen Fortsetzungskurs, in dem stärker Fragen der Vorbereitung zu einer Fahrt im Vordergrund stehen werden.

Weiterhin bieten wir unsere Mithilfe zu einer gemeinsamen Planung von längeren Abenteuerfreizeiten der Gemeinden an.

13. Pädagogik als Auswärtsspiel

von Hans-Jürgen Thiesen

Es gab in den letzten Jahren wenig grundlegend neue Angebote für Jugendliche in der Jugendarbeit.

Für die Jugendlichen waren die herkömmlichen Seminare und Freizeiten nicht mehr attraktiv, sie wurden von ihnen nicht mehr angenommen, Absagen wurden die Regel. Vor allem bei den Arbeiterjugendlichen, aber auch bei Gymnasiasten wurde eine Ablehnung der thematischen Arbeit immer deutlicher.

Im Folgenden beziehe ich mich auf meine Erfahrungen im der Arbeit mit Arbeiterjugendlichen und sogenannten Randständigen, wobei vieles sicherlich unmittelbar auch auf andere Jugendgruppen zu übertragen wäre.

In der Frage, was bei den Angeboten fehle, kamen wir sehr schnell auf den Bereich erlebnisorientierter Angebote (von Sport bis Abenteuerfahrten).

Diese Art von Angeboten ist schon lange aus der Arbeit ausgeklammert worden.

Wir halten dies für fatal, da wir so einen ganzen Bereich abgeschnitten haben, der eigentlich eine ganze Menge an Chancen bietet.

- Wir brauchen bei Gruppenabenden, Seminaren und Freizeiten Lernsituationen nicht mehr künstlich zu schaffen, um unsere Inhalte zu vermitteln, sondern können die vorfindbaren Prozesse und Konflikte in der Gruppe zum Gegenstand machen (z. B. wenn es um das Lernen von Sozialverhalten geht).
- So können wir dem Bedürfnis der Jugendlichen nach handlungsbezogenen Angeboten nachkommen und brauchen nicht abstrakt zu theoretisieren.
- So können wir neue Möglichkeiten ausprobieren und sehen, wie die Jugendlichen auf Anforderungen reagieren, die real und für sie einsehbar sind.

Erlebnispädagogik birgt aber auch Gefahren für uns – gerade wenn wir den politischen Anspruch haben, ein Gegengewicht zu Wehrsportgruppen und Neonazis zu schaffen. Blindwütiger Aktionismus ist hier mit Sicherheit fehl am Platze. Deshalb müssen gerade wir uns sehr genau überlegen, mit welchen Inhalten wir die Abenteuerfahrten füllen wollen.

Das Jugendgruppenleiterprinzip und gemeinsames Erleben stehen für uns im Vordergrund. Ziel der Arbeit ist, die Jugendlichen zum eigenverantwortlichen Handeln zu ermutigen und befähigen.

Beziehung oder Umwelt

Durch meine Erfahrungen auf den Fahrten möchte ich im Folgenden über meine Erlebnisse im Zusammenhang mit methodischem Vorgehen berichten.

Gerade wenn ich mit den Jugendlichen auf Fahrt bin, merke ich sehr schnell, daß vieles anders ist als in der Einrichtung oder im Gruppenraum. Die gewohnten Methoden und Strukturen erweisen sich oft als untauglich.

Es fängt an mit dem Gruppengespräch in freier Natur. Solche Gespräche können nur kurz sein, denn die Jugendlichen wollen was machen, loslegen. Die Ablenkung durch die veränderte Umwelt ist groß.

Hier empfiehlt sich, in der Großgruppe nur das Nötigste mitzuteilen, längere Vorträge, Erklärungen aber in Gruppen zu dritt oder viert zu verlegen. Die Auseinandersetzung ist intensiver, und ich erreiche auch alle. Ich bin auch für sie erreichbarer bei Fragen, denn in der Großgruppe fragt kaum einer: wie geht das denn mit dem Feuer? – Das weiß man, hat man zu wissen. Das Konkurrenzdenken sollte man dabei immer mitbedenken.
Um alle gut zu erreichen, ist es schon sinnvoll, mit zwei, am besten mit drei Leitern zu fahren. Nicht nur bei Fortbildungsveranstaltungen, auch bei einfachen Gruppenfahrten gilt dies. Nicht alle Leiter müssen Pädagogikexperten sein. Kundige Jugendgruppenleiter sind häufig ebenso, manchmal gar besser geeignet.

Auf unseren Fahrten fahren Jugendliche mit, die sich nur teilweise kennen, und auch wir müssen einige erst kennenlernen. Auch bei Gruppen, die schon länger zusammen sind und in die neue Mitglieder hinzukommen, kann dies passieren.

Deutlich wurde uns dies auf einigen Fahrten an dem Umgang mit Müll. – Ich bemerkte beim Lagerbau am ersten Abend eine Bierdose, die im hohen Bogen in den Fluß flog. Ich war sauer, also brüllte ich rüber, was der Mist sollte. Diese spontane Reaktion hatte zur Folge, daß der betroffene Jugendliche und ich über die ganze Fahrt ‹keinen› Kontakt mehr zueinander hatten.

In dem Moment des Losbrüllens habe ich die Sauberkeit über die Beziehung gestellt. Dabei ist die Frage, was will ich vermitteln, in den Hintergrund getreten. Wenn es mir um die Inhalte geht, muß ich positiv für die Jugendlichen bleiben, d. h. ihr Vertrauen gewinnen, also *erstmal* weniger Wert auf Durchsetzung von Sauberkeit legen. Da das Durchsetzen mit ‹Meckern› verbunden sein kann, verfalle ich in die negative Rolle, die ihnen von Eltern und Lehrern her bekannt ist.

Gerade bei Jugendlichen, zu denen ich noch keine Beziehung aufgebaut habe, muß ich für sie positiv bleiben, da sie sich sonst verschließen und in ihre ‹alten› Verhaltensmuster zurückfallen. Sowas endet in einem Machtspiel: ‹Einer wird gewinnen.› – Dabei verlieren alle.

Hier wird auch deutlich, daß wir uns vor diesem Erfahrungshintergrund bestimmte Prioritäten setzen müssen. Von jedem etwas, oder alles auf einmal geht nicht.

Bleiben wir noch kurz bei dem Müll. Für mich, der die Natur lieben *gelernt* hat, ist es schwer zu verstehen, wenn die Leute ihren Müll tütenweise in die Natur schmeißen. Dann packt mich oft die Wut, und ich kann sowas beim besten Willen nicht verstehen, denn jedesmal, wenn *diese* ‹Leute› sich einen Platz suchen, suchen sie einen ohne Müll.

Ich kann das den Jugendlichen erzählen oder als Argument benutzen (auch beides ist statthaft), aber beim ersten Mal darf dies nicht mein wichtigstes Anliegen sein, denn das führt unweigerlich zu Anmache und Machtkampf. ‹Tue ich das, was der will, oder nicht?!› wird zur Leitfrage des Umgangs zwischen den Jugendlichen und mir. Sauberkeit auf dem Lagerplatz fällt als Ziel dabei unter den Tisch.

Die Jugendlichen müssen zunächst ein positives Verhältnis zur Natur entwickeln, denn eigentlich ist für sie als ‹Stadtkinder› aus unseren Schlafstädten Natur etwas Fremdes, Ungewohntes.

Erst wenn sie ein Verhältnis zur Natur entwickelt haben, kann es für sie wichtig werden, die Natur für sich zu erhalten und zu schützen.

Mir geht es darum, daß sie – auf lange Sicht gesehen – den Müll auch wieder mitnehmen, wenn sie alleine unterwegs sind. So ein Verhalten legen sie jedoch nur dann an den Tag, wenn ihnen die Natur etwas bedeutet, wenn sie also ein positives Verhältnis entwickelt haben. Dies ist aber ein langer Prozeß!

‹Pädagogische Tricks› können erstmal helfen: Einen Müllbeutel so aufhängen, daß er gut geöffnet ist und zentral im Lager ist. So kann leicht ein Wettspiel entstehen: Wer trifft besser? Und selbst wenn nicht getroffen wird, liegt der Müll schon mal auf einem Haufen.

Die Schlußfolgerung heißt für mich, wenn ich mit neuen Leuten fahre, muß ich auch bereit sein, am Ende auf dem Lagerplatz selbst den Müll aufzusammeln.

Der Leitgedanke hierbei ist nicht die Angst vor Konfrontation, sondern das Bemühen, eine neue Beziehung nicht zu überlagern.

Ich bitte Jugendliche auch um Mithilfe und problematisiere das auch in Gesprächen, vor allem dann, wenn sie in Kleingruppen eigenverantwortlich sind.

Die Erfahrungen, die wir damit gemacht haben, lassen hoffen.

Zuviel Luxus tötet – Gedanken zur Ausrüstung

Was ist Luxus, was ist *not*wendig? Anders gesagt: soviel wie nötig und so wenig wie möglich.

Es geht um die Ausrüstung. Sie ist wichtig, denn auch sie bestimmt den Verlauf und die Atmosphäre einer Fahrt mit.

Nach meiner Erfahrung *darf* sie nicht perfekt sein, das Improvisieren ist ein wichtiger Bestandteil der Fahrten.

Gerade bei Fortbildungsveranstaltungen für Jugendgruppenleiter oder großen Fahrten, bei denen mehrere Einrichtungen ihre Möglichkeiten nutzen oder größere Anschaffungen machen, ist diese Gefahr sehr groß.

Wenn aber dann Jugendgruppenleiter aus *einer* Einrichtung eine Wochenendfahrt planen, haben sie nicht so eine perfekte Ausrüstung, was dann sehr schnell zu Frust führen kann, vor allem wenn vorher das Niveau durch perfekte Ausrüstung so hoch gesetzt wurde.

Ist der Jugendgruppenleiter bei der Durchführung einer solchen Fahrt unsicher, kann das gute Gelingen auf der Suche nach Sicherheit nicht von einer perfekten Ausrüstung abhängig gemacht werden. Dabei wird dann die Angst vor dem Versagen auf die Ausrüstung geschoben, die Verantwortung für das Unternehmen wird abgeschoben.
Ich habe mal mit Arbeiterjugendlichen Brettspiele in einer Holzwerkstatt gebaut. Am Anfang waren alle begeistert und voller Energie ans Werk gegangen. Nach 10 Minuten hörte der erste auf – kein Bock mehr. Nach 30 Minuten war ich nur noch mit einem Jugendlichen in der Werkstatt.

Ich habe lange gerätselt, woran es lag; bei Nachfragen sagten die Jugendlichen: ‹Das Werkzeug ist Mist!› und ‹Blöde Brettspiele!›

Es ging aber um ihren eigenen Anspruch und ihre Frusttoleranz: ‹Wenn das, was ich mache, nicht so aussieht wie im Laden, dann kann ich das nicht.› Sie haben dann auch schnell aufgegeben, damit man genau das nicht sagen kann. Sie konnten sich die Zeit des Lernens nicht mehr nehmen; als Maßstab galt auch mein Brett, das ich ihnen gezeigt hatte, um sie zu motivieren. Ich hatte ihnen also den Anspruch des Perfekten demonstriert.

Genau dies mache ich auch mit einer perfekten Ausrüstung, sie wird dann der Maßstab aller Dinge, unter dem sowieso nichts laufen kann.

Bei zu perfekter Ausrüstung wecken wir auch eine Anspruchshaltung, die die Jugendlichen gerade im Kontext mit Material aus dem Alltag unserer Gesellschaft kennen. In der Entwicklung beim Camping vom Zelt mit Kiste zum vollendeten Haus auf Rädern wird es ihnen ja tagtäglich vorgelebt: wenn was gemacht wird, dann aber bitte perfekt. Unterstützen wir dies, vergeben wir die Chance, ihre Phantasie anzuregen, sich was auszudenken, um Probleme zu lösen. Wir nehmen ihnen auch die Möglichkeit des Erfolgserlebnisses, Probleme bewältigt zu haben.

Perfekt sein, heißt bequem sein (werden) – was bedeutet dann noch Erlebnis und Abenteuer?

Andere soziale Erfahrungen für Jugendliche und Pädagogen

Für das Verständnis der Gruppenprozesse und Konflikte während der Fahrt ist es wichtig, sich vorab klarzumachen, in welchen Aspekten sich die sozialen Beziehungen während der Fahrt von den alltäglichen Rollen und Ritualen in der Einrichtung unterscheiden (können).

Durch meine langjährige Gruppenarbeit in der Einrichtung ist mir auf den Fahrten aufgefallen, wie sich das Gruppenverhalten verändert hat.

In der Einrichtung stand ich im Mittelpunkt: ‹Was können wir denn mal machen?›, ‹Du, ich hab keinen Bock, was machst du denn jetzt dagegen?!›, ‹Wo gibt es denn Material?›, ‹Schließ mal den Tischtennisraum auf!› usw. Am Lagerplatz dagegen bedrängte mich keiner, niemand versuchte, mich aus Langeweile zu provozieren. Die Jugendlichen waren voll beschäftigt mit Zeltaufbauen, Gelände erkunden, Feuer machen und Klönen.

Solche ‹Alternativerfahrungen› beziehen sich auch auf andere Bereiche sozialen Handelns:

- Die Jugendlichen können und müssen selbständig etwas machen, da keine Rundumversorgung stattfindet wie z. B. in einer Jugendherberge.

Diese Notwendigkeiten sind einsehbar für die Jugendlichen, die Arbeit durch das Ergebnis unmittelbar sichtbar.

Aus passiven, oft nörgelnden und bocklosen Jugendlichen können aktive, sich einmischende Jugendliche werden, die sich durch positive Erlebnisse z. B. Feuer anbekommen, das Essen schmeckt usw. beflügeln und ermutigen lassen.

Auf so einer Fahrt kann eine Neuordnung der Gruppe stattfinden.

Es bestehen gute Chancen, das soziale Ansehen des Einzelnen auf Fahrten zu verändern, indem andere Fähigkeiten gefordert sind und zur Geltung kommen als in der Einrichtung. Durch diese Möglichkeit können die Jugendlichen mit einem neuen Gruppengefühl von der Fahrt zurückkommen, das auch lange in der Einrichtung nachwirkt.

So war zum Beispiel in meiner Jugendgruppe ein Außenseiter, auf dem ständig rumgehackt wurde. Er war den anderen weder körperlich noch sprachlich gewachsen.

Auf der Fahrt hat er für die anderen Brot gebacken, was sonst keiner konnte – man geht ja sonst auch zum Bäcker. Das fanden die anderen toll, einige wollten das auch von ihm lernen.

Durch dieses Erlebnis ist sein soziales Ansehen in der Gruppe enorm gestiegen und auch das Selbstbewußtsein des Jugendlichen selbst, der nun mit den Sprüchen der anderen auch lockerer umgehen konnte, sich auch Erwiderungen zutraute.
Das Wichtigste aber: er gehört jetzt zur Gruppe. ‹Das ist unser Bäcker, alles klar!›

– Eine wichtige Aufgabe für den Pädagogen ist es, zu sehen, was die Außenseiter oder ‹schwachen› Mitglieder für verborgene Fähigkeiten haben, die für die Gruppenfahrt nützlich sind (sein können).

  Hier sind wir gefordert, Jugendlichen die Möglichkeiten zu schaffen, ihren Fähigkeiten entsprechende Aufgaben verantwortlich für die Gruppe übernehmen zu können.

  Da, wo Jugendgruppenleiter oder Pädagogen Verantwortung übernehmen, muß darauf geachtet werden, daß sich dies auf ihre *Handlungskompetenz* (Erfahrung, Fachwissen, intakte Beziehung zu den Jugendlichen) bezieht und nicht auf formale Qualifikationen wie Jugendgruppenleiterausweis oder Examen.

  Die Handlungskompetenz erhält man/frau nicht per Examen, sondern kann sich diese nur im Umgang mit den Jugendlichen erwerben.

  Jugendgruppenleiter dürfen nicht als verlängerter Arm des Pädagogen eingesetzt werden, da sie sonst in für sie nicht zu bewältigende Konflikte geraten. Die Interessen des Pädagogen auf der einen Seite und die der Jugendlichen auf der anderen bilden für einen Jugendgruppenleiter meistens einen Gegensatz, der für ihn nicht aufzulösen ist.

  Ein Jugendgruppenleiter: ‹Zunächst einmal kannte ich einen Großteil der Teilnehmer aus dem Jugendzentrum. Diese hatten es nun schwer, sich daran zu gewöhnen, daß ich auf einmal einen anderen Status hatte, nämlich als Begleiter, Organisator. In dieser Beziehung fiel es auch mir sehr schwer, meine Gefühle den Jugendlichen gegenüber zu neutralisieren, so daß ich losgelöst aus der vorherigen Situation im JU handeln konnte. Dies fiel natürlich auch den Jugendlichen auf, was vielleicht ein Grund für Abneigung und Inakzeptanz gewesen sein könnte.

Ich sollte als unterster in der Rangfolge der Betreuer allen Unmut zu spüren bekommen und wurde dementsprechend angemeckert. Für vieles wurde mir die Schuld in die Schuhe geschoben, obwohl ich keine Schuld hatte.›

– Vieles geht nur gemeinsam auf so einer Fahrt, das Miteinander geht jeden an, da jeder davon unmittelbar betroffen ist. Dies ist für jeden spürbar und hat auch Konsequenzen für jeden.

  Das Erkennen der Gemeinsamkeit macht die Notwendigkeit deutlich, eine Lösung oder einen Kompromiß bei Konflikten zu finden, denn die Fahrt soll ja weitergehen.

– Es gibt kaum Fluchtmöglichkeiten bei Auseinandersetzungen, da die Jugendlichen nicht einfach nach Hause gehen können. So kann das Durchhalten von Konflikten eingeübt werden. Hier ist das behutsame Unterstützen des Pädagogen wichtig.

– Wenn Probleme bestehen, sollten sie nicht unter den Teppich gekehrt werden. Sie im Gespräch mit einzelnen Jugendlichen zu thematisieren, ist *eine* Bedingung für das Gelingen der Fahrt.

– Der Pädagoge sollte nicht zu häufig eingreifen, auch wenn es schwer fällt und ungewohnt ist, nicht mehr der Mittelpunkt zu sein.

  Auf den ersten Fahrten fiel es mir sehr schwer, mich zurückzuhalten. Ich ertappte mich oft beim Versuch, den Lagerablauf zu organisieren. Mittlerweile kann ich die ‹arbeitslose Zeit› auch genießen und abwarten. Ich habe dabei lernen müssen, daß die Jugendlichen die Aufgabe sehr gut alleine bewältigen und Pannen einmal vorkommen, aber selten ein zweites Mal.
  Vor oder (und) während der Fahrt sollte man mit den Jugendlichen Lagerrat abhalten und besprechen, wer wann welche Aufgaben übernimmt und verantwortlich ist. Es darf nicht meine Sorge sein, wie diese Aufgaben von den Jugendlichen bewältigt werden. D. h. ich unterstütze nur, wenn der Jugendliche das wünscht (braucht).

Diese ganzen Ratschläge sind beiseite zu legen, wenn schlechtes Wetter ist und die Stimmung sinkt. Hier ist es nach meinen Erfahrungen wichtig, sich auf eine solche Situation vorbereitet zu haben, die berühmte Trickkiste aufzumachen und Angebote parat zu haben. Auch eine warme Suppe wirkt oft Wunder.

Neue Erfahrungen mit Erwachsenen

Jugendliche treten auf Fahrten Erwachsenen mit andersartigen Aktivitäten (Fahrrad statt ‹Ofen›, Kanu statt Auto) gegenüber. Auch das verändert die Rolle der Jugendlichen. In der Stadt gelten sie als ‹auffällige Rabauken› – und werden auch so behandelt. Sie verhalten sich dann entsprechend der von ihnen erwarteten Rolle.

Mit den neuen, gesellschaftlich akzeptierten Aktivitäten auf Fahrt machen sie in der Regel die Erfahrung, daß Erwachsene ihnen freundlich begegnen, ein Verhalten, das die Jugendlichen im ersten Moment sehr verunsichert.

Erwachsene finden diese Art von Freizeitbeschäftigung sehr positiv und reagieren meist sehr freundlich. Wir hatten auch keine Probleme, Rastplätze zu finden. Dies wäre sicher anders, wenn wir mit Motorrädern aufgetaucht wären.

Die Anwohner wiesen freundlich darauf hin, daß wir doch bitte keinen Müll rumwerfen, damit es hier so schön bleibt. Keiner der Jugendlichen reagierte sauer, sondern es war ihnen wichtig, daß der Platz sauber war, wenn wir ihn verließen. Dies war aber nur an den Orten so, an denen wir gemeinsam mit ihnen nach einem Platz gefragt haben. Bei Plätzen, die wir vorab vereinbart hatten, empfanden sie das nicht als ihre Sache.

Die Jugendlichen waren trotz neuer Umgebung insgesamt offener und weniger mißtrauisch gegenüber Fremden.

So passierte es z. B. am Abschlußtag, daß der Platz ziemlich wüst aussah, nachdem wir uns alle gesammelt hatten und noch gemeinsam Mittag gegessen hatten.

Plötzlich erblickten die Jugendlichen einen Förster mit Hund. Hektisch räumten sie auf, weil sie befürchteten, vom Platz zu fliegen. Die Jugendlichen waren wie verwandelt.

Dem Förster fiel aber gar nicht ein zu meckern, sondern er fragte, wo wir herkommen, wie lange wir schon unterwegs waren usw. Nach einer Weile kamen die Jugendlichen näher – sie saßen irgendwo rum und schauten ganz interessiert auf die Erde.

Der Förster blieb noch eine Weile, sprach mit den Jugendlichen darüber, daß er früher auch sowas gemacht hätte usw. Er *bat* die Jugendlichen noch, gut aufzuräumen, und hat uns dann eine schöne Heimfahrt gewünscht.

Die Jugendlichen waren ganz von den Socken. ‹Mensch, der hat nicht rumgemotzt!›

Sie waren ganz überwältigt, daß der Förster sie ernstgenommen hatte, nicht wie im Alltag gewohnt gemotzt hatte, sondern sich dafür interessierte, was sie erlebt haben.

Diese Alternativerfahrungen mit Erwachsenen schafft auch eine Veränderung der *gegenseitigen* Sichtweise. Die Erwachsenen begegnen ihnen erstmal positiv, was gerade für diese Jugendlichen eine ganz wichtige Erfahrung ist.

Muskelkater als Grenzerfahrung

Die Fahrten, ob mit dem Kanu, Fahrrad oder zu Fuß, sind nicht so angelegt, daß sie an die Leistungsgrenze der Teilnehmer stoßen. Solche Grenzerfahrung kann aber hin und wieder ein Bedürfnis der Jugendlichen sein, das wir ihnen nicht prinzipiell verwehren sollten.

Aus persönlichen Erfahrungen weiß ich, daß körperliche Anstrengung auch ein angenehmes Gefühl sein kann und Befreiung verschafft.

Als Ausgleich zur ständigen Kopfarbeit verschafft mir die körperliche Anstrengung durch Sport eine Ausgeglichenheit. Es ist, als wenn ich eine innere Waage wieder ins Gleichgewicht gebracht hätte.

Dies Bedürfnis ist auch bei den Jugendlichen ganz stark. Auch Nachtfahrten oder Nachtwanderungen entsprechen dem Bedürfnis nach Spannung und Abenteuer.

Die Jugendlichen wollen etwas erleben, ihren Körper spüren und ausprobieren. Diesen Bedürfnissen sind wir lange Jahre, zumeist aus ideologischen Gründen, nicht nachgekommen. Haben wir damit nicht einen Teil unserer Realität ausgeblendet?

Besonders deutlich wird dieses Bedürfnis der Jugendlichen nach körperlichen (Grenz-)Erfahrungen, wenn einzelne in ihrer ersten Begeisterung gleich ein *Überlebenstraining* anschließen möchten. Hier entlädt sich der jahrelange Mangel an solchen Erlebnissen in einer Extremform.

Solchen Wünschen kommen wir bewußt nicht nach – so wählen wir für unsere Kanufahrten nur ungefährliche Flußläufe aus –, da hier nicht mehr das Gruppenerleben mit seinen spezifischen Anforderungen im Vordergrund steht, wobei die verschiedenartigen Fähigkeiten jedes einzelnen zum Tragen kommen, sondern die Mentalität des *Einzelkämpfers*.

Gerade diesem nicht-sozialen Verhalten, das den Jugendlichen in fast allen Alltagsbereichen (Kampf um Lehrstelle, hierarchische Strukturen in Gruppen) abverlangt wird, wollen wir entgegenwirken.

Was kann Erlebnispädagogik leisten?

Wer bis hierher gelesen hat, könnte annehmen, daß Erlebnispädagogik *das* Heilmittel für die Krise der Jugendarbeit ist.

Wir verstehen Erlebnispädagogik nur als einen *Teil* vom Ganzen. Nicht alle Probleme der Jugendlichen sind mit diesem Arbeitsansatz zu lösen.

Sieht man sich die Erfahrungsberichte genauer an, so wird man feststellen, daß die von den Jugendlichen und Pädagogen geleistete Arbeit *Beziehungsarbeit* ist: Beziehung des Einzelnen zu sich selbst, zur Gruppe, zum Pädagogen (Erwachsenen), zur Natur . . .

Während solcher Fahrten können Alltagsprobleme nicht gelöst werden. Die neuen Erfahrungen können lediglich eine verbesserte Grundlage zur Bewältigung der Alltagsprobleme schaffen. Die veränderten Beziehungen können in der Einrichtung nachwirken und von den Pädagogen und Jugendlichen als Chance genutzt werden, auch die Alltagsprobleme *gemeinsam* zu bewältigen.

Abschließend bleibt noch zu sagen, daß sich Erlebnispädagogik ebenso wie jede andere Form der Jugendarbeit auch erschöpfen kann.

Zwar sind die Jugendlichen anfangs durch den Reiz des Neuen besonders begeistert und offen, aber sobald Abenteuer zur Routine wird, hat es seinen Sinn verloren.

Teil III
Planung, Vorbereitung, Tips

14. Selbstbau eines Bootsanhängers

Projektarbeit mit Jugendlichen

Von Peter Fahse

Das KAP-Lohbrügge

Das Jugend- und Beratungszentrum liegt am *K*urt-*A*dams-*P*latz in Hamburg Lohbrügge, daher kurz und knapp auch das KAP genannt. Wir arbeiten mit Punkern, die sich hier aus allen Gegenden Hamburgs und Bergedorfs treffen.

Ein fester Bestandteil unserer Freizeitangebote sind Sommerfahrten. So haben wir im letzten Jahr eine Kanu-Freizeit in Schweden unternommen, die so erfolgreich war, daß wir auch in diesem Jahr wieder mit Kanus dorthin fahren wollen.

Das Problem bei solchen Fahrten ist es immer, die richtige Ausrüstung zusammenzubekommen. Gerade in den Sommerferien unternehmen viele Jugendeinrichtungen Freizeiten und können daher ihre Ausrüstungsgegenstände nicht verleihen. Wir selber haben zwar sechs Kanus mit Zubehör, uns fehlt jedoch die Transportmöglichkeit; also ein entsprechender Bootsanhänger. Bisher haben wir uns immer einen Hänger von einem benachbarten Haus der Jugend leihen können – doch das ist in diesem Jahr plötzlich nicht mehr möglich. Was liegt also näher, als selbst einen Hänger zu bauen.

Vorüberlegungen zum Bau eines Hängers

Der Hänger muß bestimmte Mindestanforderungen erfüllen, wenn er für unsere Arbeit brauchbar sein soll. Im letzten Jahr sind wir über 4000 km mit dem vollbeladenen Bootsanhänger des HdJ gefahren. Dazu kam es, daß Schwedens Straßen manchmal nur bessere Schotterwege sind. Alles in allem sind das schon recht extreme Bedingungen, unter denen wir den Bootsanhänger getestet haben. Er hat also einiges mitmachen müssen. Wir haben uns dann zusammengesetzt und aufgeschrieben, was uns an negativen Sachen aufgefallen ist und was wir bei dem Neubau besser machen wollen.

1. Er muß robust sein

Der Hänger soll so stabil sein, daß er auch so extreme Bedingungen wie die in Schweden aushalten kann. Das heißt also, stabile Verarbeitung des Fahrgestells und des Aufbaus – gute Schweißnähte, gutes Material und ausreichende Materialstärke.

2. Er muß pflegeleicht sein

Das Fahrverhalten des Hängers muß so sein, daß auch ungeübte Fahrer/innen relativ schnell mit dem Hänger zurechtkommen. Wir wollen unsere sechs Boote nebst Zubehör transportieren können. Das bedeutet also eine Auslastung bis an die Grenze des zulässigen Gesamtgewichts und eine relativ große Angriffsfläche für den Wind. Daher kommt als Fahrgestell nur eine gebremste Achse in Frage, weil die gerade unter den oben genannten Bedingungen ein sehr viel sichereres und stabileres Fahrverhalten zeigt, als eine ungebremste.

Da der Hänger sehr hoch beladen wird (ca. 2,60 bis 3,00 Meter) muß für eine stabile Lage gesorgt werden. Also nicht so ein schmales Hemd, sondern eine möglichst breite Spur mit niedrigem Schwerpunkt. Das heißt konkret, die Spurbreite muß so breit sein wie der ganze Hänger, also von Außenkante Rad zu Außenkante Rad, so breit wie die beiden Böden der oben nebeneinanderliegenden Boote. So weit zur Verkehrssicherheit. Aber er muß auch gut zu beladen sein (auch die oberen Boote) und es soll für eine ausreichende und schnelle Befestigungsmöglichkeit gesorgt werden.

3. Er muß reparaturfreundlich sein

Selbst wenn man den Hänger möglichst stabil baut, geht doch immer wieder einmal die eine oder andere Sache kaputt. Reparaturen dürfen deshalb nicht allzu schwierig sein, weil wir sie ja möglichst selber und kostengünstig durchführen wollen. Wir haben uns deshalb entschlossen, den Aufbau abnehmbar zu konstruieren, und zwar aus zwei Gründen: Zum ersten hatten wir durch Beziehungen zu einer Werkstatt, die Home-Mobile baut, ein Wohnwagenuntergestell für wenig Geld kaufen können. Das hat den Vorteil, daß das Gestell TÜV-geprüft ist und einen Brief hat. Mit anderen Worten, es ist TÜV-abgenommen und -zugelassen. An diesem Gestell wollten wir nicht durch Schweißarbeiten etwas verändern, weil wir nicht sicher waren, inwieweit das eine Neuzulassung notwendig gemacht hätte, die wir uns natürlich gerne ersparen wollten. Zum zweiten kriegten wir den Hänger samt Aufbau nicht in unsere Werkstatt. Es ist deshalb notwendig aber auch praktisch gewesen, das Gestell abbaubar zu machen, um nötige Reparatur- und Schweißarbeiten geschützt in der Werkstatt durchführen zu können, statt draußen auf dem Hof.

4. Der Hänger muß TÜV-gerecht gefertigt sein

Der Hänger wird vom TÜV abgenommen und muß nach bestimmten Vorschriften gebaut sein. Wir haben uns vorher beim TÜV erkundigt, auf was wir alles achten müssen und haben dort auch guten Rat und Unterstützung bekommen.

5. Das ganze Projekt muß finanzierbar sein

Alle unsere guten Überlegungen und Vorstellungen müssen natürlich auch finanziert werden. Da unsere eigene Finanzdecke ziemlich dünn ist, müssen wir also Zuschüsse bei verschiedenen Stellen einwerben und auch sonst versuchen, ein gutes Preis-Leistungsverhältnis hinzukriegen. Das hatte natürlich Auswirkung auf unsere Planung. Zum Beispiel hat die Robustheit ihre Grenze in der Materialstärke und die wiederum war abhängig von unserer finanziellen Möglichkeit.

6. Pädagogische Vorüberlegungen

Die Jugendlichen sollen die Sommerfahrt weitgehend mitorganisieren und gestalten. Dies ist eine der Zielvorstellungen, die wir mit den Sommerfreizeiten verbinden. Dasselbe Prinzip versuchen wir auch in anderen Bereichen unserer Jugendfreizeitarbeit aufrechtzuerhalten. Von daher definiert sich unsere Rolle als Pädagoge/in auch in erster Linie als Initiator/in, Organisator/in, Koordinator/in von Aktivitäten, an denen Jugendliche mitwirken können. Konkret auf den Hängerbau bezogen heißt dies, daß ich versucht habe, die Arbeit so vorzubereiten, daß die beteiligten Jugendlichen möglichst viel selbst tun konnten. Das sah dann konkret so aus, daß wir zusammen zu dem Hänger des Hauses der Jugend gegangen sind und diesen vermessen haben. Als nächstes haben wir uns zusammengesetzt und unsere Erfahrungen vom letzten Jahr ausgetauscht, die wir mit dem geliehenen Hänger gemacht haben; und uns aufgeschrieben, was uns negativ oder positiv aufgefallen ist. Als letztes habe ich dann noch mich beim TÜV erkundigt, nach welchen Vorschriften ein Bootsanhänger gebaut werden muß. Auf dieser Basis also: Ausmessen des Hängers, Vorerfahrungen und TÜV-Vorschriften, haben wir zusammen unseren Bootsanhänger gebaut. Ich habe mich dann hingesetzt und so eine Art Arbeitsplanung gemacht, also das ganze in kleinere Arbeitsschritte aufgeteilt. Das halte ich für sehr wichtig, damit nicht nachher ein Berg Material in der Werkstatt liegt und nur die Crecks durchblicken, was daraus mal werden soll. Anhand von Skizzen und sogenannten «Explosionszeichnungen» konnten alle sehen, wie der Hänger gefertigt werden muß. Also z. B. aus wieviel Einzelteilen er besteht, wie die einzelnen Stücke gefertigt werden und in welcher Reihenfolge die Teile zusammengefügt werden müssen. Zur Arbeitsplanung gehört es auch, daß das benötigte Werkzeug in guter Qualität vorhanden ist. Nichts löst mehr Frust aus, als wenn sich die Jugendlichen damit abmühen, z. B. ein Vierkantrohr durchzusägen und die Säge ist zu stumpf oder sie muß erst lange gesucht und evtl. noch ausgeliehen werden.

7. Die Gruppenzusammensetzung

In der Vorbereitungsgruppe waren wir sechs Leute, die aktiv am Hänger mitgebaut haben. Zwei steckten in einer Lehre als Betriebsschlosser, die beiden hatten gute Kenntnisse im Schweißen und im Umgang mit dem Material. Zwei weitere Jungen, die mit handwerklichen Sachen bisher nichts zu tun hatten, waren dabei und zwei Mädchen, eine Arzthelferin und eine Verkäuferin. Eine Gruppe also mit sehr unterschiedlichen Kenntnissen und Vorerfahrungen. Mein Ziel ist es, daß die unterschiedlichen Kenntnisse weitervermittelt werden und nicht als Machtinstrument benutzt werden und, daß verschiedene Fähigkeiten als wichtig für das Gelingen des gesamten Projektes erkennbar werden. So muß man z. B. Schweißen wirklich gelernt haben – und da waren die beiden Betriebsschlosser natürlich sehr fit darin – was sie uns auch merken ließen. Hier waren sie die Meister und wir anderen die Lehrlinge. Aber Meister haben auch Verantwortung und Pflichten gegenüber den Lehrlingen – sie müssen zumindest mal verständlich erklären, was sie denn da machen und warum sie es so und nicht anders machen. In diese Pflicht haben wir sie denn auch genommen und sie mit unseren Fragen gelöchert. Es gibt auf der anderen Seite viele Arbeiten, zu denen nicht unbedingt eine Schlosserlehrr Voraussetzung ist, sondern eher eine gute und durchdachte Vorplanung und eine gewisse Technik. Um z. B. mit einer Eisensäge ein Profil durchzusägen, braucht man nicht unbedingt Kraft sondern eher Technik. Es kommt eben viel mehr darauf an, das Profil gerade und genau durchzusägen, als schnell und schief. Es gibt drittens Arbeiten, wo Fachkenntnisse zwar nichts schaden, doch den Blick einengen können. So sind z. B. unsere Betriebsschlosser beim Ausmessen des Hängers so mit Schweißnähten, Materialaufbau und Stärke beschäftigt gewesen, daß ihnen andere wichtige Dinge gar nicht auffielen: daß z. B. an der Seite Reflektoren angebracht waren zur zusätzlichen Sicherheit oder daß die Rohrbäume mit Gummikappen verschlossen waren, damit dort kein Regen reinkommt usw. usf.

Eine besondere Aufgabe ist es zudem, einmal den Mädchen in der Gruppe Raum zu schaffen, damit sie überhaupt einmal eine Säge in die Hand bekommen können, ohne daß gleich einer der männlichen Jugendlichen das mit einem «Laß man, ich mach das schon» aus der Hand nimmt, und zum anderen, ihnen Mut zu machen, für sie ungewohnte Arbeiten anzufangen.

8. Alltagshandeln und Atmosphäre

Am Hängerbau zeigte sich wieder einmal mehr, wie über konkrete Handlungen Kommunikation in der Gruppe entsteht. Dies ist keine künstliche Situation, wie in einer pädagogischen Gruppe, sondern die Gespräche haben einen konkreten alltäglichen Bezug zu dem, was gerade gemacht wird, und darüber hinaus auch noch eine Beziehung zu der Lebenswelt der beteiligten Jugendlichen. Zwei Beispiele sollen dies verdeutlichen: Wir sind beim Zusammenbau der einzelnen Teile auf eine Menge Schwierigkeiten gestoßen. Da paßte dann irgendein Teil nicht richtig oder wir wußten nicht, wie die Kotflügel befestigt werden sollten. Das sind Probleme, die sich aus der Arbeit heraus ergeben und über die wir dann in dem Moment konkret gemeinsam gesprochen und nachgedacht haben. Das ist Kommunikation und Planung über und beim Tun.

Aber in einer Gruppe laufen auch noch ganz andere Gespräche. So ist es z. B. manchmal so, daß man sich verabredet hat und keiner so richtig Lust hat, etwas zu tun. Wir kamen dann ins Klönen und viele Gespräche drehten sich erst einmal um Arbeitssituationen. Wahrscheinlich, weil die Atmosphäre so war, daß das Thema Arbeit angesagt ist. Du sitzt in einer Werkstatt, es riecht nach Öl und nach Schweißmitteln. Es ist eine kleine Gruppe, ungestört vom übrigen Betrieb und mit einem Mal fangen die Jugendlichen an, sich für die Probleme des anderen zu interessieren und von ihren Problemen zu erzählen. Nicht der oder die Hauptamtliche allein ist es, bei der/dem sie ihren Frust ablassen können, sondern da sind auch noch andere, die zusammengehören, wenn auch vielleicht nur für eine kurze Zeit. Sie gehören zusammen, weil sie etwas zusammen herstellen und sie hören einem zu, beim Bier oder bei einer Tasse Kaffee.

9. Raum und Zeit

Ich habe lange überlegt, ob es sinnvoll ist, das Projekt «Hängerbau» als Parallelprogramm zur offenen Arbeit laufen zu lassen oder nicht. Wir haben uns entschlossen, das Hängerprojekt als Extraaktion laufen zu lassen, und zwar aus folgenden Gründen:

a) Wir haben mit ähnlichen Versuchen schon Schiffbruch erlitten, weil sich nicht alle Leute, die ins KAP kommen, für bestimmte Projekte begeistern lassen. Die stehen dann herum, machen dumme Sprüche und die Leute, die Lust haben, an dem Projekt teilzunehmen, sind gestört und hören nach einer Weile genervt auf.

b) Wenn die Gruppe offen ist, fällt der – erwünschte – Nebeneffekt, nämlich die Atmosphäre einer kleinen Gruppe, die sich über das gemeinsame Handeln gefunden hat, weg. Gespräche wie oben beschrieben finden dann selten oder gar nicht statt.

Aus diesen Gründen war das «Hängerprojekt» nicht nur eine Extraaktion von der Zeit her, also neben dem normalen Programm, sondern wir haben auch den Ort verlegt, nämlich eine Werkstatt in unserem Hause. Störungen sollten so vermieden und möglichst ausgeschaltet werden.

10. Resümee

Wir sind zu diesem Projekt durch die Not gezwungen worden. Eine Zwangssituation, die sich im Nachhinein betrachtet, als sehr positiv erwiesen hat, die aber auch ihre Nachteile gehabt hat. Nachteile, die man sicherlich reduzieren kann, wenn mehr Zeit zur Verfügung steht. So hätten noch zwei bis drei Leute mehr mitmachen können, die auch Lust dazu gehabt hätten. Die Arbeitsschritte habe ich immer sehr kurzfristig geplant und manchmal nicht genau genug aufgezeichnet. Einzelne Arbeitsvollzüge, wie z. B. das Schweißen hätten vielleicht noch mehr Leute in der Gruppe lernen können, wenn wir jemanden gehabt hätten, der nicht nur schweißen kann, sondern dies auch anderen gut vermitteln kann. Vielleicht wäre eine Selbsthilfewerkstatt oder

z. B. die Autonomen Jugendwerkstätten in Hamburg dazu in der Lage gewesen.

Auch hätten die Jugendlichen mehr beteiligt werden können bei der ganzen TÜV-Prüfung. Das mußte ich in diesem Fall aus Zeitgründen alles alleine machen, weil wir beim TÜV keinen Termin hinkriegten, an dem alle Zeit haben. Beim gemeinsamen Termin der TÜV-Abnahme können die Jugendlichen den Prüfer direkt fragen und er muß die bemängelten Sachen den Jugendlichen, die ja schließlich den Hänger gebaut haben, direkt sagen und nicht vermittelnd durch mich als dritte Person. Soweit zur Zeitfrage und zur Vorbereitung und Planung so eines Projektes. Schwierig wird es sein, rein zeitmäßig es so hinzukriegen, daß auf der einen Seite genug Zeit für eine gute Planung vorhanden ist, aber auf der anderen Seite der Hänger auch schnell fertig wird. Die Jugendlichen wollen schnell Fortschritte im Bau sehen, sie verlieren sehr schnell die Lust am Bau. Von daher war es in unserem Fall wirklich von Vorteil, daß wir in sechs Wochen fertig sein mußten.

11. Ausleihpraxis des Hängers

Wir hören von vielen Seiten, wie positiv es ist, daß es hier in Lohbrügge einen Hänger gibt, der von vielen Einrichtungen des Kirchenkreises und des Bezirkes genutzt wird. Positiv, das sagen in erster Linie die Leute, die dieses Angebot nutzen. Für uns ist bisher das ganze mit sehr viel Arbeit verbunden. Wir sind versucht, manchmal zu sagen, daß das ganze eigentlich nichts Positives hat. Wobei ich weiß, daß das auch ein bißchen aus Frust gesagt wird, aus der vielen Arbeit, die wir mit diesem Projekt haben, die wir uns aber trotzdem machen, weil wir das ganze als sinnvoll ansehen. Trotzdem denke ich, daß wir Erfahrungen gemacht haben, die andere, die etwas ähnliches vorhaben, nicht unbedingt auch machen müssen. Es beginnt mit der Terminabsprache. In vielen Fällen haben wir erlebt, daß Termine kurzfristig gemacht werden, und die Leute sauer reagieren, wenn wir ihnen dann leider absagen müssen, weil der Hänger nämlich schon vergeben ist oder wir ihn selber nutzen wollen. Und es geht weiter damit, daß natürlich von uns immer jemand präsent sein muß, wenn er herausgegeben wird bzw. angenommen wird. Also es ist ja immer eine Terminfrage, die uns da halt einschränkt. Die anderen wollen ihn ja haben, die haben dann sowieso Zeit. Aber bei uns ist das eben unser Wochenende und wir müssen dann gewährleisten, daß Freitag jemand da ist, der den Hänger rausgibt und Sonntagabend wieder da ist, der ihn entgegennimmt. Montags haben die meisten Leute nämlich schon keine Zeit mehr, ihn zurückzubringen. Besonders ärgerlich wird die ganze Geschichte aber dann, wenn der Hänger zurückgebracht wird und es unterwegs kleine Unfälle oder Mißgeschicke gegeben hat, so daß Reparaturen am Hänger notwendig werden. Wir haben es erlebt, daß von einigen Kollegen/innen uns dies nicht mitgeteilt wird und wir dann gezwungen waren, entweder die Reparaturen selber auszuführen oder weil wir keine Zeit dazu gehabt haben, diese machen lassen müssen. Beides bringt uns in finanzielle sowie auch in zeitliche Schwierigkeiten. Zudem ist es schwierig, den Jugendlichen, die den Hänger gebaut haben, zu erklären, warum wir den Hänger überhaupt weiterhin ausleihen sollen, wenn es nicht möglich ist, daß er heil wieder zurückgebracht wird. Wir stehen durch die Erfahrung, die wir gemacht haben, wirklich in einem Zwiespalt. Auf der einen Seite lehnen wir totale Kommerzialisierung so eines Hängerverleihbetriebes ab. Denn wir wollen ja nicht so sein wie kommerzielle Verleiher. Auf der anderen Seite haben wir das Gefühl, daß diese unsere Einstellung von anderen Leuten schamlos ausgenutzt wird. Es ist nicht ganz einfach, da einen Kompromiß zu finden. Auf der anderen Seite wollen wir natürlich nicht den Verleih aufgeben. Das ganze Projekt eines Hängerpools, der genutzt wird von verschiedenen Jugendeinrichtungen halten wir weiterhin für so sinnvoll, daß wir zu einem ganzen Haufen Kompromissen bereit sind. Trotzdem haben wir uns entschlossen, den Verleihbetrieb anders zu gestalten. Vielleicht geben unsere Erfahrungen anderen, die ähnliches versuchen wollen, Anregungen und Tips von vornherein sich diesen Ärger zu ersparen. Wir werden in Zukunft eine Checkliste machen, die mit den Leuten, die den Hänger ausleihen, durchgegangen wird. Auf dieser Checkliste sind alle wichtigen Sachen, die den Hänger betreffen und die beschädigt werden können, vermerkt. Die werden durchgegangen und abgehakt. Zum zweiten werden wir eine Kaution verlangen, damit wir evtl. entstehende Schäden nicht aus der eigenen Tasche bezahlen müssen. Jedes Jahr müssen die Boote, die aus Polyester sind, von uns repariert werden. Das ist nicht ganz billig. Wir werden also in Zukunft für den Hänger und für die Boote eine kleine Gebühr erheben, die weit unter den Kommerziellen Gebühren liegen wird, die uns aber trotzdem in die Lage versetzt, die Boote und den Hänger regelmäßig zu warten, ohne daß wir dafür den eigenen Jugendetat in Anspruch nehmen müssen. Mit der zeitlichen Präsenz am Wochenende von uns Mitarbeitern/innen werden wir es in Zukunft so handhaben, daß der Hänger nur während des üblichen Betriebes des KAP's ausgeliehen werden kann, d. h., Freitag während des Betriebes kann er abgeholt werden und Montag muß er während des Nachmittagbetriebes wieder zurückgebracht werden. Uns scheinen diese Veränderungen zwar Einschränkungen für die Ausleiher/in zu bringen, aber es ist ein guter Kompromiß zwischen unseren Belastungen und der Belastung der Leute, die den Hänger ausleihen wollen.

15. Erlebnispädagogik – Zugänge zur eigenen Sozialisation und Lebensgeschichte

... statt eines Nachworts

Von Wolfgang Harm und Willy Klawe

Je geringer der gesellschaftliche Status der Zielgruppe unserer Jugendarbeit, desto notwendiger ist es, diese nach erlebnispädagogischen Gesichtspunkten zu gestalten.

Erlebnispädagogik soll nicht in erster Linie Zielvermittlung sein. Sie soll den Jugendlichen mehr auf der affektiven Lernebene ansprechen, da die kognitive Lernfähigkeit durch Sprach- und Bildungsdefizite oft erheblich eingeschränkt ist. Während wir z. B. im Rahmen der Politischen Bildung einem Gymnasiasten mal das eine oder andere Buch empfehlen können, welches ihn/sie innerlich bewegt, müssen wir im Randständigenbereich zulassen, daß die theoretische Erkenntnis sich in der Regel erst nach dem mehrfach praktisch Erlebten einstellt. Weitergedacht heißt dies: die «Theorie vom Leben» entwickelt sich bei unserer Zielgruppe fast ausschließlich aufgrund von Erfahrungen und Erlebtem. Vermutlich müssen wir auch bei uns selber eine Bewertungsveränderung vornehmen:

Gesellschaftlich hoch bewertet wird, wer einen hohen Bildungsstand hat, sich also viel Wissen angeeignet hat, wer komplizierte Denkvorgänge nachvollziehen kann und auch über längere Zeiträume mit dem Kopf arbeiten kann (z. B. in der Schule). Ein Fehlen solcher Fähigkeiten wird als Defizit und damit eher negativ gewertet.

Wenn wir nun davon ausgehen, daß unsere Jugendlichen sich eine Erlebnis- und Lernweise erhalten haben, die dem gebildeten Menschen tendenziell abhanden gekommen ist, müssen wir zu einer Umkehr dieser Bewertung kommen. Wir könnten es z. B. als positiv werten, wenn Jugendliche sich weigern, zur Schule zu gehen, weil sie dort nicht lernen *können*. Sie verstehen vieles nicht, bekommen schlechte Zensuren, lernen wenig lustvoll und sie haben vor allem oft nicht das Gefühl, daß da wirklich jemand ein direktes Interesse hat, ihnen etwas beizubringen.

Bisweilen spüren sie, daß der Lehrer/in dort auch nur arbeitet, um sein Gehalt zu verdienen und daß er/sie oft selber nicht erklären kann, warum die Schüler dies oder jenes lernen müssen. Immer mehr Jugendliche entwickeln eine Abwehr gegen diesen Lernzwang. Eine solche Haltung kann man durchaus als gesund bezeichnen, da sie eine Auflehnung gegen unerträgliche Zustände verkörpert. Von der Gesellschaft werden sie jedoch in der Regel als nicht beschulbar, unintelligent oder dumm etikettiert.

Wir leben in einer Kultur, die den Intellekt sehr hoch bewertet, die alles und jedes primär über dem Verstand erfahrbar macht. Sie vernachlässigt in hohem Ausmaß die Entwicklung und Förderung der intuitiven und instinktiven Wahrnehmungsformen und Fähigkeiten. Dabei können wir als erwiesen annehmen, daß der extreme Verstandesmensch eine Erlebnisunfähigkeit, ein Defizit im sinnlichen Erfahrungsbereich entwickelt, die ihn von der Welt trennt. Die Denker der buddhistischen Lehren bewerten unsere westliche Zivilisation im übrigen seit langem in dieser Weise (1).

Und so manche Mitglieder der Pädagogen-Szene wissen darum und machen sich partiell diese östlichen Weisheiten zueigen, indem sie z. B. durch Meditationsübungen versuchen, ihren Gedankenfluß anzuhalten, die psychische Trennung zwischen sich und der Welt aufzuheben, sich kurzum *erlebnisfähiger* zu machen.

Wenn wir wissen, daß Mitglieder sogenannter primitiver Kulturen, die oft ebenso abschätzig bewertet werden wie unsere «Schmuddelkinder», die Aufzucht und Erziehung ihrer Kinder vielfach gelungener als unsere Kultur bewältigen, ohne jemals ein Pädagogikbuch gelesen zu haben (2), dann können wir eine ungefähre Ahnung davon bekommen, welche Anlagen und Fähigkeiten in jedem Menschen potentiell vorhanden sind, deren Entwicklung wir lediglich zulassen müssen, die quasi organisch wachsen, wenn wir einen Erlebnisraum anbieten können, in dem jeder Einzelne sich angenommen fühlen kann und in dem er/sie auch ausreichend Zeit und Möglichkeiten erhält, seinen Neigungen und

(1) vgl. auch Erich Fromm, Zen-Buddhismus u. Psychoanalyse, Suhrkamp

Interessen entsprechende Fertigkeiten und Fähigkeiten zu entwickeln.

Wir müssen also zugestehen, daß die kognitive Ebene nur eine der Möglichkeiten ist, sich Wissen von dieser Welt anzueignen. Aber wir sollten es akzeptieren, wenn sich bestimmte Menschen dieser Assimilationsform entziehen. Erlebnispädagogik will hier versuchen, ein Vakuum zu füllen, welches unsere gesellschaftlichen Sozialisationsinstanzen vielfach hinterlassen. Erlebnispädagogik im Bereich der Jugendfreizeitarbeit kann dabei sicher nur ein Teil dieses Bemühens sein. Im schulpädagogischen Bereich sind in diesem Zusammenhang zweifellos die Erkenntnisse der Frenet-Pädagogik zu nennen, die im Rahmen des gegenwärtigen Schulsystems völlig unterbewertet sind.

Erlebnispädagogik setzt seinen Schwerpunkt auf das *aktive* Tun und Machen und nicht auf das passive Absorbieren von Lernmaterial. Wenn wir davon ausgehen, daß der Mensch sich erst in der körperlich-geistigen Aktivität in seiner Ganzheit erlebt, dann ist es nur folgerichtig, wenn wir die kognitive Aneignungsform als vom Körper getrennte und damit auf Dauer als wenig lustvolle Erfahrungsebene erleben. Der für unsere Zivilisationswelt typische Verstandesmensch eignet sich viel Wissen an, d. h. er besitzt Bildung oder *hat* Kenntnisse, die mehr oder weniger sein individuelles Eigentum sind. Dieses können wir die Erlebnisweise des Habens (3) nennen; Erlebnispädagogik will dagegen die Lebensweise des Seins realisieren helfen.

Ein belesener Mensch kann u. U. viele Lebensweisheiten besitzen, ohne wirklich je intensiv gelebt zu haben. Und doch merken wir sehr deutlich, ob jemand gelebte Erfahrungen geistig verwertet hat oder lediglich angehäuftes Wissen reproduziert. Gerade in der Jugendarbeit haben wir diesen Unterschied richtig einzuschätzen gelernt, wenn wir bei bestimmten Aufgaben z. B. lieber auf einen erfahrenen Jugendgruppenleiter als auf einen Studenten der Pädagogik zurückgegriffen haben, weil wir selbst intuitiv die *Erfahrung*

---

(2) vgl. Jean Liedloff: Auf der Suche nach dem verlorenen Glück, München 1982

(3) vgl. Erich Fromm, Haben oder Sein, dtv, München 1970

eines Menschen höher bewertet haben als sein *theoretisches* Wissen.

Erlebnispädagogik will theoretisches Wissen nicht abschaffen, sie setzt sich aber für die Aufhebung der Trennung zwischen Theorie und Praxis ein, denn sie hat den ganzheitlichen Menschen zum Gegenstand und Ziel und begreift sich als eine humanistische Form der Pädagogik.

Erlebnispädagogik eröffnet unmittelbare Zugänge zu unserer eigenen Sozialisation und Lebensgeschichte. Im gemeinsamen Erleben von alltäglichen Situationen werden wir hautnah auch mit unseren eigenen Sozialisationserfahrungen konfrontiert. Die Jugendlichen sind unser Spiegel: in unseren Reaktionen auf ihre Verhaltensweisen und *ihren* Reaktionen auf uns als Personen spiegeln sich Gemeinsamkeiten und Unterschiede unserer Lebenswelten wider.

Die permanente Auseinandersetzung miteinander in unmittelbarer Erfahrung (und nicht vermittelt über Themen oder Medien) ermöglicht uns, unsere eigenen Jugenderfahrungen zu erinnern, sie neu zu sehen und reflektierend zu verarbeiten. So wird aus der althergebrachten Aufforderung an Erwachsene, sich doch der eigenen Jugend zu erinnern, die Herausforderung, sich als ganze Person gemeinsam mit den Jugendlichen auf einen Lernprozeß einzulassen.

Zutage kommt dabei Erstaunliches. Die Einstellung der Jugendlichen uns als Pädagogen und Vertreter einer Institution gegenüber, ihre Verweigerung einerseits und ihr (scheinbar überraschendes) Engagement andererseits fordern uns heraus und geben zugleich den Blick frei darüber nachzudenken, wie eigentlich wir zur Jugendarbeit gekommen sind, welche Funktionen die Angebote der Jugendarbeit für uns hatten, was uns angesprochen hat, wo wir uns entzogen haben (4). Und plötzlich erweckt vieles Verständnis, was früher Frust und Verärgerung hervorrief und vielleicht entdecken wir noch heute Muster bei uns, die denen der Jugendlichen durchaus ähnlich sind (5).

---

(4) Zu diesem ergiebigen und interessanten Ansatz vgl. den Aufsatz: J. Matzen: Jugendarbeit als Suchbewegung, in: Deutsche Jugend, 11/1984, S. 499–506

(5) vgl. Ewald Bienewald/Karl Homuth: Ein Mädchen fürs Bett kannst du leicht haben, Frankfurt 1983

Dieser gemeinsame Lernprozeß vermag auch eine Antwort zu geben auf die gegenwärtige Sinnkrise in der Jugendarbeit und die Frage «wozu mache ich das alles?»

Wir machen es auch für uns und so gesehen hilft der gemeinsame partnerschaftliche Lernprozeß, die Jugendlichen nicht als Objekte pädagogischer Inszenierungen, sondern als Partner zu sehen.

Literatur

BAACKE, Dieter: Jugend zwischen Anarchismus und Apathie? in: W. v. Ilsemann (Hrsg.) Jugend zwischen Anpassung und Widerstand, Hamburg 1980

BECKER/HAFEMANN/MAY: «Das ist hier unser Haus, aber ...» Raumstruktur und Raumaneignung im Jugendzentrum, Frankfurt 1984

BIENEWALD, Erwin/HOMUTH, Karl: Ein Mädchen fürs Bett kannst Du leicht haben, Frankfurt 1983

BÜCKEN, Eckhart/BÜCKEN, Hajo: Das Freizeitlabor – Spiele und Aktionen auf Freizeiten, o. J. zu beziehen über GPM, Münsterstr. 261, 4000 Düsseldorf

BÜCKEN, Hajo: In und mit der Natur – mit Kindern im Spiel die Natur erkunden, Gelnhausen 1983

BUNDESJUGENDWERK der Arbeiterwohlfahrt (Ollenhauerstr. 3, 5300 Bonn 1): Praxismappe – Spiele für Kinder, Jugendliche und Erwachsene, Bonn 1980

BUNDESMINISTERIUM für Familie, Jugend und Gesundheit: Jugend im demokratischen Staat, Bonn 1983

CANDAPPA, Eileen/HAAS, Harry: Herzhafte Mahlzeit – ein asiatisches Kochbuch für gastfreundliche Menschen, Frankfurt 1979 (zu beziehen über: GEPA, Langobardenstr. 65, 5600 Wuppertal 2)

CHRISTLICHE Pfadfinderschaft Deutschlands: Auf der Spur Ulm/Donau

CORNELL, Joseph Bharat: Mit Kindern die Natur erleben, Soyen 1979

COTTI, R./OBERHOLZER, H.: Kennen und Können, Werkbuch praktischer Jugendarbeit, Luzern/München 1979

DAMM, Diethelm: Die Praxis bedürfnisorientierter Jugendarbeit, München 1980

DAMM, Diethelm: Politische Jugendarbeit, München 1975

DINGEL/SANDER/STÖSS: Zu den Ursachen profaschistischen Protestverhaltens unter Jugendlichen, in: Mat. z. pol. Bildung 4/1982, S. 49–56

BÖHNISCH, Lothar: Abhauen oder Bleiben, München 1980

ENGEL, Elmar: Kanu/Kajak/Faltboot, Herford 1971

FELLBERG, Gerda/DUWER, W./KRAULACH, Jörg: Aggressive Jugendliche, München 1976

FELLBERG, Gerda/DRESSLER, Ulrich: Hartes Pflaster – Lesebuch zur Straßensozialarbeit, Bensheim 1982

FISCHER, Peter: Schlaraffenland – nimm's in die Hand – Neues Kochbuch für Gesellschaften, Berlin 1975

GREULICH, M.: Survival Kochbuch, Stuttgart 1983

HAFENEGER, B./SANDER, E.: Verarbeitungsstrategien von Mitarbeitern im Berufsalltag der offenen Jugendarbeit, in: Brockmann u. a.: Jahrbuch der Sozialarbeit 3, Reinbek 1979

HANSEN, Walter: Das große Pfadfinderbuch, Wien/Heidelberg 1979

HOMUTH, Karl: Bin ich ein Flüchtling? Oder warum fortschrittliche Sozialarbeiter nicht soviel verdrängen sollten, in: Brockmann u. a.: Jahrbuch der Sozialarbeit 3, Reinbek 1979

HORNSTEIN, Walter: Unsere Jugend, Weinheim 1983
HORNSTEIN, Walter: Jugendprobleme, Jugendforschung und politisches Handeln, in: Aus Politik und Zeitgeschichte B. 3/1982
JACOB, Christof/KLAWE, Willy: Zum Stellenwert der Freizeit in kurzzeitpädagogischen Prozessen, in: Außerschulische Bildung 4/1979
JUGENDPFARRAMT der Nordelbischen Ev.-luth. Kirche (2320 Plön, Koppelsberg 3):
– Arbeitshilfen für Jugendgruppen (Mai 1980)
– Arbeitshilfen für Freizeiten (März 1976)
KLAWE, Willy: Schule und außerschulische Bildung – Konkurrenz oder Kooperation, in: Außerschulische Bildung 2/81
KLAWE, Willy: Zur gegenwärtigen Krise in der offenen Jugendarbeit, in: Deutsche Jugend 8/1982
KLAWE, Willy: Anpassen, aussteigen oder was sonst, in: Brusten/Malinowski: Jugend – ein soziales Problem?, Opladen 1983
KLAWE, Willy: Rallye als Stadtteilerkundung – Politische Bildung im Nahbereich, in: Deutsche Jugend 9/1983, S. 420–425
KRAUSSLACH, Jörg: Aggressionen im Jugendhaus, Wuppertal 1981
LAUF, Werner/HOMFELDT, Hans Günther: Erziehungsfeld Ferienlager – Pädagogik als Praxis und Theorie, München 1979
MANTLER, Rolf/SCHNEIDER, Angelika: Soziales Lernen und Aktion, in: Außerschulische Bildung, 4/78
MERCANTI, Andrea: Abenteuer unter freiem Himmel, München 1978
NAUNDORF, Gabriele: Was bieten Freizeitheime den Mädchen? in: Brockmann u. a.: Jahrbuch der Sozialarbeit 3, Reinbek 1979
PEICK, Petra Angelika/KLAWE, Willy: Selbsthilfe für Helfer, München 1981
PETZOLD, Conny/STRUWE, Ursula: Die Situation von Mädchen im Jugendzentrum, in: Offensive Jugendfreizeitarbeit Hrsg. v. der Ev. Akademie Radevormwald, September 1979, S. 76–86
PÜTZ, Jean: Hobbythekbuch Nr. 6, Köln 1982
RUHE, Hans-Georg: Alltag in der Jugendarbeit, München 1983
SAVIER, Monika/WILDT, Carola: Mädchen zwischen Anpassung und Widerstand, München 1978
SCHILLING, Johannes: 3 × 52 Gruppenstunden – Ideen und Tips für Gruppenleiter, München 1980
SCHILLING, Johannes: Planung von Ferienlagern und Freizeiten, München 1981
SEOPP, Paul: Rechts-ABC für den Jugendgruppenleiter, Neuwied und Darmstadt 1983
SHELL-Studie: Jugend 1981, Hamburg 1981
SPECK, Rüdiger/GERRIETS, Gerriet: Im Kanu unterwegs, – selbstorganisierter Urlaub auf den Seen und Flüssen Europas, Köln 1984
WIRBALS, Harald u. a.: Praxisblätter zur Zeltlagerarbeit, Materialien des Forschungsprojektes Zeltlager der SJD ‹Die Falken› (Haardgrenzweg 77, 4353 Oer-Erkenschwick), Themenhefte:
– Vorbereitung des Zeltlagers
– Sexualität I und II
– Helferbewußtsein – Helferverhalten

AUTOREN

Die Verfasser der einzelnen Erfahrungsberichte sind sämtlich pädagogische Mitarbeiter oder Jugendgruppenleiter aus der offenen Jugendarbeit.

Peter Fahse, Jahrgang 1951, Ausbildung als Außenhandelskaufmann, anschl. Ausbildung zum Sozialwirt an der Hochschule für Wirtschaft und Politik in Hamburg und Abschluß als Soziologe M. A., seit fünf Jahren in der offenen Jugendarbeit in der Kirchengemeinde Lohbrügge.

Andreas Feldten, Jahrgang 1962, studiert z. Zt. Theologie. Seit 7 Jahren ehrenamtlich in der offenen Jugendarbeit tätig. Zwei Jahre Zivildienst und Mitarbeit im Jugendpfarramt Stormarn.

Dieter Fischer, Jahrgang 1953, Sozialpädagoge. Nach Lehre als Starkstromelektriker über den zweiten Bildungsweg Ausbildung zum Sozialpädagogen. Kinder- und Jugendarbeit in einem Obdachlosenlager, anschließend fünf Jahre offene Jugendarbeit in einer Kirchengemeinde in Hamburg. Seit 1983 im Jugendpfarramt des Kirchenkreises Stormarn in der Beratung von Einrichtungen der offenen Jugendarbeit und der Aus- und Fortbildung von ehrenamtlichen Mitarbeitern und Mitarbeiterinnen in der Jugendarbeit tätig.

Wolfgang Harm, Jahrgang 1951, Lehre als Bankkaufmann, danach Studium an der Fachhochschule für Sozialpädagogik, während des Studiums ehrenamtlich in der Obdachlosenarbeit tätig. Nach Absolvierung des Berufspraktikums in einem Psychiatrischen Wohnheim drei Jahre in der offenen Jugendarbeit der Kirchengemeinde Großlohe tätig. Danach freischaffender Musiker und Musiklehrer der Jailbirds Knast Big Band der Strafanstalt Fuhlsbüttel. Seit 1984 pädagogischer Berater der autonomen Jugendwerkstätten in Hamburg.

Annette Janssen, Jahrgang 1963, zunächst Besuch der Fremdsprachenschule, anschließend Ausbildung zur Außenhandelskauffrau. Daneben seit 1977 Konfirmandenarbeit und ehrenamtlich in der Jugendarbeit der Kirchengemeinde einer Neubausiedlung tätig, Schwerpunkt: feministische Mädchenarbeit. Seit 1983 am Kanuprojekt des Kirchenkreises Stormarn beteiligt, studiert z. Zt. Sozialpädagogik am Rauhen Haus.

Willy Klawe, Jahrgang 1951, Diplomsoziologe. Nach langjähriger Arbeit in der offenen Jugendarbeit und im Strafvollzug zunächst fünf Jahre in der Fortbildung sozialpädagogischer Fachkräfte in Hamburg tätig. Arbeitet seit 1982 als Referent für politische Jugendbildung an der Volkshochschule Norderstedt. Zahlreiche Zeitschriftenveröffentlichungen zu Fragen der Jugendhilfe, Jugend- und Erwachsenenbildung, Fortbildung im sozialpädagogischen Feld, Medienwirkung sowie zur Anwendung sozialwissenschaftlicher Theorien in der pädagogischen Praxis. Buchveröffentlichungen: Berufsperspektiven und Berufswahl, Heidelberg 1973, Lebensziel Beruf, Reinbek 1980; Selbsthilfe für Helfer, München 1981.

Margrit Lubetzki, Jahrgang 1948, Hausfrau und Mutter, seit 1980 offene Jugendarbeit in der Kirchengemeinde Großlohe

Christina Lust, Jahrgang 1955, Päd. M. A. studierte in den Schwerpunkten Pädagogik, Soziologie und Kinder- und Jugendpsychiatrie. Im Rahmen des Studiums arbeitete sie in Projekten über die Lebenswelt Jugendlicher und die Probleme von Heimunterbringung mit und machte ehrenamtlich Jugendarbeit in einer Gemeinde. Nach 1 ½ Jahren Erwachsenenbildung im Fachbereich Pädagogik, Psychologie und Politik an der Volkshochschule Lübeck ist sie jetzt dort seit 1982 als Jugendbildungsreferentin tätig.

Marianne Ohmann, Jahrgang 1953, Studium Lehramt und Diplom-Pädagogik, seit 1980 Jugendsozialarbeit Neubaugebiet Hamburg-Steilshoop, Martin Luther King Kirchengemeinde

Marlies Paasche, Jahrgang 1954, Studium Diplom-Pädagogik, seit 1981 Jugendsozialarbeit Steilshoop, Verein für Jugendpflege Steilshoop e. V.

Frank Ropers, Jahrgang 1950, Lehre Industriekaufmann, Fachhochschule Sozialpädagogik, seit 1974 Jugendsozialarbeit Steilshoop, Martin Luther King Kirchengemeinde

Ulli Schröder, Jahrgang 1951, zunächst Ausbildung als Kaufmann, anschließend Studium der Sozialpädagogik an der Ev. Fachhochschule Rauhes Haus in Hamburg. Seit sieben Jahren in der offenen Jugendarbeit einer Kirchengemeinde tätig. Daneben Ausbildung zum Ökopädagogen.

Birgit Schulze, Jahrgang 1961, Feministin, studiert Sozialpädagogik an der Ev. Fachhochschule Rauhes Haus mit dem Schwerpunkt Frauen. Vorher Abitur, Fließbandarbeit, Kindergartenhelferin und längere Auslandsaufenthalte in Canada, Ägypten und Indien. Seit 1978 als Jugendgruppenleiterin in einer Kirchengemeinde und seit 1984 als Honorarkraft für feministische Mädchenarbeit in der offenen Jugendarbeit tätig.

Horst Stig, Jahrgang 1950, Lehre Elektromechaniker, Fachhochschule Sozialpädagogik, seit 1978 Jugendsozialarbeit Steilshoop, Verein für Jugendpflege Steilshoop e. V.

Hans-Jürgen Thiesen, Jahrgang 1958, Ausbildung und Arbeit als Schiffbauer. Durch langjährige ehrenamtliche Tätigkeit in der kirchlichen Jugendarbeit und in der berufsvorbereitenden Arbeit mit Hauptschülern Ausbildung als Erzieher. Nach kurzer Tätigkeit in der Heimerziehung jetzt wieder in verschiedenen Projekten der offenen Jugendarbeit, Aus- und Fortbildung von Jugendgruppenleitern und Jugendbildung tätig. Studiert z. Zt. Sozialpädagogik an der Ev. Fachhochschule Rauhes Haus.

Holger Wolter, Jahrgang 1955, aufgewachsen im Stadtteil Hamburg-Rahlstedt-Großlohe, von 1972–77 ehrenamtlicher Jugendgruppenleiter in der Kirchengemeinde Großlohe. Ausbildung zum Betonbauer und Tiefbautechniker. Seit 1981 Mitarbeiter des Hauses der Jugend Großlohe, seit 1983 berufsbegleitende Ausbildung zum Erzieher, die 1985 abgeschlossen wurde.

Anhang

Arbeitshilfe „Abenteuerfreizeiten"

Hinweis:

Tips

Überlegungen zur Vorbereitung einer Freizeit.

- Mit wem willst Du die Freizeit organisieren?
- Wer soll mit auf die Freizeit (Deine Gruppe, oder Jugendliche, die Du noch nicht so gut kennst, welches Alter, Mädchen und Jungen zusammen oder getrennt?)
- Wieviel Leute sollen mit? (Tip: nicht mehr als acht!)
- Welche Interessen haben sie?
- Welche Interessen hast Du?
- Wohin wollt Ihr fahren? (Tip: nicht weiter als 1 – 2 Autostunden).
- Wieviel Vorbereitungszeit steht Dir zur Verfügung?
- Wie lange wollt Ihr fahren?
- Was sind Deine Aufgaben auf der Freizeit?
- Was brauchst Du an besonderen Kenntnissen und Fähigkeiten?
- Was kannst Du ganz gut, was nicht so gut, wo könnt Ihr Euch eventuell ergänzen?
- Wie soll die Fahrt finanziert werden?

TIP Der Teilnehmerbetrag setzt sich zusammen aus:

Fahrtkosten
\+ Verpflegungskosten
\+ evtl. Zeltplatzgebühren o. ä.
\+ Mietgebühren

Von der Summe müssen die Zuschüsse, die Ihr von der Gemeinde oder anderen Stellen erhaltet, abgezogen werden.
Das Ergebnis müßt Ihr dann durch die Anzahl der Teilnehmer teilen, um den Teilnehmerbetrag herauszubekommen.

Ungefährer Zeitplan zur Vorbereitung der Freizeit

3 Wochen vorher

- Planung, wohin die Freizeit gehen soll (möglichst zusammen mit der Gruppe), siehe auch unter <u>Flüsse</u>
- Abchecken, ob Transportmittel, Boote, Material usw. zum gewünschten Termin benutzt werden können
- Optimal ist es, wenn Ihr den Fluß und die Rastplätze vorher erkunden könnt, oder wenn Ihr den Fluß bereits kennt.
- Brief an die Eltern (bei unter 18jährigen) in dem drin steht, wohin es geht, was Ihr vorhabt, wie teuer die Freizeit ist, und wo die Eltern Ihre Kinder anmelden können, siehe auch unter <u>Anmeldung</u>

Tips

Ca. zwei Wochen vorher

- Mit der Gruppe die Checkliste noch mal durchgehen.

Ca. eine Woche vorher

- Material zusammenstellen, siehe unter Checkliste für Veranstalter/in
- Essensplan mit der Gruppe machen, siehe unter Rezepte
- Verpflegungsliste zusammenstellen, siehe unter Verpflegung

Vorletzter oder letzter Tag

- Verpflegung einkaufen.

  Noch ein Tip zur Materialzusammenstellung.:
  Ich hab' mir im Gemeindezentrum immer einen abschließbaren Raum besorgt, in dem ich das ganze Material und die Verpflegung gestapelt habe. So brauchte ich nachher beim Einladen nicht ständig durch die Gegend wetzen und hatte alle Sachen schön beisammen und hab so auch weniger vergessen.

Tips

- Wenn Ihr die Möglichkeit habt, vor Eurer Fahrt eine Erkundungstour zu machen, sprecht die Raststellen mit den zuständigen Leuten ab. Ihr erspart Euch dadurch viel Ärger. Bürgermeister und Landwirte sind meist sehr hilfsbereit, wenn es darum geht, einen geeigneten Rastplatz zu finden.

- Plant die Strecken, die Ihr paddeln wollt, nicht zu lang. Ihr könnt Euch dabei sehr verschätzen.
  Wieviel Kilometer in der Stunde gepaddelt werden können, hängt von der Beschaffenheit des Flusses (Fließgeschwindigkeit, Hindernisse, Wehre etc.) und Euren Fahrkünsten ab. Wir können deshalb hier keine generellen Km-Angaben machen.

- Sucht Euch rechtzeitig einen geeigneten Rastplatz! Er muß möglichst trocken und eben sein. Ein lauer Wind darf ruhig wehen (vertreibt die Mücken). Am besten ist ein sandiger Untergrund auf dem man Feuer machen kann und in dem das Regenwasser schnell verrinnt.
  Rechtzeitig Rastplatz suchen heißt konkret: mindestens zwei Stunden bevor es Dunkel wird.

- Eine große Mülltüte, gut sichtbar aufgestellt, hilft sicherlich, daß der Rastplatz sauberbleibt und Ihr ihn so verlassen könnt, wie Ihr ihn vorgefunden habt. Nachfolgende Gruppen werden es Euch danken.

Tips

- Als Brotersatz eignen sich Pfannkuchenmischungen und Müsli oder Brei zum Frühstück – auch Fladenbrote sind schnell zubereitet (siehe Rezept).

- Wer Knoblauch gern hat, kann Öl (mindestens eine Woche lang) mit geschälten und gehackten Knoblauchzehen ziehen lassen.

- Margarine schmilzt bei Wärme nicht so bald wie Butter, wird auch lange nicht ranzig. In der Pfanne brennt sie nicht so schnell an wie Butter.

- Butter, Margarine, Mayonnaise, Honig, Marmelade und Ketchup werden in Plastikbehältern mit dichtem Schraubverschluß aufbewahrt. Für Senf und Maggi oder Ähnliches eignen sich die kleinen Zitronensaft-Behälter (Plastikzitronen).

- Auf Touren immer genügend Salz mitnehmen. Die besten Gerichte schmecken ohne Salz nur halb so gut. Salz eignet sich zum Einreiben von Fleisch. Es wird dadurch haltbarer, muß aber luftig gelagert werden (keinesfalls in Plastiktüten).

- Für gegrilltes Fleisch und Fisch eignet sich besonders Paprikaöl: In einem Fläschchen mischt man Paprikapulver mit Salatöl (etwa ein Teil Paprika und vier Teile Öl). Vor Gebrauch gut schütteln. Wird nicht ranzig!

Tips

- Will man rohe Eier ganz mitnehmen, werden sie in Mehl, Zucker, Grieß oder Haferflocken gesteckt.

- Ein oder zwei Gewürzmischungen sind platzsparender als viele Gewürzdosen, vor allem für den Rucksack. Man mischt zum Beispiel Pfeffer mit Curry oder Paprikapulver. Eine Kräutermischung besteht etwa aus Petersilie, Schnittlauch und Majoran.

- Trockenobst ist leichter und haltbarer als frisches. Es liefert uns Energie und Vitamine.

- Knäckebrot, Zwieback, Salz- oder Butterkeks sind leichter als frisches Brot und haltbarer. Sie müssen feuchtigkeitssicher verpackt werden. Vollkornbrot gibt es bei uns auch in Dosen zu kaufen.

- Will man keinen Meßbecher mitnehmen, ist es von Nutzen, wenn man zu Hause das Fassungsvermögen der Trinkbecher oder Tassen feststellt (zum Beispiel faßt ein Becher oder eine große Tasse etwa 1/4 l Flüssigkeit, oder 170 g Mehl).

Tips

- Töpfe und Pfannen, die über offenem Feuer benützt werden, sind nachher besser zu reinigen, wenn sie vor Gebrauch außen mit Seife oder Spülmittel eingerieben werden.

- Bevor das Feuer gelöscht wird, erwärmt man darauf noch etwas Wasser. Heißes Wasser erspart oft das Spülmittel.

- Als Topfkratzer und Scheuermittel für Töpfe kann gut Sand, Kies oder Erde verwendet werden.

- Käse schimmelt nicht, wenn er in ein mit Essig befeuchtetes Tuch gewickelt wird.

- Rohe Eier werden platzsparend transportiert, wenn man sie aufbricht und vorsichtig in einen gut verschraubbaren Plastikbehälter gleiten läßt. Sind die Eier frisch, vermischen sie sich nicht und können auch einzeln wieder entnommen werden. Bei kühlem Wetter halten sich die Eier mehrere Tage.

- Salz im Streuer bleibt trocken und streufähig, wenn es mit einigen Reiskörnern vermischt wird. Ein Salzstreuer mit verschließbarer Klappe ist Voraussetzung.

- Toilettenpapier erspart bei Wassermangel das Abspülen; man reibt damit das Geschirr aus.

Anmeldung

Jugendliche unter 18 dürfen nicht ohne Erlaubnis der Erziehungsberechtigten an Freizeiten teilnehmen. Den folgenden Vordruck könnt Ihr kopieren und als Anmeldeformular benutzen.

Liebe Eltern!

Wir wollen mit unserer Jugendgruppe

vom ________________________ bis ________________________

mit Kanus auf dem Fluß ____________________________ paddeln.

Wir treffen uns am __________________ um ______________

im ____

und werden am ______________ um ______________ zurück sein.

Wenn Ihr Kind an unserer Freizeit teilnehmen darf, füllen Sie bitte den Anmeldeabschnitt aus.

Mit freundlichen Grüßen

____

ANMELDUNG

Hiermit erlaube ich meiner Tochter / meinem Sohn,*)

Vorname ____________________

Name ____________________

Geb. Dat. ____________________

Straße ____________________

Wohnort ____________________

Tel. Nr. ____________________

an der Freizeit vom __________ bis __________ teilzunehmen.

Mein Kind ist Nichtschwimmer / Schwimmer (Freischwimmer / Fahrtenschwimmer, Leistungsschwimmer / DLRG) und darf auch ohne besondere Aufsicht schwimmen. Mein Kind darf / darf nicht in kleinen Gruppen ohne Aufsicht das Lager verlassen.

____

Unterschrift der Erziehungsberechtigten

*) Nichtzutreffendes bitte streichen

Verpflegung

Wichtigste Lebensmittel:	pro Tag u. Teil-nehmer	X Teil-nehmer	X Tage	= Menge
Brot	1/2 Brot			
Kartoffeln				
Reis/Nudeln				
Mehl				
Trockenhefe				
Müsli				
Milch/Dickmilch				
Quark				
Margarine				
Marmelade				
Nutella				
Wurst				
Käse				
Eier				
durchwachsener Speck				
Zwiebeln				
gekörnte Brühe				
Salz				
Pfeffer				
Ketchup				

Verpflegung

Wichtigste Lebensmittel:	pro Tag u. Teil-nehmer	X Teil-nehmer	X Tage	= Menge
Senf				
Kräuter (eigene Wahl)				
Knoblauch				
Getränke (z. B. Säfte)				
Kaffee				
Tee				
Alu-Folie				
Durchschlag				
Schüssel				

Checkliste

Für Teilnehmer/innen

- Ölzeug (möglichst Hose und Jacke) ○
- Poncho (wenn kein Ölzeug vorhanden) ○
- Hose ○
- Baumwollhemd ○
- Pullover ○
- T-Shirt ○
- Unterwäsche ○
- Gummistiefel oder feste Stiefel ○
- Schlafsack ○
- Iso-Matte ○
- Messer ○
- Besteck (Gabel, Löffel) ○
- Teller und Tasse (Plastik) ○
- Waschzeug ○
- Eventuell Klamotten zum Wechseln ○
- Sonstiges ○
- .... ○
- .... ○

Checkliste

Für die Veranstalter/in einer Freizeit

Kanus mit Zubehör (Paddel, Schnüre usw.) .... ○

Plastiktüten (möglichst viele von den blauen Mülltüten, die können auch als Regenschutz für die Teilnehmer/in benutzt werden) .... ○

Ponchos, Iso-Matten, Zelte, Schlafsäcke, Kothen (wenn vorhanden) .... ○

Behälter für Verpflegung (möglichst wasserdicht) .... ○

Trinkwasserbehälter (20 l pro Boot) .... ○

Schnüre (zum Bauen von Lagergerät) .... ○

Klappspaten .... ○

Beil .... ○

Streichhölzer, Feuerzeug .... ○

Taschenlampe .... ○

Kochgeschirr .... ○

Dosenöffner .... ○

Evtl. großes Holzbrett .... ○

Apotheke .... ○

Verbandsmaterial .... ○

Klopapier .... ○

Kartenmaterial .... ○

Teilnehmerunterlagen (Anmeldeformulare) .... ○

Sonstiges .... ○

.... ○

.... ○

.... ○

.... ○

.... ○

.... ○

.... ○

Checkliste

Muster (I)

Kosten- und Finanzierungsplan für die Ferienfreizeit

vom ____________ bis ____________ in ____________

Einnahmen	Betrag
Zuschüsse	
Bundesjugendplan (DFJW oder internationale Begegnung)	______
Kommunale Mittel	______
Pfarrgemeinde	______
Sonstige Zuschüsse	______
Landesjugendplan (Leiter und Mitarbeiter)	______
Zuschüsse für Neuanschaffungen	______
Spenden	
Geld-Spenden	______
Sach-Spenden (Material, Lebensmittel)	______
Besondere Einnahmen	
Aktionen	______
Sonstige Einnahmen	______
Eigenmittel	
Gruppenkasse	______
Teilnehmerbeiträge	
Teilnehmerbeiträge ______ DM	______
x Teilnehmer	______
Gesamteinnahmen	______
Gegenüberstellung	
Gesamteinnahmen –	______
Gesamtausgaben	______
Überschuß/Defizit	______

Checkliste

Kosten- und Finanzierungsplan für die Ferienfreizeit

vom ____________ bis ____________ in ____________

Ausgaben	Betrag
Vorbereitung	
Fahrtkosten	
Porto, Telefon usw.	
Verschiedenes	
Anschaffungen	
Zeltmaterial	
Neuanschaffung	
Reparaturen	
Lagergeräte	
Spiel- und Sportgeräte	
Werkmaterial	
Werkzeuge	
Bauholz	
Verschiedenes	
Kosten der Freizeit	
Fahrtkosten	
Unterkunft und Verpflegung	
Platzmiete	
Strom- und Wassergeld	
Referentenhonorare	
Geschenke für Mitarbeiter	
Kosten während der Freizeit	
Ausflüge	
Eintrittsgelder	
Benzin-Geld	
Porto, Telefon usw.	
Verschiedenes	
Gesamtausgaben	

Checkliste

Muster (II)

Kostenvoranschlag

für die Freizeit in ______________ vom ______ bis ______
Altersgruppe ______________
Leitung ______________
Teilnehmer (zahlende)
höchstens ______________
mindestens ______________
Leitung ______________
Köchin ______________
Busfahrer ______________
Total höchstens ______________
Total mindestens ______________

1. Fahrt:

Fahrtkosten ________ gesamt ________ Teilnehmer DM ______
Ausflüge im Gesamtbetrag enthalten ________ km
bei ________ Teilnehmer DM ______
Übernachtung und Verpflegung für Busfahrer DM ______

2. Reise:

Essen für An- und Rückreise am______ und ______ DM ______
Übernachtung in ______________ am ______ DM ______
Übernachtung in ______________ am ______ DM ______

3. Haus:

Unterkunft ____________Tage à DM __________ DM ______
Verpflegung ____________Tage à DM __________ DM ______
Bettwäsche
Kurtaxe ________Tage à DM __________ DM ______
Nebenkosten (Strom, Gas etc.) gesamt DM ______
bei ________ Teilnehmer DM ______

4. Eigener Anteil:

Prospekt und Werbung DM ______
Materialanteil DM ______
Arzneikosten DM ______
Schulung der Mitarbeiter DM ______

5. Versicherung:

______ Tage à DM ______ DM ______

6. Freizeitgestaltung:

Ausflüge DM ______
Unterhaltung DM ______
Material DM ______
Nebenkosten DM ______

7. Köchin

Gehalt DM ______
Unterkunft DM ______
Verpflegung DM ______
gesamt DM ______ durch ____ Teilnehmer DM ______

8. Mitarbeiter

Ausgaben
Pädag. Honorar DM ______ x DM ______
Unterkunft DM ______ x DM ______
Verpflegung DM ______ x DM ______
gesamt DM ______

Einkommen
LJP ______ x DM ______ DM ______
Teiln. ______ x DM ______ DM ______
sonst. ______ x DM ______ DM ______
gesamt DM ______
Anteil der Teilnehmer DM ______

9. Gesamtkosten der Freizeit DM ______
Fahrtkosten DM ______

Fahrradtour

Ein paar kleine Vorbemerkungen:

Das Fahrrad ist in den letzten Jahren von immer mehr Menschen wieder entdeckt worden, so auch von Jugendlichen in unserer Arbeit. Jugendliche, die früher nur mit ihren Mofas unterwegs waren, fahren jetzt auch schon mal wieder mit dem Fahrrad in die Gemeinde oder zu Freunden. Diese Entwicklung sollten wir unterstützen und fördern, auch dadurch, daß wir Radtouren als Freizeiten oder Sommerfahrten anbieten.

Wichtig hierbei ist, daß Radfahren Spaß bringen soll und nicht zu Leistungssport mit starkem Konkurrenzanspruch verkommt.

Gruppengröße und Zusammensetzung:

Besonders bei Radtouren und Fahrten ist die Gruppengröße von großer Bedeutung, denn die Straßenverhältnisse in Deutschland bringen bestimmte Probleme mit sich. So ist das Nebeneinanderfahren auf den meisten Straßen lebensgefährlich und nicht durchzuführen. Ebenso wird die Gruppe ab einer gewissen Größe unüberschaubar und es läßt sich nicht vermeiden, daß die Gruppe immer weiter auseinandergezogen wird. Deshalb empfehlen wir, eine Gruppe auf ca. 8 Personen zu beschränken.

Ebenso wichtig wie die Größe einer Gruppe ist ihre Zusammensetzung für das gute Gelingen einer Sommerfahrt oder einer Freizeit. Hier solltet Ihr Euch über Eure Interessen und Erwartungen an die Fahrt klar werden. Auch die Fahrräder bzw. die Fahrleistung der Einzelnen sollte nicht zu unterschiedlich sein oder ihr einigt Euch darauf, teilweise getrennt zu fahren.

Fahrradtour

Streckenführung:

Hier solltet ihr auf mehrere Sachen achten:

- Geländebeschaffenheit, wie z. B. Berge, Flüsse, Wälder usw.
- Eventuell die Möglichkeit zum Baden auf der Strecke zur Erfrischung und Abwechslung vom Radfahren.
- Besonders wichtig ist hierbei gutes Kartenmaterial, denn es empfiehlt sich, möglichst kleine Straßen zu benutzen, um nicht stundenlang neben den großen Schnellstraßen zu fahren. Zumal die Landschaft auf den Nebenstrecken oft viel schöner ist und Ihr auch mehr sehen könnt. Hier empfehlen sich Karten mit einem Maßstab von 1 : 200000 (1 cm = 2 km). In diesen Karten sind auch Steigungen durch Steigungspfeile gekennzeichnet.
- Wichtig ist es auch, sich vor der Fahrt Gedanken darüber zu machen, was Ihr bei Regenwetter auf solch einer Tour macht. Radfahren bei Regen solltet Ihr möglichst vermeiden.

Ausrüstung und Gepäck

Die Frage der Ausrüstung ist natürlich sehr schwierig umfassend abzuhandeln, deswegen möchten wir Euch hier nur einige kleine Tips geben.

- Nehmt nicht zu viel Werkzeug mit auf die Fahrt, denn das meiste braucht Ihr meistens sowieso nicht, und ihr schleppt Euch nur unnötig damit ab. Es reicht, wenn Ihr soviel Werkzeug mitnehmt, um Platten zu beheben und vielleicht noch um ein Rad zu richten. Also wenn einer mal eine Acht im Rad hat, diese wieder soweit zu reparieren, um bis zum nächsten Laden zu kommen. Wir haben auch die Erfahrung gemacht, daß alle Fahrradwerkstätten oder auch Tankstellen und Werkstätten sehr hilfsbereit sind und einem sehr schnell helfen.

Fahrradtour

Bei der Frage des Gepäcks ist besonders wichtig, möglichst wenig und möglichst leichte Sachen einzupacken (auch wenn der dicke Pullover nicht fehlen sollte). Ebenso wichtig ist, windundurchlässige Sachen dabei zu haben gegen den Fahrtwind (besonders bei Regen, wenn Ihr mal fahren müßt). Auch sollten die Radtaschen möglichst leicht und variabel sein. Es ist nicht gut, diese starren viereckigen kofferähnlichen Taschen zu kaufen. Achtet darauf, daß die Taschen schnell abzunehmen sind, falls Ihr mal Eure Fahrräder kurze Zeit unbeaufsichtigt lassen solltet. Auch ist klar, daß Sachen die jeder benutzen muß, wie z. B. Zahnpasta, Shampoo usw., nicht jeder mitnehmen muß. Dies kann man aufteilen.

Knoten

Seilverbindungen

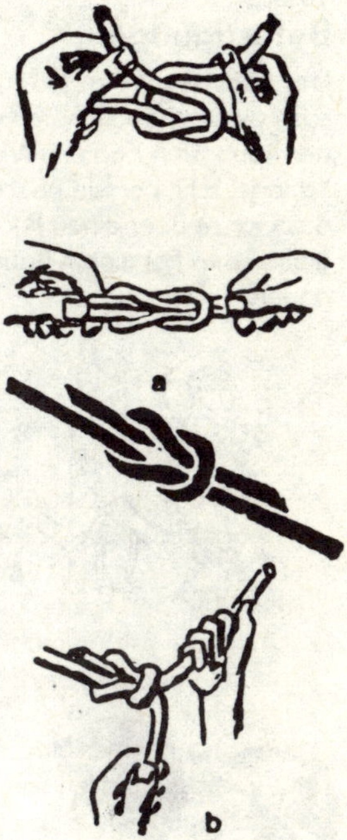

Der Kreuzknoten dient uns zum Verbinden gleich starker Seilenden. Wir achten darauf, daß das Seil und sein Ende sich im Knoten nicht überkreuzen, sondern nebeneinander liegen. Bei steifem Seil können wir den Knoten leicht lösen, wenn wir das Ganze zusammenschieben (a). Haben wir weiches Seil, so fassen wir ein Seil und sein Ende und ziehen es kräftig auseinander (b), bis es gerade geworden ist und das andere Seil sich drumherumgewickelt hat. Dies können wir von jenem leicht abstreifen. Der Kreuzknoten wird auch wohl als Doppelschlinge, Samariterknoten, Weberknoten, Raufknoten oder Schifferknoten bezeichnet. Eine Abwandlung dieses Knotens ist die gewöhnliche Schuhschleife.

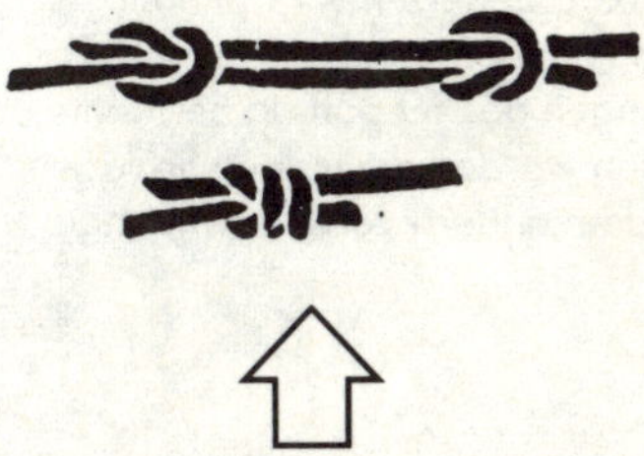

Der Fischerknoten dient zum Verbinden ungleicher Schnüre; er läßt sich gut bei der Angel gebrauchen, wenn Sehnen und Schnüre verbunden werden sollen. Auch wenn er naß ist, läßt er sich noch gut lösen. Wir ziehen ihn auseinander und lösen beide Teile für sich.

Knoten

Befestigungen

Der Mastwurf – manchmal Achterschlinge oder Spaltknoten genannt – ist einer der häufigsten Knoten. Wir legen zwei halbe Schläge, schieben sie übereinander und legen das Ganze über einen Pflock. Etwas schwieriger wird es bei einem Baum, da müssen wir's anders anfangen.

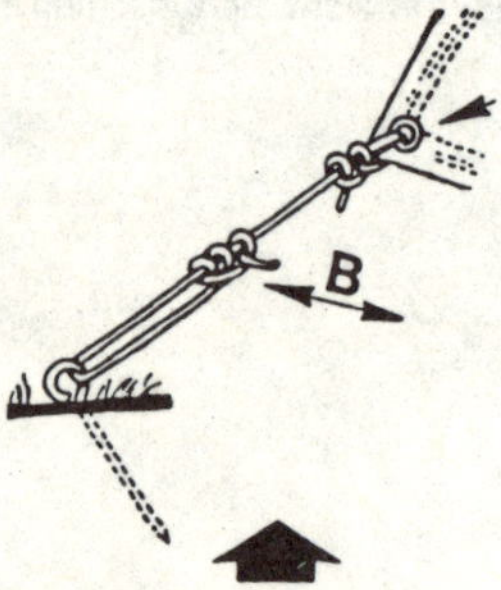

Den Spannzug benutzen wir am häufigsten beim Spannen von Zeltleinen und beim Aufhängen des Teepotts in der Kohte. Beim Spannen werden die halben Schläge einer nach dem andern verschoben, angefangen bei 1.

Der Zimmermannsschlag läßt sich vorteilhaft an Wasserbauten verwenden, weil er sehr leicht zu lösen geht. Er hält aber wider Erwarten gut.

Bünde

(zum Bauen von Stühlen, Tischen, Kochgestellen, Unterkünften)

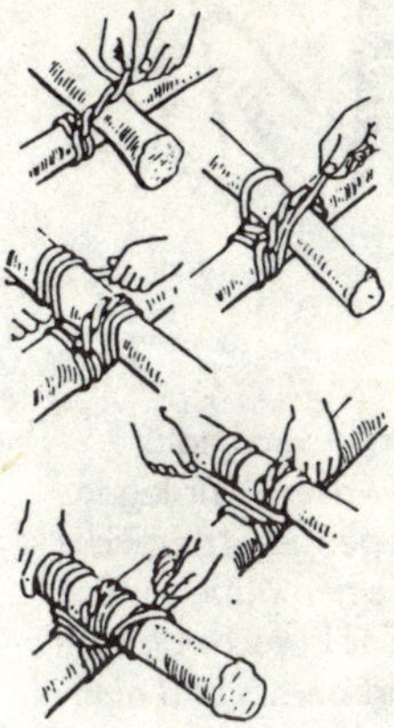

Der Rundbund taucht manchmal auch als Kreuzbund auf. Er wird mit einem Mastwurf begonnen, dreimal gebunden, zweimal gewunden und mit einem Mastwurf beendet. Wir achten darauf, daß alle Windungen ordentlich nebeneinanderliegen und straff sind.

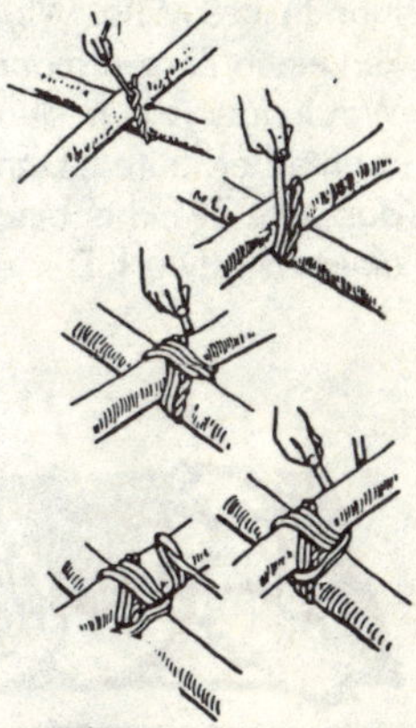

Der Kreuzbund, der auch unter der Bezeichnung Diagonalbund bekannt ist, wird mit dem Zimmermannschlag begonnen, je dreimal gebunden, zweimal gewunden und mit einem Mastwurf abgeschlossen.

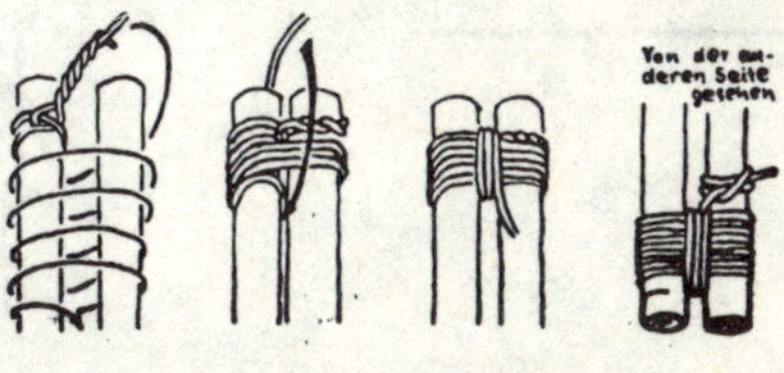

Den Scherenbund – auch Parallelbund geheißen – gebrauchen wir, um zwei Balken aneinander zu binden, sei es, um den einen zu verlängern oder um eine „Schere" für eine Seilbrücke zu erhalten. Bei der Balkenverlängerng legen wir zwei Scherenbünde. Wir legen um einen Balken einen Mastwurf – das kleine Seilende wird um das lange gewickelt –, winden das Tau etliche Male um beide Balken. Dann legen wir noch eine oder zwei Windungen zwischen den Balken um die Wicklung herum. Das Ende setzen wir mit einem Mastwurf um einen Balken fest.

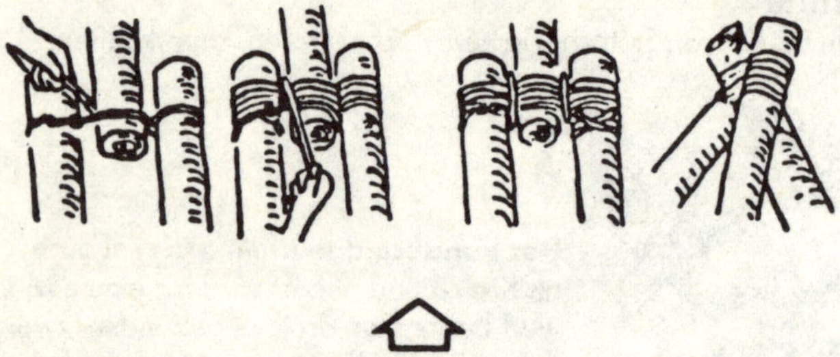

Der Dreibockbund – auch Achterbund genannt – wird natürlich gebraucht, wenn wir einen Dreibock bauen wollen. Wir legen zwei Balken nebeneinander, den dritten in entgegengesetzter Richtung in ihre Mitte. Wir schlingen um einen der beiden äußeren Balken einen Zimmermannsschlag und führen das Seil in sechs bis acht Windungen so um den Balken, daß sie einmal drüberhin und einmal drunterher laufen. Dann legen wir wie beim Scherenbund je eine doppelte Zwischenbindung um die Windungen und schließen mit einem Mastwurf. Der einzelne Balken wird nun herübergehebelt.

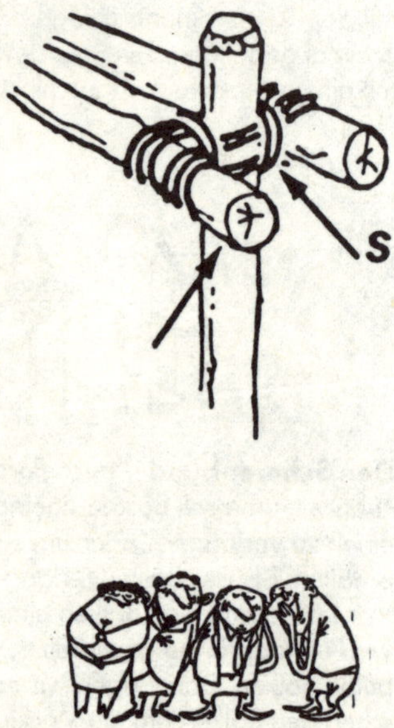

PARALLELBUND

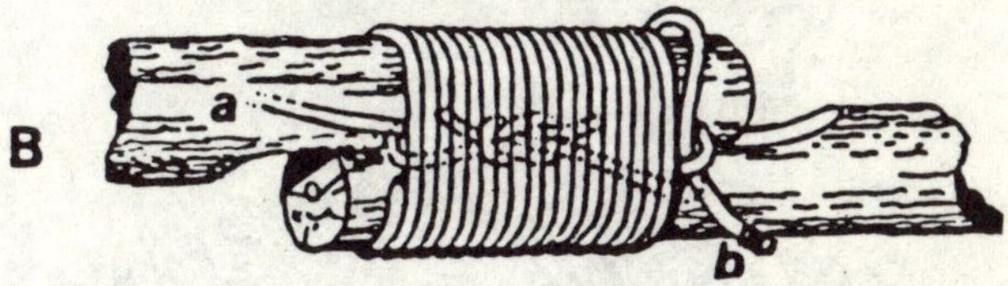

Den Müllerknoten können wir gut um einen Sack schlingen, der hochgezogen oder heruntergelassen werden soll. Er muß stramm gezogen sein, sonst versagt er den Dienst. Wir können ihn natürlich auch anstelle des Mastwurfes verwenden.

Knoten

Befestigung von Zelten, Planen, Ponchos u. ä.

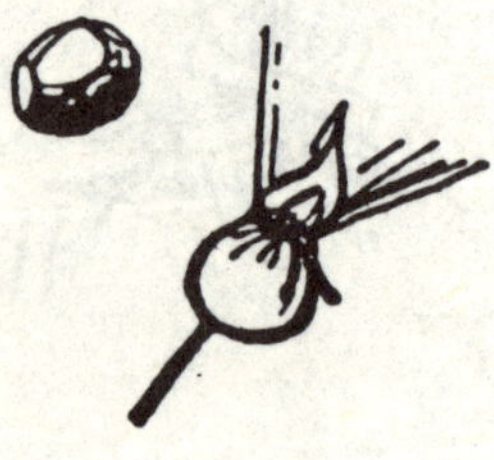

Floßbau

Die Knoten

Das Floß wird ausschließlich durch Seile zusammengehalten. Daher ist es lebenswichtig, die Knoten richtig nach Flößerart zu machen. Einfach nur so zusammenbinden geht auf keinen Fall. Man stelle sich vor, die Stämme machten sich in einer Flußschnelle selbständig . . .

Ein halber Schlag: Das Tau wird zu einer Bucht gewunden. Ein voll um das Holz laufender halber Schlag nennt sich Rundtörn.

Zwei halbe Schläge: Zum sicheren Festmachen. Der Knoten kann sich aber zu fest zusammenholen.

Rundtörn mit zwei halben Schlägen: Sichere Verbindung, die leicht wieder zu lösen ist.

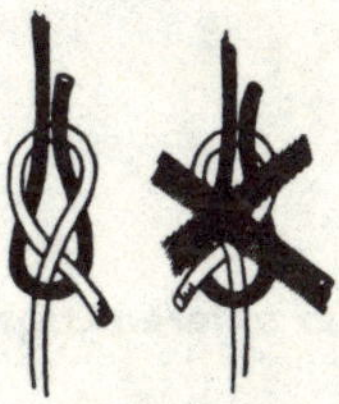

Schotstek: Zum Zusammenstecken von zwei ungleich starken Enden, oder wenn ein Tampen ein Auge (Ring) hat.

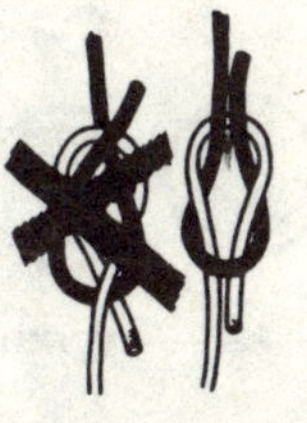

Kreuzknoten: Üblicher Knoten zum Verbinden von zwei gleich starken Enden (Tauen). Beim fachmännischen Kreuzknoten laufen die Parten jeden Endes nebeneinander aus dem Knoten.

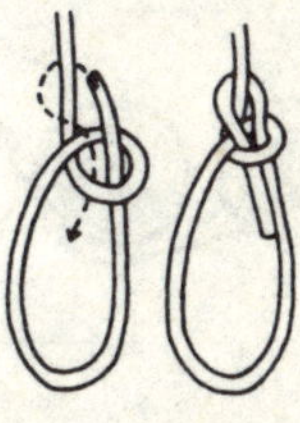

Pahlstek: Ein starker Knoten, der sich nie zusammenzieht. Zum Festmachen des Floßes an Baumstümpfen und dgl.

Floßbau

Die Art von Floß, mit der Sie sich den Klarälven hinuntertreiben lassen, ist nicht nur ohne viel Aufwand zu bauen, sondern auch nach beendeter Fahrt wieder rasch zerlegt. Seile und etwa drei Meter lange Rundhölzer sind das einzige Baumaterial.

Das Floß muß von Anfang an im Wasser gebaut werden. Schwimmende Stämme sind viel leichter zu handhaben. Mit Stapellauf ist also nichts. Wenn Sie das Floß anheben wollen, merken Sie, warum. Das Floß wird aus drei Lagen Stämmen zusammengestellt. Am ersten Stamm der untersten Schicht wird etwa 30 Zentimeter von jedem Ende entfernt ein Seil befestigt. Für diese Schicht sind kräftige Stämme gleichmäßiger Dicke auszuwählen. Die halben Schläge nicht zu hart anziehen. Das Floß muß in sich etwas elastisch bleiben. Die Stämme der mittleren Schicht kommen quer zur Unterschicht zu liegen. Man beginnt mit zwei

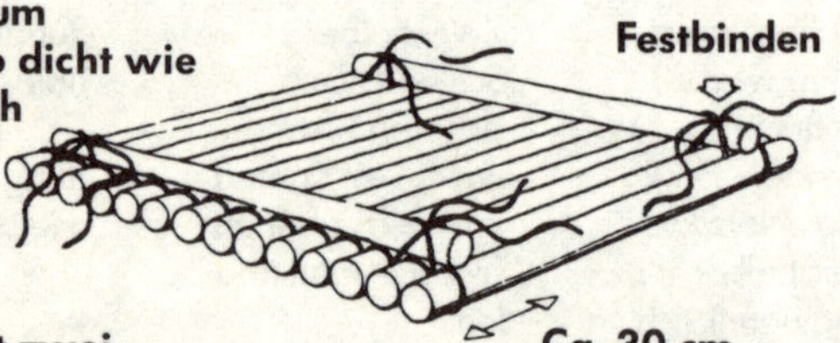

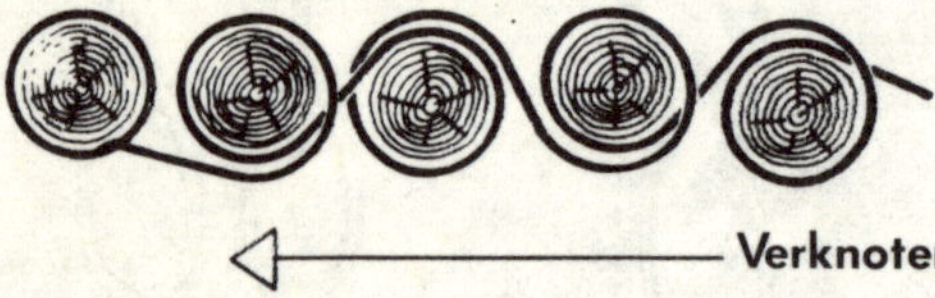

etwas schwächeren Rundhölzern, die in ungefähr 30 Zentimeter Abstand von der Kante festgebunden werden. Zwischen diesen Begrenzungen füllt man dann die zweite Lage auf. Die oberste Schicht entsteht im Prinzip wie die mittlere: Gleichfalls querliegend, mit zwei festgeknoteten Randstämmen. Den Zwischenraum sorgfältig mit gleich starken Stämmen packen. Zum Schluß die dritte, oberste Schicht an den Enden mit je einem kräftigen Stamm sichern. Diese Abschlußstämme dienen zugleich als Sitzgelegenheit. Es empfiehlt sich, zwei dieser 3 x 3 Meter großen Flöße zu bauen und beide mit Seilen aneinanderzukoppeln. Auf diese Weise entsteht ein 18 Quadratmeter großes Doppelfloß: ein Teil für den Flößer, der andere für die Ausrüstung.

BAUM-HÄUSER

In Deinen Jagdgründen möchtest Du Dir eine Hütte bauen. Du brauchst keine Bäume zu fällen oder Zweige abzuschlagen. Im Wald gibt es genügend totes Holz, Zweige vom Kahlschlag und Gräser zum Abdecken.

Dein Haus paßt sich der gewachsenen Form des Baumes an. Mit Phantasie legst Du den Boden auf die starken Äste. Auf keinen Fall verletzt Du den Baum mit Werkzeugen. Zum Verbinden und Befestigen der Holzstangen wird das Tauwerk zu verschiedenen Bünden geschlagen. Die Zweige oder die Grasbüschel halten die Wärme ab und schützen auch vor Regen.

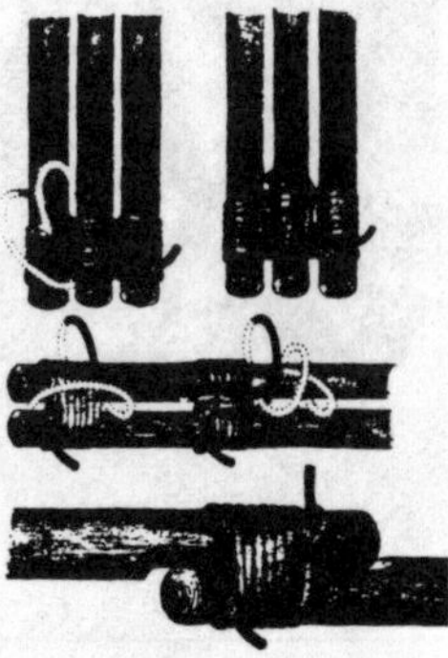

Poncho-Zelte

Notzelte

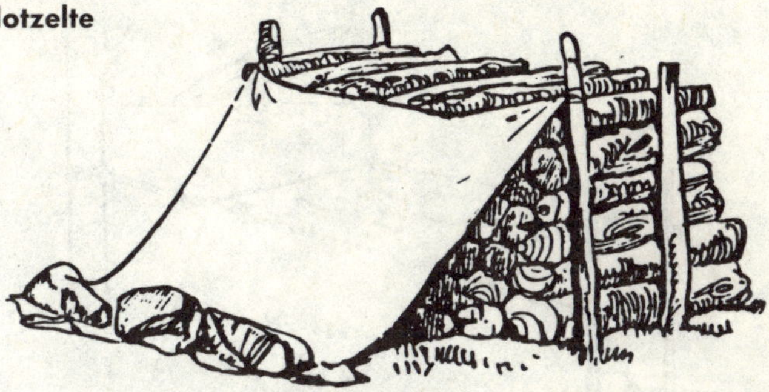

Drei Notzelte aus einer kleinen Zeltbahn oder Ponchos und zwei Modelle aus einer größeren Bahn, oder zwei Ponchos.

Poncho-Zelte

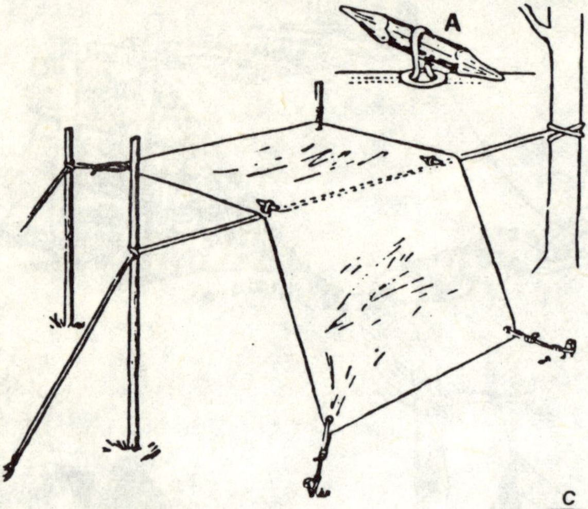

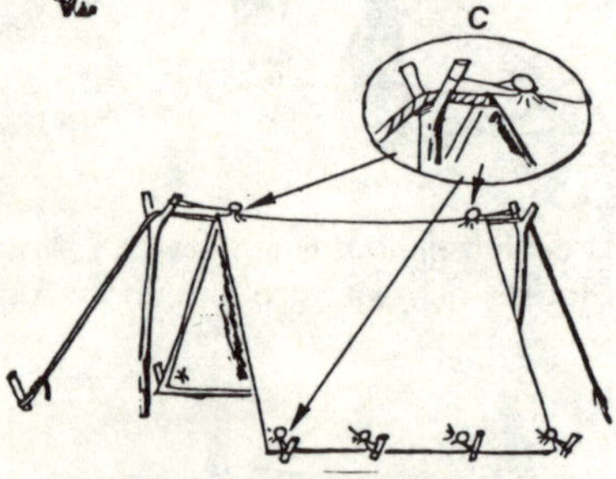

Poncho-Zelte

Etwas für Waldläuferinnen und Hinterwäldler

Bau einer Hinterwäldlerhütte

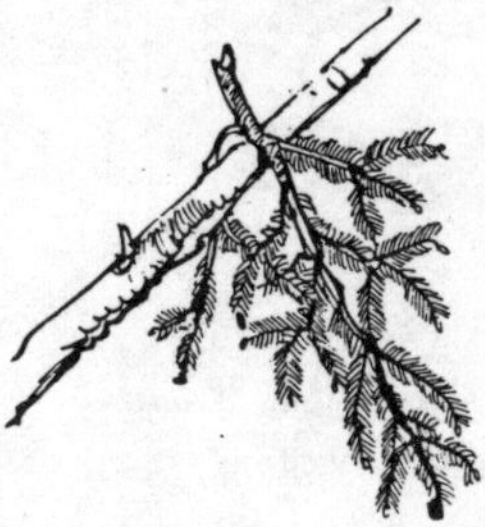

Stamm mit vielen Astabständen in eine Baumgabelung hängen. Tannenzweige oder stark belaubte Äste in Zeltform an den Stamm hängen. Schlafplatz mit drei Stämmen begrenzen und das Dreieck mit Zweigen als Matratze füllen.

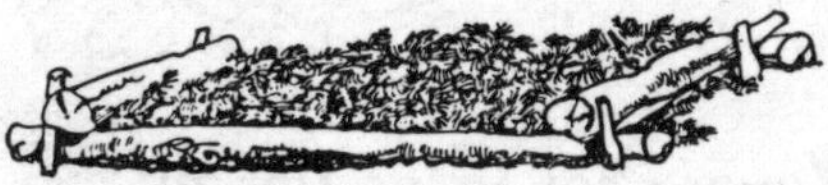

Waldläufer-Bett

Matratze aus Tannenzweigen mit Stämmen begrenzen.

Im sumpfigen Gelände: Stangenrost auf Pfähle setzen.

Feuer

Bevor wir Feuer machen,

- brauchen wir die schriftliche Erlaubnis des zuständigen Försters, des Grundeigentümers oder des Nutzungsberechtigten;
- müssen wir mindestens 100 Meter vom besonders gefährdeten Gebiet entfernt sein;
- halten wir, selbst wenn wir die Erlaubnis haben, immer eine entsprechende Sicherheitsentfernung ein;
- ziehen wir an der Stelle, an der wir unser Feuer anlegen wollen, einen Kreis von mindestens 2 Meter Durchmesser oder sonst entsprechend der Größe unseres Feuers, das wir planen;
- räumen wir innerhalb dieses Kreises alle leicht entzündbaren Sachen aus dem Weg.

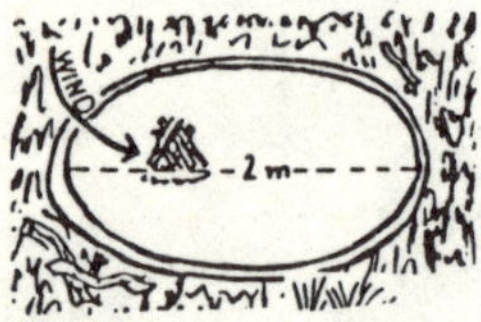

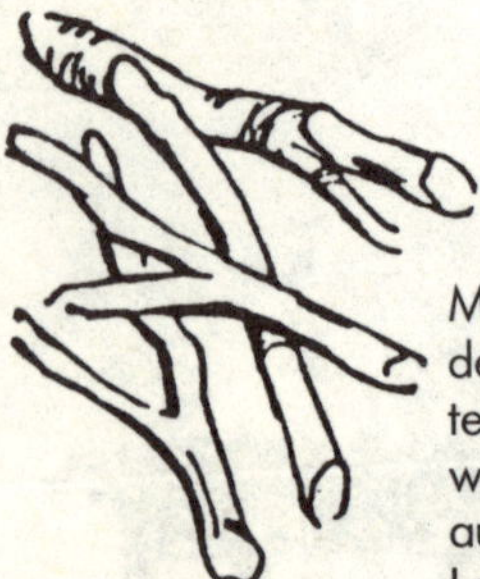

Zuvor aber einige Tips zur Sicherheit:

Mach kein Feuer auf Heide und Moorboden, denn es kann unter der Erdoberfläche weiterglühen und nach Tagen an anderer Stelle wieder ausbrechen. Feuer im trockenen Gras, auf einer mit Heu bedeckten Wiese und im Laub, in der Nähe von dürren Bäumen oder Holzhäusern, Scheunen, Ställen und Stadeln ist gefährlich. Achte auf die Windrichtung, damit die Funken nicht ins Gehölz fliegen. Besondere Vorsicht sollst Du üben bei starkem Föhn mit seinen unberechenbaren Windstößen und bei der jahreszeitlich bedingten Trockenheit im Herbst.

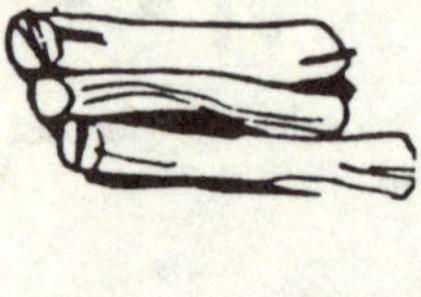

Feuer

Ein mit Kies, Sand oder Schotter bedeckter Boden ist der sicherste Untergrund fürs Feuer. Sollte kein solcher in der Nähe sein, dann hebe einige flache Grasziegel aus und mache die Feuerstelle im frischen Erdreich. Säubere die Umgebung von brennbarem Material.

Verlasse Dein Lagerfeuer stets erst dann, wenn Du die Glut gelöscht und die verkohlten Reste vergraben oder mit den Rasenziegeln bedeckt hast, so daß keine Spuren mehr zu sehen sind. Lege kreuzweise zwei Äste darüber; falls in der Nähe später zufälligerweise ein Brand ausbricht, beweisen sie, daß er seinen Ursprung nicht an Deiner Feuerstelle hat. Soweit die wichtigsten Sicherheitsmaßregeln.

Bevor wir unseren Feuerplatz verlassen,

löschen wir das Feuer und alle glimmende Glut, vergraben wir alle Aschenreste, schütten wir alle Gruben wieder zu und decken sie mit Rasenstücken ab; beseitigen wir alle Holzreste; kreuzen wir über der abgedeckten Feuerstelle zwei grüne Aststücke, damit wir bei Bränden, die evtl. nach unserem Weggehen ausbrechen, immer bezeugen können, daß wir nicht die Urheber waren.

Feuer

Zünder zum leichten Anzünden von Lagerfeuer

Unter der äußeren Rinde jeder Birke liegen hauchdünne Schichten einer feineren Rinde. Ganz leicht kann man sie ablösen und wie einen Streifen Papier um den Finger wickeln. Auch bei schlimmstem Wind und Wetter bleibt diese hölzerne Haut vollkommen trocken. Jaumo zerreibt sie zu winzigkleinen Flocken und läßt das Gebrösel in seine Tasche gleiten.

»Kannst Du auch mit der **Unterrinde von Lärchen und Zedern** machen«, sagt er, »**man findet so 'ne Schicht bei allen Nadelbäumen.** Aber Zunder von Birken ist eben doch das beste. Nur muß noch dies und das hinzukommen.

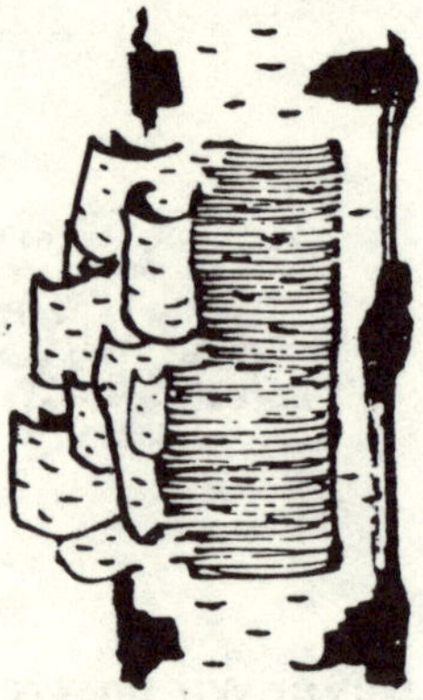

Die dürren Schichten unter der äußeren Birkenrinde sind ein guter Zunder.

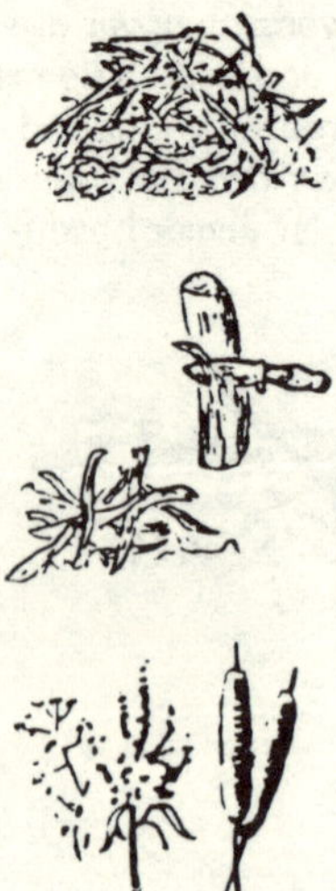

Feuer machen

Wir wollen aber unsere Feuerstelle noch nicht verlassen, es soll ja erst 'mal losgehen. Einige Hände voll trockenen Holzes zerkleinern wir auf Streichholzgröße. Hat es längere Zeit vorher geregnet, so brechen wir dazu dürre, abgestorbene Äste vom Baum, die sind nicht so mit Feuchtigkeit vollgesogen wie die am Boden liegenden. Ein richtiger Waldläufer hat, wenn er in seinen Gefilden unterwegs ist, immer etwas Birkenrinde in der Tasche. Wir suchen uns welche. Finden wir keine Birkenrinde, dann tut es auch zerkleinertes Heidekraut, Kiefernzapfen, trockenes Laub und dergleichen. Ist auch das noch zu feucht, dann spalten wir ein Holzscheit. Aus seinem Innern werden wir schon noch einige trokkene Späne herausschnitzen können.

Feuer

Zünder zum leichten Anzünden von Lagerfeuer

Holzlocken

In das Innere des Holzstoßes ein Feuernest aus dürrem Holz und trokkenen Gräsern bauen. Feuerstelle mit Steinen abgrenzen.

»Der Wind trocknet besser als die Sonne«, sagt er mir, »deshalb soll man nicht im Dickicht suchen, wo der Wind schlecht hinkommt.« Er greift ins starre, längst entlaubte Geäst und bricht eine Stange von Daumendicke heraus. Sollte der Boden sehr feucht sein, bedeckt man ihn zuvor mit einigen großen Rindenstücken. Sie bewahren auch die Glut viel länger als der freie Boden. Bei windigem Wetter sucht man eine geschützte Stelle oder schichtet gegen die Windrichtung eine Steinmauer auf.

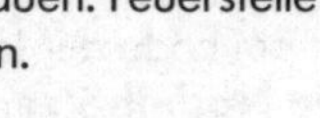

Steht die lockere Pyramide aus Brennholz, wird das Feuer entzündet. Ein Streichholz sollte genügen. Man hält es so weit drunten wie nur möglich ins Feuernest hinein. Es ist darauf zu achten, daß kein Wind hineinbläst. Man beschützt das erste Geflacker mit dem eigenen Körper oder hält eine Jacke davor.

◀ WINDRICHTUNG

Feuer

Wie verbrennt welches Holz?

Schwelendes Fallholz erzeugt mächtigen Rauch, der alle Moskitos im Umkreis vertreibt und weithin sichtbar ist. Notgelandete Flieger und verirrte Wanderer brauchen diesen Rauch, um ihren Standort deutlich zu machen. **Tote Birkenstämme** glimmen am längsten und wärmen am wenigsten, weil ihre äußere Rinde intakt blieb und die Feuchtigkeit im Stamm zurückhielt.
Dagegen brennt **Birke** vom lebenden Stamm besser als jedes andere frische Holz. Fast ebensogut brennt das Holz der **Esche**. Danach kommen **Lärchen, Fichten, Tannen, Ahorn, Pappeln, Buchen, Ulmen, Kastanien, Linden, Erlen und Weidenbäume**, etwa in dieser Reihenfolge. Erst am Ende der Liste erscheint die Eiche.
Alle Nadelhölzer brennen besser und leichter als das Holz belaubter Bäume. Dafür erzeugt **Laubholz mehr Wärme und hält länger vor**, woraus sich ergibt, daß man bei freier Wahl sein Feuer mit Nadelholz beginnt, um es dann mit Laubholz zu nähren. **Frische Weidenzweige** benötigen die längste Zeit, um Feuer zu fangen, entwickeln aber starke Wärme, glimmen viele Stunden und verströmen würzigen Duft.

Birke

Lärche

Kiefer

Am leichtesten entflammt: trockenes Holz von der Birke, vom Haselnußstrauch, von der Stechpalme, die es bei uns nur sehr selten gibt, von der Lärche, Föhre, Fichte, Eibe u. a.
Langsam brennendes Feuer und lang anhaltende Glut, z. B. zum Braten und Backen, geben Esche, Stechpalme, Ahorn, Eiche, Buche und andere Holzarten.
Soll's beim Kochen mal rasch gehen, dann legen wir trockene Birke, Föhre, Fichte auf.

Buche

Brennt das Feuer richtig, so gibt es Hölzer, die auch im grünen Zustand lustig weiterbrennen und gute Hitze geben, z. B. Birke, Buche u. a.

Feuer

Holz als Brennstoff für unser Kochfeuer

Gruppe	Aufflackernd brennend	Beharrlich brennend	Schnell brennend
a) Bestens geeignet	Birke Zeder Zypresse Weißbuche Weißtanne Fichte Eibe	Esche Zypresse Weißbuche Eiche Platane Eibe	Esche Birke Zeder Zypresse Lärche Föhre Weißtanne Fichte Eibe
b) Nimm	Esche Buche Weißdorn Haselnuß Linde Platane	Buche Birke Zeder echte Kastanie Douglas- Fichte Lärche Linde Föhre Weißtanne Fichte Weide	Buche echte Kastanie Weißdorn Haselnuß Weißbuche Linde Eiche Platane
c) Vermeide	Kastanie echte Kastanie Ulme Eiche Pappel Weide	Kastanie Weißdorn Haselnuß Ulme Pappel	Kastanie Ulme Pappel Weide

Holzart	Holzmenge	Aststärke in mm	Brenndauer in Min.		Beobachtung	
			Flamme	Glut	Flamme	Glut
Eiche dürr	2 Hände voll	2 – 10	8	35	klein bis 5 cm	sehr heiß
Föhre dürr	2 Hände voll	2 – 10	6	12	bis 20 cm	mäßig heiß
Fichte dürr	2 Hände voll	2 – 10	8	14	bis 25 cm	mäßig heiß
Erle dürr	2 Hände voll	2 – 10	3	8	bis 15 cm brennt schlecht an	mäßig heiß
Eberesche dürr	2 Hände voll	2 – 10	11	33	klein bis 8 cm	sehr heiß
Buche dürr	2 Hände voll	2 – 12	17	40	bis 50 cm	sehr heiß
Buche grün	1 Hand voll	4 – 12 gespalten	Nachdem Anfeuerholz verbrannt 13	30	bis 30 cm	sehr heiß
Ahorn dürr	2 Hände voll	3 – 8	8	20	klein	mäßig heiß

Feuer

Um bei großer Kälte behaglich am Feuer zu schlafen, gibt es verschiedene Methoden. Nehmen wir an, daß der Waldläufer kein Zelt mitführt und sich auch nicht die Mühe machen will, **eine behelfsmäßige Unterkunft zu bauen.** Was er also bei **kaltem Wetter** nötig hat, ist **ein Reflektor, der die Hitze zurückwirft.** Falls sich eine Felswand oder meterhohes Gestein in der Nähe befindet, legt er sich zwischen sein Feuer und diesen Hintergrund. Die Steinwand in seinem Rücken strahlt die Wärme des Brandes zurück, wirkt also wie die Wand eines Kachelofens. So einfach und praktisch diese Beheizung auch ist, nur wenige Anfänger kommen von selber darauf. Dabei ist eine solche Anlage des Feuers die einzig logische. Aber leider sind natürliche Reflektoren nicht überall zu finden.

Wand aus Knüppeln als Reflektor. So werden auch die dem Feuer Teile des Körpers abgewandten erwärmt.

Das ist der Reflektor.

Wer eine Zeltplane mitführt, und sei es nur ein Plastiktuch, hat schon einen **guten Reflektor zur Hand.** Die Plane wird vom Boden schräg nach oben gespannt, in Richtung des knisternden Brandes. **Etwa ein bis anderthalb Meter davor brennt das Feuer.** Man legt sich unter das schräggestellte Tuch.

Glutfeuer

Wir wollen uns Stockbrot backen und auch sonst viel gebackene Sachen ausprobieren. Dazu brauchen wir viel Glut. Wir suchen uns Hartholz kaum stärker als 8 cm. Zum Entflammen holen wir uns auch Birke herbei. Nachdem wir einen guten Grundstock eingebaut haben, schichten wir die Äste in gleichen durchgehenden Schichten, mal der Länge nach und mal der Breite nach, auf. Oben legen wir stärkeres Holz auf. Es kann auch grünes Buchenholz und grüne Birke dabei sein, das brennt gut mit.

Daß wir beim Anzünden immer die Windrichtung beachten, brauche ich wohl gar nicht mehr zu erwähnen.

Kochfeuer

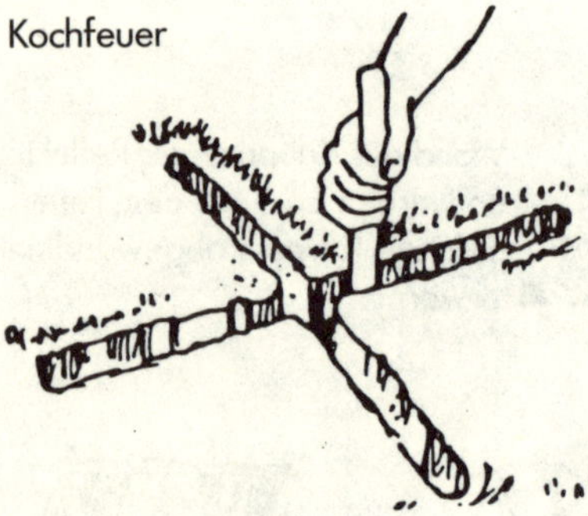

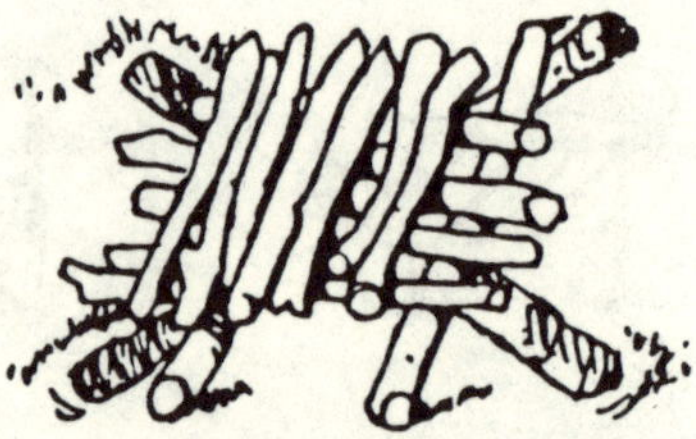

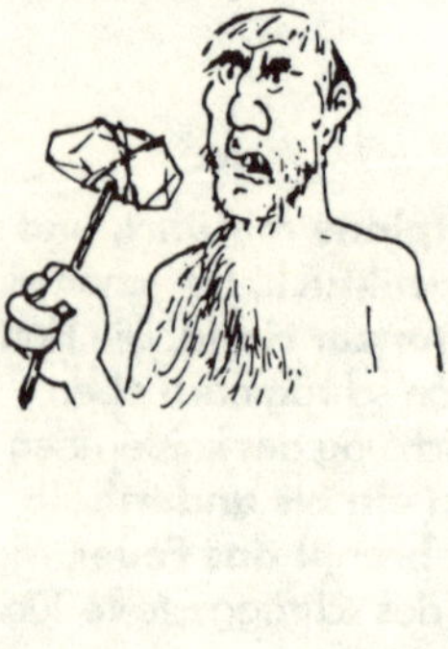

Kochgerät

Topf über das
Feuer hängen

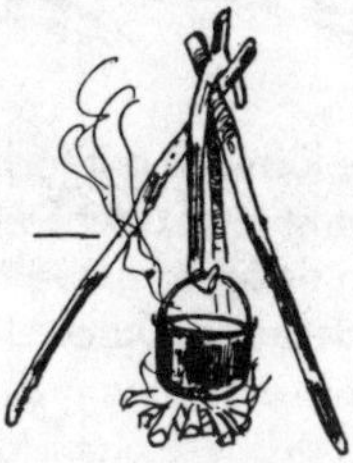

Topf über das
Feuer stellen

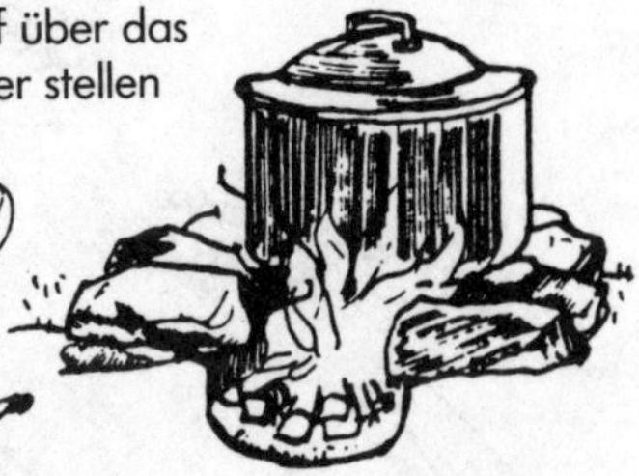

Vertiefung ausheben. Feuer mit Steinen, Balken oder Grasnarbe entlang der Windrichtung begrenzen und Kochgefäß auf die Ränder stellen.

Kochgerät

Silberfolie, ein ideales
Hilfsmittel in der Wildnis

In Folie verpackte Speisen werden zum Rösten einfach in die Glut gelegt. Damit das Kondenzwasser abziehen kann, muß ein Spalt offen gelassen werden.

Folie läßt sich gut formen. Über einen Baumstumpf oder Stein gezogen, kann man sie leicht zu Gefäßen aller Art modellieren. Durch Umbiegen des Randes und Einziehen von Zweigen oder Draht, wird größere Stabilität erreicht.

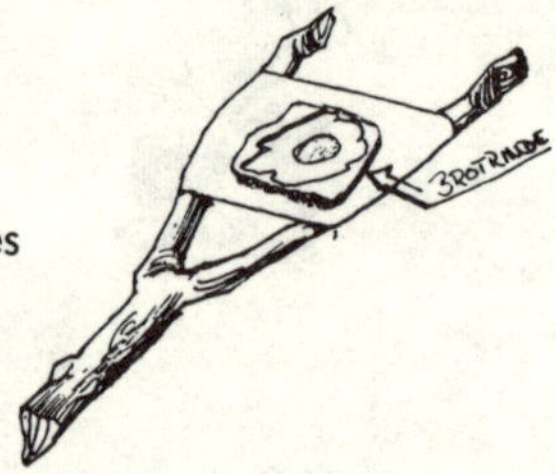

Folie über eine Astgabel gespannt eignet sich gut als Bratpfanne

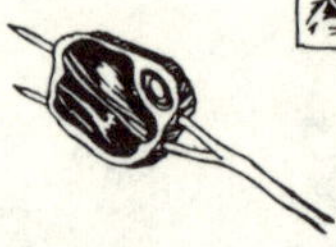

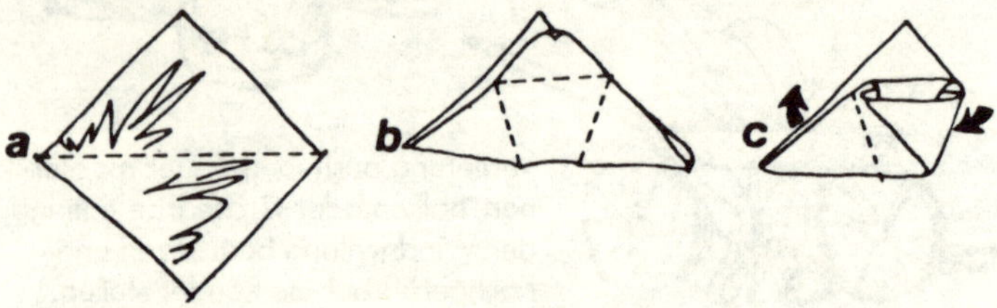

Kochgerät

Backen und Kochen mit einfachen Mitteln

Am Rand einer Uferböschung wird ein Knüppel in den Boden getrieben. Dann gräbt man von der Seite her ein Loch bis zu dem Knüppel und höhlt um diesen herum den Boden bienenkorbförmig aus. Zuletzt wird das Holz herausgezogen und die Höhlung mit feuchtem Lehm ausgestrichen.

Der gleiche Ofen freistehend. Ein Gerüst aus Ästen und Zweigen wird von innen und außen mit feuchtem Lehm verstrichen. Das erste Feuer brennt den Lehm zu einer steinharten Wand.

Die Kochgrube wird einen halben Meter tief in die Erde gegraben.

Dann wickelt man Fleischstücke in große Blätter und frisches Gras und legt sie auf den Boden der Grube. Schließlich wird alles mit Erde abgedeckt und ein Feuer darauf entzündet.

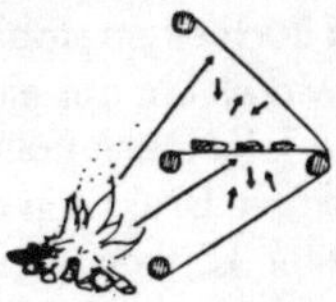

Reflektorofen

Eine zweite längere Folie wird in der selben Weise befestigt, im spitzen Winkel von oben nach unten hinter der Herdplatte vorbeigeführt. Etwa einen halben Meter vom Gestell entfernt wird ein Feuer entfacht. Die Glut wird durch die Folie mehrfach reflektiert und die Hitze läßt die Speisen rasch gar werden.

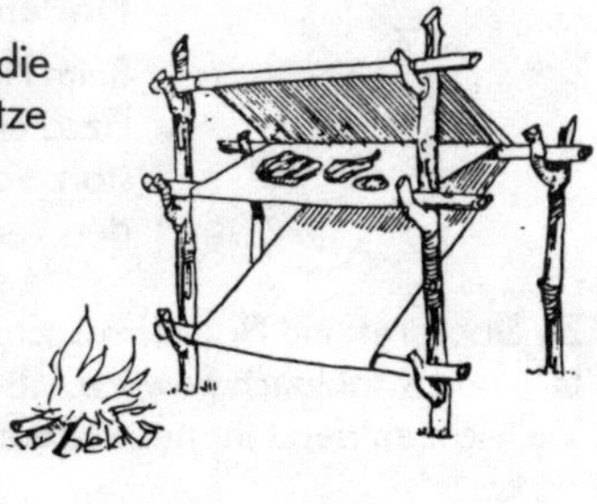

Rezepte

Teig für Pizza, Stockbrot u. Fladenbrot

Auf ein Pfund Mehl nehmt Ihr ein Paket Trockenhefe und eine Tasse lauwarmes Wasser oder lauwarme Milch und eine Prise Salz. Die Trockenhefe löst Ihr in der Tasse mit der Milch oder dem Wasser auf. Das Mehl gebt Ihr in einen Topf und formt in der Mitte eine Kuhle, wo Ihr die aufgelöste Hefe hineingebt. Dann knetet Ihr den Teig etwa 10 Min. bis er geschmeidig ist und nicht mehr reißt. Je nachdem, ob der Teig zu trocken oder zu feucht ist, gebt Ihr Mehl oder Wasser zu.

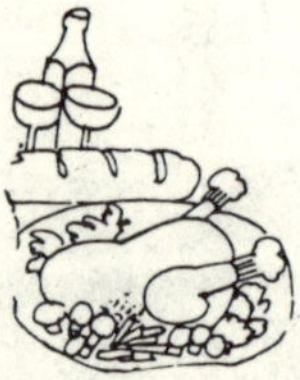

Pizza

In die **Pfanne** Eures **Kochgeschirrs** gebt Ihr reichlich Fett. Nachdem das Fett zerlaufen ist, formt Ihr einen Fladen, der die Pfanne ausfüllt, belegt dann Eure Pizza und spannt dann Alu-Folie über die Pfanne. Die Alu-Folie bewirkt den Backofeneffekt (damit der Käse schmilzt).

Stockbrot

Sucht Euch einen stabilen Stock (etwa 75 cm) und wickelt um das eine Stockende zuerst nur wenig Teig. Dann haltet Ihr den Stock unter ständigem Drehen in die Glut. Andere Teigschichten können um schon gare Teile geformt werden.

Fladenbrot

Beim Fladen formt Ihr ähnlich wie bei der Pizza einen Teigfladen und legt ihn in die stark vorgefettete Pfanne und gart den Fladen von beiden Seiten.

Zu Stockbrot und Fladenbrot schmecken Quarkdip's stark mit Kräutern und Knoblauch gewürzt, aber auch Marmelade und Nutella. Vielleicht entdeckt Ihr neue Kreationen.

Rezepte

Zum Frühstück natürlich Müsli

Müsli läßt sich besonders durch Obst stark variieren, außerdem dient es als Grundlage für einen anstrengenden Tag an frischer Luft (Kraftnahrung).
Es empfiehlt sich, eine Packung Müsli zu kaufen und Haferflocken und corn-flakes, vielleicht auch Rosinen zuzusetzen. Einen anderen Geschmack kann man dem Müsli, wie gesagt, auch durch Obst verschiedener Art geben.

Milchreis

Einfach und wohlschmeckend ist auch Milchreis. Ihr bringt einen Liter Milch **fast** zum Kochen und gebt 3 ½ Tassen Milchreis dazu und laßt den Reis mit Milch ziehen, bis der Reis die Milch aufgesogen hat. Ihr müßt ständig umrühren, um das Ansetzen der Milch zu verhindern. Zum Milchreis passen gut Zucker und Zimt und Früchte aus Dosen.

ABER

Auch Gänseblümchen kann man essen

Gänseblümchen-Suppe

Dafür brauchen wir die ganze Gänseblümchenpflanze. Säubern Sie sie gründlich, damit hinterher kein knirschender Sand in der Suppe ist und befreien Sie die Pflanze von allen nicht mehr ganz frischen Teilen. Eine Handvoll reicht etwa für 2 Personen. Dann die Pflanzen fein hacken.

Bereiten Sie zusammen mit etwas in Butter angedünstetem Mehl eine gebundene Rinderbrühe. In diese Rinderbrühe geben Sie nun die feingehackten Gänseblümchen. Lassen Sie einige Zeit kurz aufwallen.

Sie können die Suppe verfeinern mit etwas saurer Sahne, gehacktem Schnittlauch und Salz.

Gänseblümchen-Gemüse

Hierfür brauchen wir nur die frischen Blätter der Pflanze. Wieder sauber machen und alle harten Stiele von den Blättern entfernen. Diesmal werden die Blätter ganzgelassen. Kochen Sie sie wenige Minuten in Salzwasser auf und gießen Sie danach das Wasser bis auf einen kleinen Rest, der im Topf bleibt, ab.

In einem anderen Topf dünsten Sie kleingeschnittene Zwiebeln und etwas Mehl in Butter. Nehmen Sie von der Butter ruhig reichlich. Wenn alles leicht angebräunt ist, geben Sie das Gänseblümchen-Gemüse mit dem Rest des Kochwassers dazu. Würzen können Sie außer mit Salz mit ein wenig Liebstöckel.

Eine Abwandlung dieses Gemüses, das sehr delikat schmeckt, ist, wenn Sie Gänseblümchen und Sauerampferblätter etwa im Verhältnis 2 : 1 mischen. Sonst bleibt alles so wie hier beschrieben.

Zum Schluß ein Rezept, das uns Frau Eve-Marie Helm in der Sendung verriet.

Quark-Dip

Am besten mischt man 250 g Quark und einen Becher Dickmilch. Sollte die Masse dann noch zu fest sein, gibt man Milch dazu. Dazu kommen dann entweder unterwegs gesammelte Kräuter oder mitgebrachte Kräuter nach belieben, sowie viel Knoblauch.

Kartoffeln

Kartoffeln lassen sich gut transportieren und sind billig. Eine Möglichkeit, sie zuzubereiten ist die altbewährte Art, sie zu waschen und in Alu-Folie im Feuer zu garen.

Man kann sie aber auch in Scheiben schneiden, nachdem man sie gewaschen hat und dann in Alu-Folie-Taschen mit Gewürzen (Pfeffer, Salz) und kleingeschnittenen Zwiebeln zu Bratkartoffeln verarbeiten. Zu diesen beiden Kartoffeleßmöglichkeiten paßt auch besonders gut ein Quark-Dip.

Rezepte

Zwei Gerichte mit Speck

Besonders wichtig an diesen beiden Rezepten: Sie machen wenig Arbeit, aber satt und brauchen wenig Zutaten.

1. Man schneidet durchwachsenen Speck klein und läßt ihn im Topf aus. Vorher hat man Pellkartoffeln gekocht. Dazu paßt auch noch ein Quark-Dip.

2. Man schneidet Speck und Zwiebeln klein und fängt an, beides im Topf zu dünsten. Dazu gibt man Bohnen.

TIP: Nehmt auf Eure Fahrten unbedingt Alu-Folie mit, die braucht man nämlich oft, wenn man am offenen Feuer kocht.

Wiesen-Löwenzahn

Ein Gemüse aus den Blättern des Löwenzahns

Wie gesagt – man kann neben dem edlen Embryo-Blüten-Gemüse auch noch das sozusagen gewöhnlichere Gemüse aus den Blättern des Löwenzahns reichen, womit nicht gesagt sein soll, daß dieses Blattgemüse nicht gut schmecken würde. Es ist halt nur anders, und deshalb kann man es ruhig neben dem Blütengemüse servieren.

Sie brauchen dazu die jungen hellen Blätter des Löwenzahns, die Sie genauso wie beim Feldsalat verlesen und gut waschen. Diese Blätter werden dann in kochendem Wasser etwa 2 bis 3 Minuten gebrüht, damit sie den Bittergeschmack verlieren. Gießen Sie durch ein Sieb ab und dünsten Sie dann die Blätter in Butter noch ein paar Minuten. Würzen können Sie außer mit Salz auch noch mit Pfeffer. Auch hier empfiehlt es sich, zum Schluß ein wenig Zitronensaft zuzugeben. Dieses Gemüse hat dann einen Geschmack, der leicht an den italienischen Broccoli erinnert.

Frischer Löwenzahnsalat nach Bauernart

Der Löwenzahnsalat gehört – und das haben die feinschmeckerischen Franzosen längst herausbekommen – zu den wirklich großen Delikatessen. Uns selbst hat, wie gesagt, der leicht bittere Geschmack der Blätter nicht gestört, ganz im Gegenteil. Wer nichts damit anfangen kann, sollte die Blätter deshalb wässern. Bitte aber darauf achten, daß auch die Blattspitzen im Wasser liegen, denn der Bitterstoff dieser Pflanze sitzt nicht – wie man denken könnte – in den dicken milchigen Stengeln, sondern in den Blattspitzen. Geeignet sind für einen leckeren Salat natürlich nur die jungen frischen Blätter, wie man sie im frühen Frühjahr findet. Sie müssen für den Salat gut verlesen und selbstverständlich gut gewaschen werden.

Nun kann man Löwenzahnsalat, wie jeden anderen Salat auch, auf vielfältige Weise zubereiten. Er ähnelt ja in seiner Beschaffenheit ein wenig dem Endiviensalat, für den Sie sicher ein Rezept kennen. Uns schmeckte besonders gut folgende Zubereitungsweise:

Würfeln Sie durchwachsenen Speck und braten Sie ihn in einer Pfanne an, in der Sie vorher etwas Butter zerlassen haben. Zu den Speckwürfeln kommen ein wenig Knoblauch und einige Weißbrotwürfel. Alles zusammen knusprig rösten.

Während Sie die Pfanne abkühlen lassen, können Sie die Schüssel für den Salat vorbereiten. Sie soll leicht angewärmt sein und vorher mit einer Knoblauchzehe ausgerieben werden. In diese Schüssel kommen nun die Löwenzahnblätter, die mit Öl, Essig und etwas Salz gewürzt werden. Über alles streuen Sie dann die in der Pfanne angerösteten Würfel.

Sie werden sehen, daß dieser Salat nur durch ein ganz ausgezeichnetes Hauptgericht zu überbieten ist.